Zukunft der Selbstverwaltung

Stephan Rixen · Eva M. Welskop-Deffaa
(Hrsg.)

Zukunft der Selbstverwaltung

Responsivität und Reformbedarf

 Springer VS

Herausgeber
Stephan Rixen
Bayreuth, Deutschland

Eva M. Welskop-Deffaa
Berlin, Deutschland

ISBN 978-3-658-09832-2   ISBN 978-3-658-09833-9 (eBook)
DOI 10.1007/978-3-658-09833-9

Die Deutsche Nationalbibliothek verzeichnet diese Publikation in der Deutschen Nationalbi-
bliografie; detaillierte bibliografische Daten sind im Internet über http://dnb.d-nb.de abrufbar.

Springer VS
© Springer Fachmedien Wiesbaden 2015

Gedruckt auf säurefreiem und chlorfrei gebleichtem Papier

Springer Fachmedien Wiesbaden ist Teil der Fachverlagsgruppe Springer Science+Business Media
(www.springer.com)

Inhalt

Vorwort

Stephan Rixen und Eva M. Welskop-Deffaa

„Die soziale Selbstverwaltung ist Ausdruck der Verantwortung, die die Sozialpartner in Deutschland für die Gestaltung der Sozialversicherung übernehmen. Wir wollen die Selbstverwaltung stärken und die Sozialwahlen modernisieren."

Mit diesem Passus hat der Koalitionsvertrag von CDU/CSU und SPD im Dezember 2013 für die 18. Legislaturperiode ein Thema auf die politische Agenda gehoben, das zuvor jahrelang eher nur für wenige Fachleute und die in der Selbstverwaltung Aktiven von Interesse war. Dabei ist die Botschaft des Koalitionsvertrages eine doppelte: Es geht einerseits darum, soziale Selbstverwaltung als Mitverantwortung der Sozialpartner für die Gestaltung der Sozialversicherung zu stärken. Und es geht darum, die Sozialwahlen zu modernisieren. Ob und unter welchen Voraussetzungen es gelingen kann, die sozialpartnerschaftliche Selbstverwaltung durch Veränderungen der Regeln der Sozialwahlen zu stärken, ist eine Diskussion, die vor allem für die Krankenversicherungen geführt wird und zu der es sehr unterschiedliche Auffassungen gibt. Auf diese Diskussion soll hier nur indirekt reagiert werden.

Im Mittelpunkt der vorliegenden Publikation steht die Frage nach Funktion und Stärke sozialpartnerschaftlicher Selbstverwaltung, die Frage nach dem Warum sozialpartnerschaftlicher Selbstverwaltung und nach den Möglichkeiten sie zu stärken – jenseits der Frage nach möglichen Detailänderungen bei den Wahlverfahren und in der Sozialwahlordnung. Es geht um Kompetenzen und Aufgaben, um Selbstverständnis und Arbeitsweise sozialpartnerschaftlicher Selbstverwaltung – und um die Möglichkeiten diese zu verbessern.

Der Zweig der Sozialversicherungen, in dem sozialpartnerschaftliche Selbstverwaltung traditionell am striktesten unabhängig von Wahlen gedacht und betrieben wird, ist die Arbeitslosenversicherung, ist die Bundesagentur für Arbeit. Auf die Selbstverwaltung im Bereich von Arbeitslosenversicherung und Arbeitsvermittlung ist dieser Band in besonderer Weise ausgerichtet, ebenso wie der ver.di-Tag der Selbstverwaltung 2015, der sich exklusiv der sozialen Selbstverwaltung in der Welt der Arbeitsverwaltung zuwendet.

Wie legitimiert sich sozialpartnerschaftliche Selbstverwaltung jenseits von Wahlen? Welche Funktionen erfüllt sie? Unter welchen Bedingungen erfüllt sie sie gut? Welche Kompetenzen hat sie und welche sollten ihr zusätzlich/neu übertragen werden, wenn man – wie es die Regierungsparteien ankündigen – sozialpartnerschaftliche Selbstverwaltung stärken will? Welche Vorteile wären von einer gestärkten Selbstverwaltung zu erwarten?

Das sind die Fragen, denen dieser Band nachgeht.

Der Band beruht im Wesentlichen auf Vorträgen eines Experten-Workshops, zu dem Eva M. Welskop-Deffaa als Leiterin des Ressorts Arbeitsmarkt- und Sozialpolitik der Vereinten Dienstleistungsgewerkschaft ver.di am 28. November 2014 in Berlin eingeladen hatte. Die Vorträge des Workshops wurden im Lichte der Diskussionen überarbeitet und für die Veröffentlichung ergänzt. Wir danken den Autorinnen und Autoren für den fruchtbaren dialogischen Prozess. Wir danken ferner auch jenen Teilnehmerinnen und Teilnehmern des Workshops, die in diesem Sammelband nicht mit eigenen Beiträgen vertreten sind. Namentlich sei den Kollegen und Kolleginnen des Instituts für Arbeitsmarkt- und Berufsforschung (IAB) für wertvolle Anregungen gedankt, außerdem Friedrich Scheerer, dem Leiter des Büros der Selbstverwaltung der Bundesagentur für Arbeit (BA), der mit seiner Darstellung der tatsächlichen Abläufe beim ver.di-Workshop wichtige Impulse für diese Publikation gegeben hat.

Die Vereinte Dienstleistungsgewerkschaft ver.di hat – gemeinsam mit dem DGB und seinen Einzelgewerkschaften – in den letzten Jahren die Notwendigkeit einer Revitalisierung der sozialen Selbstverwaltung deutlich erkannt; stellvertretend sei an dieser Stelle nur auf den Beschluss „Soziale Selbstverwaltung – weiterentwickeln und stärken" des 20. Ordentlichen DGB-Bundeskongresses vom Mai 2014 hingewiesen. Das, was in der ver.di-Satzung als Satzungsaufgabe beschrieben ist, der Ausbau der Selbstverwaltung in der Sozialversicherung, bedarf zu seinem Gelingen konzertierter Anstrengungen:

Es geht darum,
* öffentlich den Wert der sozialpartnerschaftlichen Selbstverwaltung sichtbar zu machen (dazu dient zum Beispiel der alljährliche ver.di-Tag der Selbstverwaltung im Mai, dazu dienen die Informationen und Cartoons auf der Homepage www.arbeitsmarkt-und-sozialpolitik.verdi.de)
* den Gesetzgeber zu drängen, eine Verbesserung der gesetzlichen Rahmenbedingungen für die Selbstverwaltung zu veranlassen (dabei geht es um eine

Stärkung der Kompetenzen und die Verbesserung der Arbeitsbedingungen in der Selbstverwaltung)

- die gewerkschaftlichen Selbstverwalter/innen in ihrer Selbstverwaltungsarbeit zu unterstützen und zu stärken (Qualifizierungs- und Vernetzungsseminare, regelmäßige Informationen für Selbstverwalterinnen) und
- in die gewerkschaftliche Arbeit die Arbeit der gewerkschaftlichen Selbstverwalterinnen adäquat einzubetten (transparente Listenaufstellungsverfahren, regelmäßige Berichte aus der Selbstverwaltungsarbeit in den Gremien der Gewerkschaften).

Mit dieser Publikation, die von Wissenschaft und Gewerkschaft gemeinsam vorbereitet und verantwortet wird, soll ein Impuls gegeben werden, der nicht nur, aber auch den Gesetzgeber erreicht. Selbstverwaltung braucht, damit sie mehr ist als ein historisches Relikt eines überkommenen Sozialstaatsmodells und damit sie die Funktionen erfüllen kann, die sie erfüllen könnte und sollte, mehr Kompetenzen und bessere Arbeitsbedingungen. Die Legitimation der Selbstverwaltung durch gute Ergebnisse wird (automatisch) wachsen, wenn sie über wirksamere Möglichkeiten der Vertretung der Versicherteninteressen verfügt und wenn sie diese nutzt.

In diesem Sinne ist der Band ein Diskussionsanstoß, der das Augenmerk derer, die über die Stärkung der Selbstverwaltung nachdenken, auf Kompetenzen und Funktionen richtet. Wir freuen uns, wenn in der Breite der Mitgliedschaft der ver.di, in anderen Gewerkschaften und in Arbeitgeberverbänden, wenn in der Politik und in der BA, ebenso wie in der Wissenschaft und bei den Selbstverwalter/innen der anderen Zweige der Sozialversicherung mit dem Band die aktuelle politische Debatte befruchtet werden kann.

Prof. Dr. Stephan Rixen / Eva M. Welskop-Deffaa
Bayreuth/Berlin, im März 2015

Soziale Selbstverwaltung – Geschichte und Programm

Karl-Jürgen Bieback

1 Einleitung

Das Thema „Geschichte und Programm der Selbstverwaltung in der Sozialversicherung" will ich zu Beginn allgemein erörtern, mich dann aber auf die Arbeitslosenversicherung und die Grundsicherung konzentrieren. Durchgehender roter Faden sind drei Fragen:

1. Wie und weshalb unterschied und unterscheidet sich die Selbstverwaltung in der Arbeitslosenversicherung von der der übrigen Sozialversicherung?
2. Wie und weshalb gibt es die Sonderstellung eines „bedürftigkeitsgeprüften" Teils der Absicherung bei Arbeitslosigkeit, früher der Arbeitslosenhilfe, heute des SGB II?
3. Gibt es trotz „new public management" einen Bedarf für effektive Selbstverwaltung?

2 Was ist mit „Selbstverwaltung" gemeint?

2.1 Die Rechtsformen

Traditionell wird unter „Selbstverwaltung" die eigenständige Erledigung öffentlicher Aufgaben durch die Bürger oder die Betroffenen verstanden (vgl. die Beiträge von Welti 2006; Ruland 2006; Adamy 2006; und Schnapp 2006; vgl. Hase, 2008)

- sei es in selbständigen Organisationen unabhängig vom Staat, meist in mitgliedschaftlich und binnendemokratisch strukturierten Körperschaften des öffentlichen Rechts,

- sei es nur in Form der Mitwirkung der Bürger/Betroffenen innerhalb der Verwaltung.

Es gilt sorgfältig zwischen beiden Formen zu unterscheiden, wobei es auch Übergänge zwischen ihnen und Mischungen geben kann.

2.2 Staatstheoretische Traditionen und verfassungsrechtliche Anforderungen

2.2.1 Staatstheoretische Vorverständnisse

Die Selbstverwaltung wird von staatstheoretischen Vorverständnissen und verfassungsrechtlichen Vorgaben geleitet, die sich grob in drei Typen einteilen:

1. **Selbstverwaltung als verwaltungsorganisatorisches Instrument der Dezentralisierung und Effizienzsteigerung der Verwaltung.** Die demokratische Legitimation der Verwaltung erfordert ihre zentrale Steuerung durch das parlamentarische Gesetz und die parlamentarisch verantwortete und kontrollierte Ministerialverwaltung. Das setzt der Selbstverwaltung enge Grenzen. Zu Recht kann dieses Verständnis für sich reklamieren, es würde den jetzigen Zustand zumindest der Selbstverwaltung der Sozialversicherung auf den Begriff bringen (deutlich Schnapp 2006). Richtig ist auch die Betonung, dass (a) Selbstverwaltung meist Verwaltung durch hoheitliche Eingriffe in Grundrechte der Betroffenen/ Beteiligten ist, die nicht allein dadurch legitimiert werden können, sie seien doch Regulierung durch die Betroffenen selbst, und dass (b) Selbstverwaltung immer mit der gesamtstaatlichen Politik und Verantwortung vereinbar sein muss. Das Bundesverfassungsgericht (seit Bundesverfassungsgericht 1960, S. 102; Bundesverfassungsgericht 1972, S. 64; Bundesverfassungsgericht 1975a, S. 298; und Bundesverfassungsgericht 1989, S. 329 ständige Rechtsprechung) betont zu Recht, dass die Zwangs-Mitgliedschaft in der körperschaftlichen Selbstverwaltung ein rechtfertigungsbedürftiger Eingriff in das Grundrecht des Art. 2 GG sei. Ein Beispiel: Die Beteiligung der „Selbstverwalter" in den Widerspruchsausschüssen der Sozialverwaltung ist durch nichts von den rechtlichen Anforderungen befreit, die an die Wahrnehmung hoheitlicher Aufgaben zu stellen sind.
2. Diese beiden Aspekte vernachlässigt das zweite Verständnis, wonach funktionale Selbstverwaltung **Grundrechtsausübung Betroffener** sei (prototypisch Hufen 1991; Hendler 1991), und ihre eigene demokratische Basis in ihren Mitgliedern habe (Emde 1991). Richtig daran ist, dass funktionale Selbstverwaltung oft

ein Mittel ist, Grundrechte effektiver zu schützen. Beispiele sind allgemein die Organisation der Universitäten und speziell der Neutralitätsausschuss nach § 380 SGB III.

3. Eine dritte, heute wohl dominierende Position, zu der seit der Entscheidung zum Emscherverband von 2002 und zur Notarkasse von 2004 auch beide Senate des BVerfG zählen (Bundesverfassungsgericht 2004; Bundesverfassungsgericht 2005; am ausführlichsten begründet bei Kluth 1997), bemüht nicht die grundrechtliche Fundierung noch reduziert sie die demokratisch legitimierte Verwaltung auf die Ministerial- und Kommunalverwaltung, sondern sie sieht in der funktionalen Selbstverwaltung einen **eigenen Typus demokratisch durch die Betroffenen legitimierter Verwaltung**, der aber seine Grundlagen, Ausgestaltung und Grenzen immer vom gesamtstaatlichen Gesetzgeber ableiten muss (Bundesverfassungsgericht 2005). Hinzuzufügen wäre, dass auch die historische Ausgestaltung des demokratischen Sozialstaats seit der Weimarer Reichsverfassung die Selbstverwaltung der Sozialversicherung mit umfasst (unten 3.1).

2.2.2 Anforderungen an die Regelung von Selbstverwaltung?

Aber es bleibt schwierig, den Begriff des „**Betroffenen**" präzise und für jeden Zweig getrennt zu bestimmen. Man wird dem Gesetzgeber einen großen Spielraum zugestehen müssen, um

1. hinreichende Legitimität zu verwirklichen und „Fremd-Verwaltung" zu vermeiden (input),
2. sehr unterschiedliche Interessen zu berücksichtigen, zu bündeln und auszugleichen (input) und
3. Effektivität und Sachgerechtigkeit gegenüber der Allgemeinheit, dem Gesetzesauftrag wie den „Betroffenen" zu gewährleisten (output).

Es wird noch zu zeigen sein, dass hier Besonderheiten der Arbeitslosenversicherung gegenüber allen anderen Zweigen der Sozialversicherung und wiederum Besonderheiten des SGB II gegenüber dem SGB III bestehen.

Das heute dominierende staatstheoretische Vorverständnis von Selbstverwaltung ist auch ein verfassungsrechtliches. Es macht einmal deutlich, dass weder Art. 74 Abs. 1 Nr. 12 noch Art. 87 Abs. 2 GG eine Bestandsgarantie oder gar eine verfassungsrechtliche Verpflichtung zur Einrichtung von Selbstverwaltung enthalten, sondern die Etablierung und Ausgestaltung von Selbstverwaltung ist allein Aufgabe des Gesetzgebers, für die es wenig verfassungsrechtliche Vorgaben gibt. Das hat das Bundesverfassungsgericht mehrfach zu Recht entschieden (Bundesverfassungsgericht 1994, S. 377 (Beitragssatzungleichheit in der GKV); davor: Bundesverfassungsgericht

1961, S. 112 f.; Bundesverfassungsgericht 1967, S. 371; Bundesverfassungsgericht 1968, S. 22 f.; Bundesverfassungsgericht 1974, S. 393; Bundesverfassungsgericht 1975b, S. 314 f.; Bundesverfassungsgericht 1988 S. 344). Für die Sozialversicherungsträger auf Bundesebene schreibt Art. 87 Abs. 2 GG die Form der Körperschaft des öffentlichen Rechts ausdrücklich vor. Aber damit wird nur das Verhältnis zwischen Bund und Ländern geregelt und keine Garantie einer bestimmten Organisation der Sozialversicherung ausgesprochen (Kingreen und Kühling 2013, S. 41-47).

Unter Aspekten des Grundrechtsschutzes der Betroffenen und der Wahrung des Vorbehalts des Gesetzes gilt allerdings, je geringer die gesetzliche Ausgestaltung der Aufgaben des Trägers der Selbstverwaltung und die personale Anbindung seiner Verwaltungsspitze an die Ministerialverwaltung durch Genehmigungsrecht und die Rechts- und Fachaufsicht sind, umso stärker muss die Legitimation des Verwaltungshandelns durch Selbstverwaltungsorgane erfolgen, die direkt von den „Betroffenen" legitimiert sind (So die Ansätze in Bundesverfassungsgericht 2004, S. 93-94; weitergehender Bundesverfassungsgericht 2005, S. 216-221).

Für SGB III und SGB II bedeutet Letzteres, dass die sehr großen Spielräume bei den Ermessensleistungen der Arbeitsförderung eine hinreichende demokratische Legitimation erhalten müssen. Im SGB III geschieht dies durch eine Mischung aus externer Legitimation über den Minister durch die Ernennung des Vorstands (§ 382 Abs. 1 S. 4 SGB III), die völlig freie Genehmigung des Haushalts (§ 71a Abs. 2-4 SGB IV) und der Anordnungen (§ 372 Abs. 2 SGB III) einerseits und interner Legitimation durch das Selbstverwaltungsorgan Verwaltungsrat über den Erlass der Anordnungen (§ 373 Abs. 5 SGB III) und Feststellung des Haushalts (§ 71a Abs. 1 S. 2 SGB IV) andererseits. Dies wirkt auch in die Förderung nach dem SGB II hinein, denn sie basiert weitgehend auf den Regelungen des SGB III (§ 16 ff. SGB II).

2.3 Rechtstechnik – Selbstverwaltung, ein graduelles Konzept

Selbstverwaltung ist ein sehr flexibles, graduelles Konzept der Mitwirkung Betroffener. Es ist kein „Ehrentitel", so dass die Frage, ob die jetzige Form der „Selbstverwaltung" im SGB III „überhaupt Selbstverwaltung" sei, zwar das Differenzierungsvermögen schärfen kann, ansonsten aber keinen Erkenntnisgewinn verspricht. Es gilt verschiedene Elemente zu unterscheiden (Zu möglichen, sehr unterschiedlichen Kategorisierungen vgl. Schnapp 2006; Hendler 1991; und Kluth 1997):

1. Inwieweit kann die Körperschaft gegenüber dem Staat tatsächlich öffentliche Aufgaben **selbständig wahrnehmen** und zwar in den folgenden Dimensionen:

- Welche Aufgaben sind der Körperschaft zur **eigenen Verwaltung** zugewiesen. Bis auf die UV werden Mitgliedschaft und Beitrag gesetzlich geregelt. Zudem gibt es auch übertragene Aufgaben, die in voller Verantwortung gegenüber dem Staat ausgeübt werden, wie die Verwaltung der Grundsicherung des SGB II durch die BA/Jobcenter.

- Umfang der **gesetzlichen Vorgaben** bei der Verwaltung. Mit Ausnahme der Kommunalverwaltung (Art. 28 Abs. 2 GG) gibt es kein „Aufgaben-Erfindungs-recht" der Selbstverwaltungskörperschaften (§ 30 SGB IV). Die Aufgaben der Sozialversicherung sind extrem dicht normiert.

- **Aufsichtsrechte des Staates** in der Form der Rechts- oder auch der Fachaufsicht. Hat die Staatsverwaltung die Fachaufsicht, wie im SGB II (§ 47/8), fällt es schwer von „Selbstverwaltung" zu sprechen. Bestehen aber trotz Fachaufsicht große, schwer kontrollierbare und justitiable Spielräume, wie bei den Förderleistungen des SGB II, könnte es trotzdem Raum für Selbstverwaltung geben. Umgekehrt kann auch die Rechtsaufsicht weit gehen, je nach dem Grad der Normierung und/oder dem Kontrollmaßstab der Rechtsaufsicht. So hat z. B. das BSG (Bundessozialgericht 1993, S. 110 (zur RV); Bundessozialgericht 2001 (zur KÄV); vgl. aber zB sehr restriktiv Landessozialgericht NRW 2001) bei der Prüfung der Rechtsaufsicht über die Wirtschaftlichkeit der Mittelverwendung Beurteilungsspielräume zuerkannt, um der Selbstverwaltung genug Spielraum zu belassen.

- Umfang der speziellen **Genehmigungs- und Zustimmungsrechte der Staatsverwaltung** beim Haushalt, der Satzung, den generellen Regelungen der Leistungserbringung (Anordnungen der BA), der Bestellung der wichtigsten Organmitglieder, vor allem der Geschäftsführung/des Präsidenten, und bei einzelnen Verwaltungsgeschäften.

2. Welchen **Einfluss haben die „Selbstverwaltungsgremien"** innerhalb der Organisation?

- Wie setzen sich die Selbstverwaltungsgremien zusammen (Wahl; Verbandsvertreter); welche gesellschaftlichen Akteure stehen hinter ihnen?

- Wieweit stehen ihnen Befugnisse beim Erlass allgemeiner Regelungen und der Auf- bzw. Feststellung des Haushalts zu, insbesondere im Zusammenspiel mit Genehmigungsvorbehalten der Staatsaufsicht?

- Sind sie an der Verwaltungsspitze, die die laufende Verwaltung erledigt, selbst beteiligt wie z. B. das alte Vorstandsmodell der BA?

- Wenn sie nicht an der laufenden Verwaltung beteiligt sind, wie stark können sie bei der *Bestellung der Verwaltungsspitze* mitwirken und/oder

- Wie stark können sie die Verwaltungsspitze *laufend* beeinflussen

- über Vorgaben durch die Satzung, autonomes Recht und generelle Richt-
  linien oder
- beschränken sie sich auf reine Aufsichts- und Berichtspflichten?

3. Ist die Erledigung **bestimmter Verwaltungsaufgaben Personen, die der „Selbstverwaltung" zugerechnet** werden können, übertragen worden? Klassische
Beispiele sind hier

• Versicherungsälteste etc als Instanzen der Beratung.
• Beteiligung von Versicherten an den Widerspruchsausschüssen.

Beide Institutionen zählen zur Selbstverwaltung (Bundesregierung 1975, S. 17/8
sieht in ihnen „Selbstverwaltungseinrichtungen"), gibt es bei der BA aber nicht
(Die Widerspruchsausschüsse gem. § 120 SGB IX betreffen nicht die Leistungen nach dem SGB III oder II). Das Experiment 1980-82 paritätisch besetzte
Widerspruchsausschüsse über Sperrzeitbescheide entscheiden zu lassen, wurde
auf Grund des Votums des Verwaltungsrats gegen die Stimmen der AN-Ver-
treter wegen höherem Personalbedarf und Verlängerung der Bearbeitungszeit
eingestellt, trotz positiver Effekte, wie Rückgang der Klagequote und Verbesserung der Bescheidqualität (Bundesregierung 1983; Kritik: Bundestag 1986;
Möller-Lücking 1983; Brötz 1982).

Zwischen diesen drei Dimensionen sollte man unterscheiden. Ihre Mischung ergibt
sehr unterschiedliche Konstellationen. In keiner Dimension ist die Selbstverwaltung
in der BA heute stark; im SGB II fehlen sie ganz.

3   Entstehung und Entwicklung der besonderen Form der Selbstverwaltung in der Arbeitslosenversicherung

Die Selbstverwaltung in einer öffentlich-rechtlichen, körperschaftlich organisierten
Sozialversicherung ist von Beginn an eine Besonderheit des deutschen Sozialstaats
gewesen. Während sie im 19. Jahrhundert in der KV an genossenschaftliche
Vorläufer anknüpfen konnte, musste sie in der RV und UV gegen die etatistisch
ausgerichteten Pläne Bismarcks (Staatsanstalt; Fachaufsicht) durchgesetzt werden.
Sie bildete ein ambivalentes, in den vordemokratischen, autoritären Staat vielfach
integriertes Element bürgerschaftlicher Mitwirkung (so gut zusammenfassend
Stolleis 2003, S. 61-75 mwN).

3.1 Tradition der Selbstverwaltung in der Arbeitslosen-versicherung und ihre Funktionsprobleme

Die Weimarer Verfassung garantierte im zweiten Hauptteil über „Die Grundrechte und Grundpflichten der Deutschen" im 5. Abschnitt „Das Wirtschaftsleben" in Art. 161: „ein umfassendes Versicherungswesen unter maßgebender Mitwirkung der Versicherten". Es ist derselbe Abschnitt, in dem sich in Art. 156 die Organisation der Wirtschaft auf der „Grundlage der Selbstverwaltung" und in Art. 159 die Koalitionsfreiheit sowie in Art. 165 die Etablierung von Betriebs- und Wirtschaftsräten findet. Die körperschaftliche Selbstverwaltung der Sozialversicherung steht also in einem Kontext der demokratischen Organisation von Staat, Verwaltung *und* Gesellschaft, den das Bundesverfassungsgericht erst 84 Jahre später 2002 und 2004 (Bundesverfassungsgericht 2004 (Lippeverband) und Bundesverfassungsgericht 2005 (Notarkassensatzung) anerkannte, dessen Verbindung mit dem Sozialstaatsprinzip aber nicht thematisierte. Aber das AVAVG von 1927 fußte auch auf anderen Traditionen (zur Entwicklung zuletzt Schmuhl 2003; Trampusch 2000).

(1) Die Arbeitsvermittlung. Die Arbeitslosenversicherung hat bis heute stärker als alle anderen Sozialversicherungen ein System der Vorsorge und Prävention, Arbeitsvermittlung und -förderung. Mit der Kriegswirtschaft des ersten Weltkriegs (dazu die Übersicht bei Preller 1978, S. 61-66, 236/7 und 363-378; sehr umfassend: Führer 1990 und Fukuzawa 1995) wurde die Reichszentrale der Arbeitsnachweise vom 5.8.1914 geschaffen und erhielt im Geiste des „Burgfriedens" eine zentrale Organisation unter Mitwirkung der Arbeitgeber und Gewerkschaften. Diese Mitwirkung wurde 1920 mit dem Reichsamt für Arbeitsvermittlung fortgesetzt und 1922 (Deutsches Reich 1922, S. 657) auf die Ebene der Kommunen und Länder ausgedehnt.

Arbeitgeber und Gewerkschaften hatten 1918 im Stinnes-Legien-Abkommen und 1950 im 3. Hattenheimer Abkommen gefordert, eine paritätisch durch sie besetzte öffentliche Arbeitsverwaltung einzurichten. Dies war jeweils eng verknüpft mit einer Einigung über den rechtlichen Rahmen zum Tarifvertragssystem. Sie konnten sich damit aber nicht durchsetzen, sondern mussten immer die öffentliche Hand an der Selbstverwaltung beteiligen. Die Gemeinden trugen vor 1914 allein die Last der Arbeitslosigkeit und hatten zu ihrer Vorbeugung eigene Arbeitsnachweise gebildet. Im ArbeitsnachweisG 1922 (Deutsches Reich 1922, S. 657) dominierten sie über den von ihnen ernannten Leiter der Verwaltung (§ 8), der neben Vertretern der Arbeitgeber und Arbeitnehmer auch im Verwaltungsausschuss saß (§ 7); beim Landesamt traten die Gemeinden (§ 19) und auf Reichsebene die Gemeinden und Länder (§ 29) hinzu. Dabei hatte das Reichsamt die Fachaufsicht (§ 26).

(2) Die Erwerbslosenfürsorge. Nach 1918 waren die Gemeinden mit der Fürsorge-
last für Arbeitslose überfordert und sobald das Reich an die Stelle der Gemeinden
trat (Preller 1978, ebda.), wurde neben der allgemeinen Fürsorge durch VO zur
Erwerbslosenfürsorge v. 13.11.1918 (Deutsches Reich 1918, S. 1305) ein besonderes Fürsorgesystem geschaffen (Bezug auf den vorherigen Lohn, Pflicht zur
Verfügbarkeit und Sperrzeiten). Ab 1922 mussten Arbeitgeber und Arbeitnehmer
über Beiträge immer stärker die Erwerbslosenfürsorge und auch die Kosten der
Arbeitsnachweise finanzieren.

(3) Zusammenführung. Das AVAVG von 1927 führte beide Zweige 1927 in der
Reichsanstalt für Arbeitsvermittlung und Arbeitslosenversicherung als Körperschaft
des öffentlichen Rechts (§ 1 Abs. 3 AVAVG 1927) zusammen. Es kompensierte die
Entmachtung der Kommunen dadurch, dass sie das Drittel der Vertreter der öffentlichen Hand in den lokalen Verwaltungsausschüssen ganz, in den Verwaltungsausschüssen der Landesarbeitsämter und dem Verwaltungsrat der Reichsanstalt
noch z. T. stellten. Die Vertreter der Arbeitgeber und Gewerkschaften wurden auf
bindenden Vorschlag der Verbände besetzt (§ 6 Abs. 2 AVAVG). Der Amtsleiter
des Arbeitsamts und Landesarbeitsamts war auch gleichzeitig Vorsitzender des
Selbstverwaltungsgremiums, des Verwaltungsausschusses.

Der Verwaltungsrat der Reichsanstalt *führte die Geschäfte* der Reichsanstalt (§
21 AVAVG), wobei noch nicht zwischen laufenden Geschäften und grundsätzlichen
Regelungen unterschieden wurde. Der Verwaltungsrat setzte den *Gesamthaushalt*
der Reichsanstalt fest, der dann aber noch der Genehmigung der Reichsregierung
bedurfte (§ 43 Abs. 3 AVAVG); dies gilt bis heute. Ähnliche Haushaltsbefugnisse
hatten die Verwaltungsausschüsse der Arbeits- und Landesarbeitsämter, jeweils
bei Genehmigung durch den Verwaltungsausschuss des Landesarbeitsamts bzw.
Verwaltungsrats der Reichsanstalt – auch dieses Muster ist bis heute geblieben.

In der Reichsanstalt leitete der Präsident den Vorstand, dem je 5 Vertreter der
Arbeitgeber, Arbeitnehmer und der öffentlichen Hand angehörten (§ 12 AVAVG). In
den Arbeits- und Landesarbeitsämtern erledigte die laufenden Verwaltungsgeschäfte
ein „geschäftsführender Ausschuss" des Verwaltungsausschusses (§ 8 AVAVG).
Die Spruchausschüsse (heute Widerspruchsausschüsse) der Arbeitsämter waren
unter Leitung eines Verwaltungsbeamten nur mit Vertretern der Arbeitgeber und
Gewerkschaften besetzt, genauso wie die Spruchkammern der Landesarbeitsämter
und der Spruchsenat für die Arbeitslosenversicherung beim Reichsversicherungs-
amt, der gerichtliche Funktionen hatten (§§ 30, 31 AVAVG).

Während das Arbeitsnachweisgesetz von 1922 zwischen fachlicher und allgemeiner Aufsicht unterschied, gab § 47 AVAVG undifferenziert die *gesamte
Aufsicht* an den Reichsarbeitsminister und ihm damit eine entsprechend starke

Stellung. Erst § 34 AVAVG 1957 beschränkte die Aufsicht des Bundesministers auf die Rechtsaufsicht und dementsprechend spricht das Gesetz auch jetzt erst zu Recht von einer „Selbstverwaltung" der BA (§ 4 Abs. 1 AVAVG) – auch wenn die Rechtsaufsicht angesichts der hohen Normierungsdichte einer Fachaufsicht sehr nahe kam (oben 2.3).

3.2 Änderungen nach 1945

Neben den gerade erwähnten klaren Regelungen der Selbstverwaltung wurde in der Bundesrepublik 1952 mit der neu geschaffenen Bundesanstalt für Arbeitsvermittlung und Arbeitslosenversicherung auch die Selbstverwaltung neu strukturiert, parallel mit der Selbstverwaltung der Sozialversicherung (Bundesrepublik Deutschland 1952a, S. 427). *Geschäftsführung und Selbstverwaltung* wurden als Organe wie auch als Verwaltungstätigkeiten **getrennt** und die Geschäftsführung auf die Erledigung der Angelegenheiten der laufenden Verwaltung und die Selbstverwaltung einerseits über den Verwaltungsrat/die Vertreterversammlung auf die allgemeinen Regelungen (Neben § 7 AVAVG 1957 plus sehr viele Einzelkompetenzen vgl. die Aufzählung bei Draeger et al. 1961a), die Feststellung des Haushalts, die Satzung und das gesetzesgleiche Anordnungsrecht, und andererseits über den Vorstand (hauptamtliche Verwaltungsleitung und Mitglieder der Selbstverwaltung) auf die der grundsätzlichen Verwaltungsangelegenheiten konzentriert. Diese für den Umfang der Selbstverwaltung wichtige Abgrenzung beschäftigt seitdem die interne Kompetenzzuweisung (§§ 31 – 36 SGB IV). Die öffentliche Hand war von der Selbstverwaltung der Arbeitslosenversicherung ausgeschlossen (§ 11 AVAVG 1952), was erst das AFG 1969 abschaffte (§ 192), das auch die Genehmigungsrechte des BMAS erweiterte. Seit 1992 kann es den Haushalt gegen die Selbstverwaltung durchsetzen (§ 216 Abs. 3 AFG, § 71a Abs. 4 SGB IV; Schmuhl 2003, S. 577). Diese Eingriffe in die Selbstverwaltung gipfelten 2002 in einer völlig neuen Struktur.

3.3 New Public Management gegen Selbstverwaltung ab 2002

Die Verwaltungsmodernisierung von 2002 (Bundesrepublik Deutschland 2002, S. 1132) brachte schon vor den Hartzgesetzen eine völlig neue Struktur der Selbstverwaltung, die aus der BA „einen Dienstleister mit privatwirtschaftlichen Führungsstrukturen" (Bundestag 1999, S. 9) machen sollte und dafür bewusst Elemente der Leitungsstruktur einer AG übernahm. Die Selbstverwaltung wurde auf ein Gremium reduziert, den Verwaltungsrat, der nur noch die Funktion eines „Aufsichtsrats" hat (§ 373 Abs. 1 und § 383 Abs. 4 SGB III) und nicht mehr allgemein, sondern wie in der AG (§ 111 Abs. 4 AktG) nur noch einzelne Verwaltungsangelegenheiten von seiner Zustimmung abhängig machen kann. Dies ist der Satzung vorbehalten, die die Bundesregierung genehmigen muss (§ 372 Abs. 2 SGB III). Im Konflikt mit dem Verwaltungsrat kann der Vorstand den Bundesminister zur verbindlichen Entscheidung anrufen (§ 373 Abs. 3 S. 2 SGB III). Die Bundesregierung genehmigt die Anordnungen des Verwaltungsrats (§ 372 Abs. 2 SGB III) und benennt die Mitglieder des Vorstands (§ 382 Abs. 1 S. 4 SGB III). Schließlich schaffte das vierte Gesetz für moderne Dienstleistungen am Arbeitsmarkt (Bundesrepublik Deutschland 2003, S. 2954) die Selbstverwaltung durch Verwaltungsausschüsse in den Regionaldirektionen ganz ab; hier gibt es nur noch Beiräte.

Mit den Änderungen ab 2002 sind noch weitere Strukturen geschaffen worden, die den Einfluss der Selbstverwaltung zurückdrängen:

• Stärkere Bindung der Verwaltungsspitze an die Ministerialebene (Zielvereinbarungen § 1 Abs. 3; Bestellung auf 5 Jahre, jederzeitige Abberufung § 382 Abs. 3 SGB III).

• Verstärkung der internen hierarchischen Abhängigkeit der unteren Ebenen von der Verwaltungsspitze (Bestellung der Geschäftsführung der Arbeitsagenturen durch den Vorstand § 383 Abs. 1 SGB III); leistungsbezogene Vergütung § 390 Abs. 2 – 4 SGB III; umfassende interne Kontrollmöglichkeiten durch IT.

• „Externe Steuerung" über die Konkurrenz der Arbeitsagenturen untereinander durch ein System des Benchmarking, dessen Maßstäbe von der Verwaltungsspitze und/oder dem Ministerium vorgegeben werden.

Hier kommen zwei Trends in der Entwicklung korporatistischer Selbstverwaltung im SGB III wie der GKV und GRV zusammen (Klenk et al. 2012, S. 7-18; Klenk 2012, S. 54-117, 71-104): Verstärkung des Staatseinflusses („Etatisierung") und Managementstrukturen. Aber einige Elemente erleichtern auch die interne Transparenz und damit die Kontrolle durch die Verwaltungsausschüsse und den Verwaltungsrat – vorausgesetzt diese Gremien bekommen Zugang zu den Daten und ihrer Auswertung. Und die fast völlige Umwandlung aller Arbeitsförderungsleistungen in Ermessensleistungen (§ 3 Abs. 3 SGB III und § 16 Abs. 1 S. 2 SGB II und ff.) gibt der Zentrale wie den Agenturen viel Spielraum.

4   Funktion der Selbstverwaltung in der Arbeitslosenversicherung

4.1   Allgemeine Funktionen der funktionalen Selbstverwaltung

Das BVerfG hat in seiner Entscheidung von 2002 (Bundesverfassungsgericht 2004, S. 92 (Rn. 144); vgl. auch Kluth 1997, S. 220 ff.) die wichtigsten allgemeinen Funktionen der funktionalen Selbstverwaltung zusammengefasst:

- wirksames Mitspracherecht der Betroffenen
- Aktivierung verwaltungsexternen Sachverstands
- Erleichterung eines sachgerechten Interessenausgleichs
- Effektivierung des Gesetzesvollzugs, da die Bürger in der Selbstverwaltung die öffentliche Aufgabe „auch im wohlverstandenen Eigeninteresse wahrnehmen; sie sind der öffentlichen Gewalt nicht nur passiv unterworfen, sondern an ihrer Ausübung aktiv beteiligt" – dies ist im modernen Jargon sicherlich eine Form von „Governance".

4.2   Spezielle Funktionen der Selbstverwaltung der Sozialversicherung[1]

1. Bei der Entstehung der GKV und UV, weniger der GRV und gar nicht der PflegeV, knüpfte man an genossenschaftliche/privatautonome Lösungen an und überformte sie öffentlich-rechtlich. Sozialversicherung ist *auch* eine Form der **Eigen-Vorsorge**. Der Freiheitsverlust durch Pflichtmitgliedschaft soll durch den Partizipationsgewinn in der Selbstverwaltung kompensiert werden (Welti 2006, S. 139 ff.). Mehr ist es aber auch nicht. Denn die „Privatautonomie" in der Privatversicherung beschränkt sich weitgehend auf die Wahl des Versicherers. Das Hauptbetätigungsfeld der Selbstverwaltung, die Prävention, ist in den entsprechenden Privatversicherungen nur schwach ausgebildet (dazu Bieback 2014, S. 136-138) wie es auch keinen freien Markt in der Bestimmung der Versicherungsbedingungen gibt. Zudem gilt diese Grundlage der Selbstverwaltung nicht für die Arbeitslosenversicherung, denn hier gibt es so gut wie keine Privatversicherung, keine Möglichkeit, das Risiko privatautonom abzusichern (zur

---

1   Allgemein und zu wenig auf die Arbeitslosenversicherung abstellend Becker (1996, S. 58-73 und S. 488-497).

Praxis: Mest 2015; Lutz 2006). Die Sozialversicherung schafft in vielen Fällen und auch hier also erst Freiheit, und zwar jenseits der Privatautonomie des Marktes. 2. Um die **Beitragsfinanzierung öffentlicher Aufgaben** von der Steuerfinanzierung abzugrenzen muss die Finanzierung vom Staatshaushalt getrennt und selbständig sein („Parafiscus") (Bieback 2014, S. 79-84). Das verlangt keine Selbstverwaltung, stärkt aber die Eigen- und Selbständigkeit. Auch diese Funktion ist bei der Arbeitslosenversicherung schwach (unten 4.3). Die paritätische Selbstverwaltung der Erwerbslosenfürsorge der Weimarer Republik entstand nicht durch die Umstellung von einer Steuer- auf eine Beitragsfinanzierung 1923, sondern schon vorher, als die paritätisch verwalteten Arbeitsnachweise 1922 (Deutsches Reich 1922, S. 657) in die Verwaltung der Erwerbslosenfürsorge eingeschaltet wurden (§ 2 ArbeitsnachweisG) und später auch die Beiträge einzogen (Deutsches Reich 1923a, S. 984; Deutsches Reich 1924, S. 121).

4.3 Besondere Funktionen und Grenzen der Selbstverwaltung im SGB III

Die besonderen Funktionen funktionaler Selbstverwaltung der Sozialversicherung gelten also nicht für die Absicherung gegen Arbeitslosigkeit. Aber von den vier besonderen Merkmalen der Leistungen bei Arbeitslosigkeit begrenzen zwei zwar die Selbstverwaltung, aber zwei machen sie notwendig.

1. **Dominanz der großen Etats.** Es ist nicht nur das Fehlen fast jeglicher privater Versicherungen gegen Arbeitslosigkeit, sondern es ist auch eine sozialpolitische Erfahrung, dass das Risiko „Arbeitslosigkeit" nicht statistisch kalkulierbar, sondern abhängig von der allgemeinen, globalen Entwicklung der Wirtschaftsstruktur und der Konjunktur ist und zudem oft massenhaft und über lange Zeiträume auftritt. Seit Entstehung besonderer Systeme der Fürsorge und Versicherung Arbeitsloser ist in der Praxis allgemein anerkannt (vgl. zu den zentralstaatlichen Anfängen im 1. Weltkrieg und danach Wermel und Urban 1949, S. 6 ff., 34 ff.), dass die Langzeitarbeitslosigkeit finanziell nur auf Reichs-, später Bundesebene, abgesichert werden kann. Es muss der größte Etat, der Reichs- und Bundeshaushalt, einstehen (jetzt §§ 363 – 365 SGB III). Zudem ist ein regionaler Finanzausgleich in Krisenzeiten zur Stabilisierung ungleicher Krisenbetroffenheit und Ausgleich regionaler Disparitäten notwendig. Selbstverwaltung in der Arbeitslosenversicherung ist also im „Notfall" nie Verwaltung eigener Beitragsmittel, sondern immer auch Verwaltung fremder Mittel. Das wiederum führt zu einem starken Einfluss des Bundes auf die Verwaltung der

Arbeitslosenversicherung. In noch stärkerem Maße gilt dies für die Verwaltung der Bundesmittel im SGB II.

Anders verhält es sich bei den Bundeszuschüssen zur GRV und GKV. Einmal sind hier einer Rechts- und Fachaufsicht des Bundes durch den föderalen Aufbau der Verwaltung Grenzen gesetzt (dazu jüngst Bundesverfassungsgericht 2014, Rz. 94 ff.), zum anderen ist die Verausgabung der Steuermittel des Bundes gesetzlich so stark geregelt, dass kein oder nur ein sehr geringer Spielraum für die Selbstverwaltung bleibt. Im SGB III und SGB II werden dagegen je nach finanzieller Entwicklung zwischen 40 und 20 % der Mittel für Leistungen der aktiven Arbeitsmarktpolitik verausgabt, die fast durchweg im Ermessen der Verwaltung stehen.

2. Die Einkommensleistungen aller Sozialleistungssysteme wirken als **Stabilisatoren** der nachfragewirksamen Massenkaufkraft. Ökonomisch noch bedeutsamer sind die Leistungen an Arbeitslose zur Steuerung der **Konjunktur- und Strukturpolitik**. § 1 Abs. 1 S. 4 und 5 SGB III statuieren dies auch ausdrücklich. Jede Wirtschaftspolitik gleich welcher Orientierung kann und will nicht auf diese Instrumente der Arbeitsförderung verzichten. Ein Beispiel aus der wohl erfolgreichen (vgl. zu den Programmen die Kritik des IMK der Hans-Böckler-Stiftung: Horn et al. 2009) neueren Krisensteuerung: Im Konjunkturpaket I vom November 2008 (Bundesministerium für Wirtschaft und Energie 2008) sind gleich drei von zehn Instrumenten solche der BA: Sonderprogramm zur Reintegration älterer Arbeitnehmer (WeGeBau), Job-to-Job-Vermittlung mit Einstellung zusätzlicher 1000 Arbeitsvermittler sowie Ausweitung der Bezugsfrist des Kurzarbeitergelds von 12 auf 18 Monate. Im Konjunkturprogramm II vom Januar 2009 werden diese Elemente noch einmal verstärkt, aber eingebettet in sehr viel längerfristig wirkende Maßnahmen zur Verbesserung der Wirtschaftsstruktur (v. 12.1.2009 Beschluss Nr. 10 – wikipedia 2015). Beide Male finanziert der Bund die Maßnahmen; um die Lohnnebenkosten zu senken, wurde sogar gleichzeitig der Beitragssatz zur BA verringert (Zu den gesamten fiskalischen Auswirkungen dieser Maßnahmen Horn et al. 2009; Leifels et al. 2009).

3. Die Arbeitslosenversicherung hat noch eine weitere wichtige ökonomische Funktion. Sie gleicht das vielfältige **Marktversagen des Arbeitsmarkts** (Informationsdefizite, Segmentation und Diskriminierung) durch die Produktion des „öffentlichen Guts" Arbeitsvermittlung und Arbeitsförderung aus. Wer die Arbeitsvermittlung reguliert und kontrolliert, hat auch Macht im Arbeitsmarkt und Macht über das Verhältnis von Kapital und Arbeit. Deshalb gab es nicht nur eigene Vermittlungsorganisationen der Arbeitgeber und Gewerkschaften, sondern beide **Arbeitsmarktparteien** forderten wie gezeigt (oben 3.1) auch eine öffentliche Arbeitsvermittlung und Arbeitslosenversicherung (Trampusch 2000,

S. 81-118; zusammenfassend Klenk 2012, S. 66-71). Das Gebot der Nichtdiskriminierung bei der Arbeitsvermittlung (§ 36 Abs. 2 SGB III) wie auch der Neutralität gegenüber Arbeitskämpfen (§ 36 Abs. 2 und § 160 SGB III) rühren daher. Beide sind zum Schutz des Grundrechts aus Art. 9 Abs. 3 GG geboten; die darüber hinausgehende Beteiligung der Arbeitsmarktparteien in der Selbstverwaltung ist zwar nicht zwingend für den Schutz des Grundrechts, stärkt ihn aber. Und die Expertise und besonderen Interessen der Verbände sind zusätzliche Gründe dafür, dass die Selbstverwaltung in der BA sich tatsächlich wie normativ allein von ihnen ableitet. So stark man deshalb den „Korporatismus" der Selbstverwaltung kritisieren mag, hier ist er sachgerecht.

4. Zugleich ist es eine alte, auch vielfach empirisch belegte Erfahrung, dass Arbeitslosigkeit und speziell Dauerarbeitslosigkeit nur durch eine intensive **Betreuung und Vermittlung vor Ort** (zu ihrem hohen Stellenwert zuletzt Hofmann et al. 2014), in Kontakt mit den Arbeitsmarktparteien über sozialpolitische Netzwerke behoben werden kann (Gülker et al. 2006, S. 78 ff., S. 422 ff.; Ähnlich die Ergebnisse der Evaluation nach § 6c SGB II: Bundesregierung 2008, S. 50 ff.). Dazu ist es sinnvoll die Arbeitsmarktparteien an der Ausfüllung der Spielräume der Arbeitsmarktpolitik auf Bundes- wie lokaler Ebene zu beteiligen. Hier geht es darum, bedarfsgenaue Lösungen, also „Responsivität" nicht im Einzelfall, sondern *auch* für alle Betroffenen zu finden. Und dazu sind nicht so sehr „frei und offen" gewählte Vertreter, sondern eher die Arbeitsmarktparteien und von ihnen Entsandte in der Lage.

Die Funktionen (2) und (4) rechtfertigen die Beteiligung der regionalen öffentlichen Hand an der Selbstverwaltung der BA. Die Funktionen (3) und (4) rechtfertigen die Beteiligung der Arbeitsmarktparteien als Verbände an der Selbstverwaltung der BA.

5   „Selbstverwaltung" und Grundsicherung

Der Befund für das SGB II ist eindeutig: § 47 gibt dem BMA eine Fach- und Rechtsaufsicht. Dies schließt eine Selbstverwaltung im materiellen Sinne aus. Dennoch ist hier die Tradition verwirrender als man denkt. Die Selbstverwaltung der Arbeitsnachweise galt seit der Beitragsfinanzierung auch für die Verwaltung der Erwerbslosenfürsorge. Sie unterstand zwar der Fachaufsicht des Reicharbeitsministers, der musste sich dabei aber ins „Benehmen" mit dem Selbstverwaltungsgremium des Reichsamts für Arbeitsvermittlung, dem Verwaltungsausschuss setzen (Deutsches Reich 1923b, S. 984/5). Die Selbstverwaltung erstreckte sich im AVAVG auch auf die

„Krisenunterstützung", dem Vorläufer der Arbeitslosenhilfe. Erst die Novelle zum AVAVG v. 10.3.1952 (Bundesrepublik Deutschland 1952b, S. 123) bezeichnete in § 1 Abs. 2 die vom Bund finanzierte Arbeitslosenhilfe ausdrücklich als eine besondere, „übertragene" Aufgabe. Sie war damit der Selbstverwaltung der BA entzogen und die BA unterlag hier – nach überwiegender Meinung (vgl. Krebs 1966, Rn. 5; Draeger et al. 1961b, Rn. 8; Schmidt 1958, S. 50; Unklar Bundesregierung 1951, S. 12 zu § 1 Abs. 1 S. 2 AVAVG idF G v. 10.3.1952 (Bundesrepublik Deutschland 1952b, S. 123)) und der tatsächlichen Praxis - dem fachlichen Weisungsrecht des BMA. Das AFG 1969 (§ 3 Abs. 4) und das SGB III 1997 (205 Abs. 1) kennzeichneten die Erbringung der Arbeitslosenhilfe klarer als „Auftragsverwaltung", wobei erst § 205 S. 2 SGB III das fachliche Weisungsrecht des BMAS ausdrücklich erwähnte. Aber die Förderleistungen an Bezieher von Arbeitslosenhilfe blieben bis zum SGB II in der Verantwortung und Finanzierung der BA. Damit hatte die BA wenig Anreize, Empfänger von Arbeitslosenhilfe auf eigene Kosten zu fördern. Dieses Problem existiert weiter auch im Verhältnis SGB II - SGB III.

Im SGB II ist die Lage für den Normalfall, das Jobcenter, noch komplexer. Wie die BA gegenüber dem Jobcenter für die vom Bund finanzierten Leistungen, so hat die Gemeinde für die von ihr finanzierten Leistungen ein fachliches Weisungsrecht, mit Ausnahme der Aufgaben, die die Trägerversammlung aus Vertretern der BA und der Kommunen gem. § 44c SGB II zu entscheiden hat. Diese Aufgaben betreffen aber nicht die Leistungserbringung, sondern Personal- und Organisationsangelegenheiten, allerdings auch den Betreuungsschlüssel und Personalbedarfsplan. Die Gesetzesmaterialien (Bundestag 2010, S. 16) sind sehr euphemistisch, wenn sie als Ziel dieser engen Kompetenzen die „Verbesserung der Qualität der Betreuung vor Ort" durch Sicherung „dezentraler Handlungsspielräume" und die Abstimmung des „örtlichen Arbeitsmarkt- und Integrationsprogramm[s]" ansehen.

Damit hat die Selbstverwaltung der BA den direkten Einfluss auf die Förderung der Dauerarbeitslosen verloren; er bleibt aber mittelbar dadurch bestehen, dass das Förderrecht des SGB II zu einem großen Teil auf die durch die Selbstverwaltung der BA im SGB III gestalteten Instrumente aufsattelt (§ 16 SGB II). Die Arbeitslosen nach dem SGB II machten im Oktober 2014 69,4 % aller Arbeitslosen aus, nur 30 % verblieben im SGB III (Bundesagentur für Arbeit 2014). Aber die Argen/Jobcenter wollten und wollen nicht auf die Vernetzung mit den lokalen Akteuren des Arbeitsmarktes verzichten und hatten freiwillig Beiräte errichtet (Bundesregierung 2008, S. 52), die seit 2011 gem. § 18d SGB II verpflichtend sind und in denen neben den Arbeitsmarktparteien u. a. auch die Sozialverbände vertreten sind.

Wie ließe sich eine stärkere Beteiligung der Arbeitsmarktparteien an der Verwaltung der gemeinsamen Einrichtungen, etwa an der Vertreterversammlung, in dieses Konzept der Verwaltung des SGB II einpassen und legitimieren? Das kann nur kurz erörtert werden. Einige der oben analysierten Gründe für ihre Mitwirkung sprechen dafür:

- Die enge Verbindung sowohl des Förderrechts als auch der konkreten Förderung einer Person nach dem SGB II und SGB III.
- Die Verbesserung der Effizienz der Verwaltung und der Qualitäts- und Akzeptanzmängel der Entscheidung der Jobcenter durch ein besseres Widerspruchsmanagement unter Beteiligung der Arbeitsmarktparteien.
- Die Vermittlung und Förderung der Arbeitslosen nach dem SGB II tangieren die Machtbalance auf dem lokalen Arbeitsmarkt genauso wie die nach dem SGB III – zu erwähnen sei nur der problematische Einfluss der Arbeitsgelegenheiten oder Lohnsubventionen.
- Die Notwendigkeit, regionale Netzwerke mit größerer Verbindlichkeit als über Beiräte (§ 18d SGB II) herzustellen.

Für die Institutionalisierung einer Selbstverwaltung in der Form einer körperschaftlichen Selbstverwaltung fehlen im SGB II alle Voraussetzungen, zumal dann, wenn Träger der Grundsicherung die „zugelassenen" Kommunen sind. Es können aber nach dem graduellen Konzept von Selbstverwaltung (oben 2.3) auch einige ihrer Elemente im SGB II realisiert werden. Sie ließen sich angesichts der großen Spielräume in der Organisation von Selbstverwaltung und wegen ihrer besonderen „Betroffenheit" auf die Arbeitsmarktparteien konzentrieren. Auch ist die Beteiligung der Arbeitsmarktparteien eine notwendige Bedingung dafür, tragfähige lokale Netzwerke zu etablieren und die Effektivität der Verwaltung zu erhöhen, die Gruppe der einbezogenen „Betroffenen" kann aber sicherlich erweitert werden.

Literatur

Adamy, W. 2006. Gibt es noch eine Selbstverwaltung in der Arbeitslosenversicherung? *Vierteljahresschrift für Sozialrecht* 24: 175-189.
Becker, U. 1996. *Staat und autonome Träger im Sozialleistungsrecht*. Baden-Baden: Nomos.
Bieback, K.-J. 2014. *Sozial- und verfassungsrechtliche Aspekte der Bürgerversicherung*. 2. Aufl. Baden-Baden: Nomos.
Brötz, R. 1982. Zur sozialen Ausgestaltung der „Zumutbarkeit" im AFG. *Zeitschrift des Wirtschafts- und Sozialwissenschaftlichen Instituts in der Hans-Böckler-Stiftung* 35: 105-113.
Bundesagentur für Arbeit. 2014. Arbeitsmarkt in Zahlen - Arbeitsmarktstatistik: Eckwerte des Arbeitsmarktes und der Grundsicherung Oktober 2014. http://statistik.arbeitsagentur.

de/Statistikdaten/Detail/201410/iiia4/multi-eckwerte/multi-eckwerte-d-0-201410-zip. zip. Zugegriffen: 22.01.2015.

Bundesministerium für Wirtschaft und Energie. 2008. Beschäftigungssicherung durch Wachstumsstärkung: 1. Konjunkturpaket der Bundesregierung vom 5.11.2008. http://www.bmwi.de/DE/Mediathek/publikationen,did=278868.html. Zugegriffen: 22.01.2015.

Bundesregierung. 1951. Entwurf eines Gesetzes über die Errichtung einer Bundesanstalt für Arbeitsvermittlung und Arbeitslosenversicherung vom 10.04.1951. *Verhandlungen des Deutschen Bundestages - Anlagen zu den stenographischen Berichten (Bundestagsdrucksachen 1. Wahlperiode)*, Anl-Bd 11: BT-Drucks. 1/2131.

Bundesregierung. 1975. Bericht der Bundesregierung zu Fragen der Selbstverwaltung in der Sozialversicherung vom 03.11.1975. *Verhandlungen des Deutschen Bundestages - Anlagen zu den stenographischen Berichten (Bundestagsdrucksachen 7. Wahlperiode)*, Anl-Bd 212: BT-Drucks. 7/4244.

Bundesregierung. 1983. Bericht der Bundesregierung zur Errichtung von Widerspruchsausschüssen bei der Bundesanstalt für Arbeit vom 05.10.1983. *Verhandlungen des Deutschen Bundestages - Anlagen zu den stenographischen Berichten (Bundestagsdrucksachen 10. Wahlperiode)*, Anl-Bd 296: BT-Drucks. 10/442.

Bundesregierung. 2008. Bericht zur Evaluation der Experimentierklausel nach § 6c des Zweiten Buches Sozialgesetzbuch vom 18.12.2008. *Verhandlungen des Deutschen Bundestages - Anlagen zu den stenographischen Berichten (Bundestagsdrucksachen 16. Wahlperiode)*, Anl-Bd 866: BT-Drs 16/11488.

Bundesrepublik Deutschland. 1952a. Gesetz über die Selbstverwaltung und über Änderungen von Vorschriften auf dem Gebiet der Sozialversicherung (Selbstverwaltungsgesetz) vom 13.08.1952. In *Bundesgesetzblatt Teil I*, hrsg. Bundesministerium der Justiz, Nr. 33. Köln: Bundesanzeiger Verlag.

Bundesrepublik Deutschland. 1952b. Gesetz über die Errichtung einer Bundesanstalt für Arbeitsvermittlung und Arbeitslosenversicherung vom 10.03.1952. In *Bundesgesetzblatt Teil I*, hrsg. Bundesministerium der Justiz, Nr. 9. Köln: Bundesanzeiger Verlag.

Bundesrepublik Deutschland. 2002. Art 3 des Gesetzes zur Vereinfachung der Wahl der Arbeitnehmervertreter in den Aufsichtsrat vom 23.03.2002. In *Bundesgesetzblatt Teil I*, hrsg. Bundesministerium der Justiz, Nr. 20. Köln: Bundesanzeiger Verlag.

Bundesrepublik Deutschland. 2003. Viertes Gesetz für moderne Dienstleistungen am Arbeitsmarkt vom 24.12.2003. In *Bundesgesetzblatt Teil I*, hrsg. Bundesministerium der Justiz, Nr. 66. Köln: Bundesanzeiger Verlag.

Bundessozialgericht. 1993. Entscheidung vom 11.08.1992 - 1 RR 7/91. *Entscheidungen des Bundessozialgerichts* Bd 71: 108-117.

Bundessozialgericht. 2001. Entscheidung vom 28.06.2000 - B 6 KA 64/98 R. *Entscheidungen des Bundessozialgerichts* Bd 86: 203-223.

Bundestag. 1986. Beschlußempfehlung und Bericht des Ausschusses für Arbeit und Sozialordnung vom 02.12.1986. *Verhandlungen des Deutschen Bundestages - Anlagen zu den stenographischen Berichten (Bundestagsdrucksachen 10. Wahlperiode)*, Anl-Bd 344: Bt-Drs 10/6605.

Bundestag. 1999. Änderungsantrag der Abgeordneten Dr. Günter Rexrodt u. a. vom 23.11.1999. *Verhandlungen des Deutschen Bundestages - Anlagen zu den stenographischen Berichten (Bundestagsdrucksachen 14. Wahlperiode)*, Anl-Bd 639: BT-Drs 14/2171.

Bundestag. 2010. Entwurf eines Gesetzes zur Weiterentwicklung der Organisation der Grundsicherung für Arbeitsuchende vom 04.05.2010. *Verhandlungen des Deutschen*

Bundestages - Anlagen zu den stenographischen Berichten (Bundestagsdrucksachen 17. Wahlperiode), Anl-Bd 903: BT-Drs 17/1555.
Bundesverfassungsgericht. 1960. Entscheidung vom 29.07.1959 - 1 BvR 394/58. *Entscheidungen des Bundesverfassungsgerichts* Bd 10: 89-118.
Bundesverfassungsgericht. 1961. Entscheidung vom 10.05.1960 - 1 BvR 190/58, 1 BvR 363/58, 1 BvR 401/58, 1 BvR 409/58, 1 BvR 471/58. *Entscheidungen des Bundesverfassungsgerichts* Bd 11: 105-126.
Bundesverfassungsgericht. 1967. Entscheidung vom 02.05.1967 - 1 BvR 578/63. *Entscheidungen des Bundesverfassungsgerichts* Bd 21: 362-378.
Bundesverfassungsgericht. 1968. Entscheidung vom 19.12.1968 - 2 BvL 4/65. *Entscheidungen des Bundesverfassungsgerichts* Bd 23: 12 ff.
Bundesverfassungsgericht. 1972. Entscheidung vom 21.10.1971 - 1 BvR 280/66. *Entscheidungen des Bundesverfassungsgerichts* Bd 32: 54-77.
Bundesverfassungsgericht. 1974. Entscheidung vom 05.03.1974 - 1 BvL 17/72. *Entscheidungen des Bundesverfassungsgerichts* Bd 36: 383-401.
Bundesverfassungsgericht. 1975a. Entscheidung vom 18.12.1974 - 1 BvR 430/65. *Entscheidungen des Bundesverfassungsgerichts* Bd 38: 281-312.
Bundesverfassungsgericht. 1975b. Entscheidung vom 09.04.1975 - 2 BvR 879/73. *Entscheidungen des Bundesverfassungsgerichts* Bd 39: 302-316.
Bundesverfassungsgericht. 1988. Entscheidung vom 15.12.1987 - 2 BvL 11/86. *Entscheidungen des Bundesverfassungsgerichts* Bd 77: 340-344.
Bundesverfassungsgericht. 1989. Entscheidung vom 15.06.1988 - 1 BvR 1301/86. *Entscheidungen des Bundesverfassungsgerichts* Bd 78: 320-331.
Bundesverfassungsgericht. 1994. Entscheidung vom 08.02.1994 - 1 BvR 1237/85/58. *Entscheidungen des Bundesverfassungsgerichts* Bd 89: 365-381.
Bundesverfassungsgericht. 2004. Entscheidung vom 05.12.2002 - 2 BvL 5/98, 2 BvL 6/98. *Entscheidungen des Bundesverfassungsgerichts* Bd 107: 59-103.
Bundesverfassungsgericht. 2005. Entscheidung vom 13.07.2004 - 1 BvR 1298/94, 1 BvR 1299/94, 1 BvR 1332/95, 1 BvR 613/97. *Entscheidungen des Bundesverfassungsgerichts* Bd 111: 191-225.
Bundesverfassungsgericht. 2014. Entscheidung vom 07.10.2014 - 2 BvR 1641/11. *Neue Zeitschrift für Sozialrecht* 23 (22): 861-868.
Deutsches Reich. 1918. Verordnung über Erwerbslosenfürsorge vom 13.11.1918. In *Reichs-Gesetzblatt*, hrsg. Reichsamt des Innern, Nr 154 (Gesetzesnr 6530). Berlin.
Deutsches Reich. 1922. Arbeitsnachweisgesetz vom 22.07.1922. In *Reichs-Gesetzblatt Teil I*, hrsg. Reichministerium des Innern, Nr 56. Berlin: Verlag des Gesetzsammlungsamts.
Deutsches Reich. 1923a. §§ 8 und 9 der Verordnung über die Aufbringung der Mittel für die Erwerbslosenfürsorge vom 15.10.1923. In *Reichs-Gesetzblatt Teil I*, hrsg. Reichministerium des Innern, Nr 104. Berlin: Verlag des Gesetzsammlungsamts.
Deutsches Reich. 1923b. §§ 7 und 8 der Verordnung über die Aufbringung der Mittel für die Erwerbslosenfürsorge vom 15.10.1923. In *Reichs-Gesetzblatt Teil I*, hrsg. Reichministerium des Innern, Nr 104. Berlin: Verlag des Gesetzsammlungsamts.
Deutsches Reich. 1924. Verordnung zur Änderung der Verordnungen über Erwerbslosenfürsorge und über die Aufbringung der Mittel für die Erwerbslosenfürsorge und des Arbeitsnachwesgesetzes vom 13.02.1924. In *Reichs-Gesetzblatt Teil I*, hrsg. Reichministerium des Innern, Nr 14. Berlin: Verlag des Gesetzsammlungsamts.

Draeger, K., Buchwitz, H. und Schönefelder, E. 1961a. Kommentierung zu § 7 AVAG. In *Gesetz über Arbeitsvermittlung und Arbeitslosenversicherung*, hrsg. dies. Stuttgart: Kohlhammer.

Draeger, K., Buchwitz, H. und Schönefelder, E. 1961b. Kommentierung zu § 1 AVAG. In *Gesetz über Arbeitsvermittlung und Arbeitslosenversicherung*, hrsg. dies. Stuttgart: Kohlhammer.

Emde, E. T. 1991. *Die demokratische Legitimation der funktionalen Selbstverwaltung*. Berlin: Duncker und Humblot.

Führer, K. C. 1990. *Arbeitslosigkeit und die Entstehung der Arbeitslosenversicherung in Deutschland: 1902 - 1927*. Berlin: Colloquium-Verlag.

Fukuzawa, N. 1995. *Staatliche Arbeitslosenunterstützung in der Weimarer Republik und die Entstehung der Arbeitslosenversicherung*. Frankfurt/M., Berlin, Bern, New York, Paris, Wien: Lang

Gülker, S., Kaps, P., Mauer, A., Mosley, H., Müller, K.-U., Oschmiansky, F., Schütz, H., Speckesser, S., Cramer, R., Gilberg, R., Hess, D., Marwinski, K., Prussog-Wagner, A., Schröder, H., Smid, M. und Steinwede, A. 2006. Evaluation der Maßnahmen zur Umsetzung der Vorschläge der Hartz-Kommission: Modul 1a: Neuausrichtung der Vermittlungsprozesse. Wissenschaftszentrum Berlin für Sozialforschung und infas Institut für angewandte Sozialwissenschaft. http://www2000.wzb.eu/alt/ab/pdf/hartz_endbericht/endbericht_komplett.pdf. Zugegriffen: 22.01.2015.

Hase, F. 2008. Soziale Selbstverwaltung. In *Handbuch des Staatsrechts*, 3. Aufl, hrsg. J. Isensee und P. Kirchhof, Bd 6, 1175-1202. Heidelberg: Müller.

Hendler, R. 1991. Die Funktion der sozialen Selbstverwaltung im gegenwärtigen Sozialrecht *Schriftenreihe des Deutschen Sozialrechtsverbandes* 34: 65 - 80.

Hofmann, B., Kupka, P., Krug, G., Kruppe, T., Osiander, C., Stephan, G., Stops, M., Wolff, J. 2014. Beratung und Vermittlung von Arbeitslosen: Ein Literaturüberblick zu Ausgestaltung und Wirkung. *Sozialer Fortschritt* 63 (11): 276-285

Horn, G., Hohlfeld, P., Truger, A. und Zwiener, R. 2009. Höheres Tempo erforderlich: Zu den Wirkungen des Konjunkturpakets II. In: *Policy Brief Januar 2009*, hrsg. Institut für Makroökonomie und Konjunkturforschung der Hans-Böckler-Stiftung. http://www.boeckler.de/pdf/p_imk_pb_01_2009.pdf. Abgerufen: 22.01.2015.

Hufen, F. 1991. Soziale Selbstverwaltung im demokratischen Rechtsstaat. *Schriftenreihe des Deutschen Sozialrechtsverbandes* 34: 43 - 64.

Kingreen, T. und Kühling, J. 2013. *Monistische Einwohnerversicherung*. Baden-Baden: Nomos.

Klenk, T. 2012. Korporatistische Selbstverwaltung zwischen Staat und Markt. In *Abkehr vom Korporatismus? : der Wandel der Sozialversicherungen im europäischen Vergleich*, hrsg. Klenk, T., Weyrauch, P., Haarmann, A. und Nullmeier, F. Frankfurt, New York: Campus-Verlag.

Klenk, T., Weyrauch, P., Haarmann, A. und Nullmeier, F. 2012. Zur Einführung. In *Abkehr vom Korporatismus? : der Wandel der Sozialversicherungen im europäischen Vergleich*, hrsg. Klenk, T., Weyrauch, P., Haarmann, A. und Nullmeier, F. Frankfurt, New York: Campus-Verlag.

Kluth, W. 1997. *Funktionale Selbstverwaltung*. Tübingen: Mohr Siebeck.

Krebs, H. 1966. Kommentierung zu § 1 AVAVG. In *Gesetz über Arbeitsvermittlung und Arbeitslosenversicherung: Kommentar*, Loseblatt. München: Beck.

Landessozialgericht NRW. 2014. Entscheidung vom 29.01.2014 - L 11 KR 399/12 KL. *Neue Zeitschrift für Sozialrecht* 23 (13): 503-505.

Leifels, A., Moog, S. und Raffelhüschen, B. 2009. Auswirkungen der Konjunkturpakete auf die öffentlichen Haushalte in 2009 und 2010. Forschungszentrum Generationenverträge der Albert-Ludwigs-Universität Freiburg. http://www.fiwi1.uni-freiburg.de/publikationen/231.pdf. Zugegriffen 22.01.2015.

Lutz, R. 2006. Was spricht eigentlich gegen eine private Arbeitslosenversicherung?: IAB-Discussionpaper 24. Institut für Arbeitsmarkt- und Berufsforschung der Bundesagentur für Arbeit. http://doku.iab.de/discussionpapers/2006/dp2406.pdf. Zugegriffen: 22.01.2015.

Mest, O. 2015. Private Arbeitslosenversicherung: Finanzielle Hilfe bei einer Kündigung. Ihr Vorsorgeportal - optimal-absichern. http:// www.optimal-absichern.de/gesundheit/ magazin/private-arbeitslosenversicherung-sinnvolle-absicherung-oder-rausgeschmissenes-geld.php. Zugegriffen: 22.01.2015.

Möller-Lücking, N. 1983. Beseitigung der Widerspruchsausschüsse in den Arbeitsämtern ein Schlag gegen die Selbstverwaltung – Korrektur erforderlich. *Soziale Sicherheit* 32: 149-152.

Preller, L. 1978. *Sozialpolitik in der Weimarer Republik*. Düsseldorf: Droste.

Ruland, F. 2006. Gibt es noch eine Selbstverwaltung in der Rentenversicherung? *Vierteljahresschrift für Sozialrecht* 24: 157-173.

Schmidt, F. 1958. *Die Arbeitslosenhilfe: Kommentar zu d. Gesetz zur Änderung u. Erg. d. Gesetzes über Arbeitsvermittlung u. Arbeitslosenversicherung vom 16. April 1956.* Stuttgart: Kohlhammer.

Schmuhl, H.-W. 2003. *Arbeitsmarktpolitik und Arbeitsverwaltung in Deutschland 1871-2002: Zwischen Fürsorge, Hoheit und Markt.* Nürnberg: Zentralamt der Bundesanstalt *für Arbeit.*

Schnapp, F. E. 2006. Gibt es noch eine Selbstverwaltung in der Sozialversicherung? *Vierteljahresschrift für Sozialrecht* 24: 191-203.

Stolleis, M. 2003. *Geschichte des Sozialrechts in Deutschland.* Stuttgart: Lucius und Lucius.

Trampusch, C. 2000. *Arbeitsmarktpolitik, Gewerkschaften und Arbeitgeber: Ein Vergleich der Entstehung und Transformation der öffentlichen Arbeitsverwaltungen in Deutschland, Großbritannien und den Niederlanden zwischen 1909 und 1999.* Dissertation Universität Göttingen.

Welti, F. 2006. Gibt es noch eine Selbstverwaltung in der gesetzlichen Krankenversicherung? *Vierteljahresschrift für Sozialrecht* 24: 133-156.

Wermel, M. und Urban, R. 1949. *Arbeitslosenfürsorge und Arbeitslosenversicherung in Deutschland*, Bd 2. München: Pflaum.

Wikipedia. 2015. Konjunkturpaket II. http://de.wikipedia.org/wiki/Konjunkturpaket_II. Zugegriffen 22.01.2015.

Betroffenheitsdemokratie und Begründung sozialer Selbstverwaltung in der Arbeitsverwaltung

Unterschiede und Gemeinsamkeiten SGB II und SGB III

Margarete Schuler-Harms

1 Einleitung

Bereits 1921 warnte Theodor Heuss davor, Demokratie und Selbstverwaltung als aufeinander bezogene, harmonisch miteinander verbundene Erscheinungen zu betrachten, da zwischen den Belangen des Staatsvolks als Ganzem und denen der einzelnen Teile Unterschiede und Gegensätze unvermeidbar seien, deren Überwindung „manch schwierige Aufgabe" stelle (Heuss 1921, auf den sich v. Unruh 1972, S. 18 und Kluth 1997, S. 344 berufen). Die Aufgabe ist bis heute schwierig geblieben. Demokratie und Selbstverwaltung stehen in spezifischem Zusammenhang, dem in diesem Beitrag nachgegangen werden soll.

2 Soziale Selbstverwaltung in der Arbeitsverwaltung

2.1 Arbeitsverwaltung auf der Grundlage des SGB III

Die Verwaltung der Arbeitsförderung in der Struktur sozialer Selbstverwaltung ist Tradition.[1] Körperschaftlich orientierte soziale Selbstverwaltung, hauptsächlich in Form der Sozialversicherungen, ist gekennzeichnet durch präzise gesetzliche Normierung ihrer Organisation, Finanzierung und Maßnahmen sowie durch ein breit und genossenschaftlich gefasstes, insbesondere nicht spezifisch grundrechtlich geprägtes, vielmehr dem Allgemeininteresse nahes Verbandsinteresse (Differenzierungen und Präzisierungen z. B. bei Emde 1991, S. 271 ff.; Schmidt-Aßmann

---

1 Heute geregelt in §§ 29 ff. i.V.m. § 1 Abs. 1 S. 2, 3 SGB IV, Art. 1 der Satzung der BA vom 13.6.2012 (Bundesagentur für Arbeit 2012a).

1991, S. 383; Burgi 2010, Art. 87 Rn. 61). Sie bildet damit einen besonderen Typ verselbständigter verbandlicher Interessenorganisation. Die in Art. 87 Abs. 2 GG genannte soziale Selbstverwaltung lässt sich typischerweise als Verwaltung durch die in der Selbstverwaltungskörperschaft zusammengefassten Personen kennzeichnen, die einerseits durch Autonomie, andererseits durch Mitentscheidung oder durch strukturelle Ausrichtung an den Interessen der von ihr Betroffenen (nicht ganz präzise BVerfG 2004a, S. 91), nach anderer Auffassung durch die paritätische Einbeziehung der Arbeitgeber- und Arbeitnehmerseite (Burgi 2010, Art. 87 Rn. 78), bestimmt ist.

Arbeitsverwaltung als Selbstverwaltung hat im Großen und Ganzen die Arbeitsförderung zur Aufgabe (§ 1 Abs. 1 S. 2, 3 SGB IV). Deren in § 1 SGB III formulierte Ziele sind Vermeidung und Verkürzung von Arbeitslosigkeit sowie die Unterstützung des Ausgleichs von Angebot und Nachfrage auf dem Ausbildungsmarkt. Arbeitsförderung soll insbesondere Langzeitarbeitslosigkeit vermeiden, die Gleichstellung von Frauen und Männern als durchgängiges Prinzip berücksichtigen, zu einem hohen Beschäftigungsstand und einer fortlaufenden Beschäftigungsstruktur beitragen und sich auch im Übrigen an der beschäftigungspolitischen Zielsetzung der Sozial-, Wirtschafts- und Finanzpolitik der Bundesregierung ausrichten.

Die Erfüllung dieser Aufgaben obliegt der Bundesagentur für Arbeit (BA) als rechtsfähiger bundesunmittelbarer öffentlich-rechtlicher Selbstverwaltungskörperschaft, die als Zentralbehörde mit nachgeordnetem, dezentralem Unterbau, den Regionaldirektionen (früher: Landesarbeitsämter) und den örtlichen Arbeitsagenturen, organisiert ist (§ 367 SGB III). Der Verwaltungsrat als zentrales Organ der BA hat Satzungsmacht und Kontrollkompetenzen. Ihm obliegen vor allem die Feststellung des Haushaltsplans und die Genehmigung des jährlichen Geschäftsberichts, soweit er sich auf den Aufgabenbereich des SGB III bezieht. Verbindliche Mitwirkung des Verwaltungsrats erfordern insbesondere die Festlegung der strategischen Ausrichtung und Ziele der BA sowie der Abschluss der Rahmenzielvereinbarung nach § 1 Abs. 3 SGB III, die Geschäftsordnung des Vorstands, der Abschluss von Verwaltungsvereinbarungen zur Durchführung befristeter Arbeitsmarktprogramme und die Festlegung der Grundlinien der wissenschaftlichen Arbeit des Instituts für Arbeits- und Berufsforschung, Organisationsentscheidungen von strategischer Bedeutung sowie Rechtsgeschäfte mit einem Umfang von mehr als 10 Millionen Euro. Der Verwaltungsrat hat außerdem Beratungs- und Auskunftsbefugnisse, auch in Bezug auf die nachgeordneten Behörden der BA.[2] Auf der örtlichen Ebene übernehmen Verwaltungsausschüsse organschaftlich die Aufgaben der Selbstverwaltung (§ 374 SGB III). Sie umfassen

---

2   Einzelheiten in Art. 3 und 4 der Satzung (Bundesagentur für Arbeit 2012a).

Beobachtungs- und Überwachungs- und Beratungsaufgaben vor allem im Bereich der strategischen Steuerung (ausführlich Bundesagentur für Arbeit 2012b). Die Eingliederungsbilanz der Agenturen für Arbeit bedarf vor ihrer Veröffentlichung der Zustimmung.[3] Die Verwaltungsausschüsse können zu diesem Zweck jederzeit Auskunft über die Geschäftsführung der Arbeitsagenturen verlangen (§ 374 Abs. 2 i.Vm. § 373 Abs. 2 SGB III). Für die Ebene der Regionaldirektionen ist keine Selbstverwaltung vorgesehen mit der eigenartigen Begründung, diese nähmen vorwiegend Steuerungs- und Führungsfunktionen für die Arbeitsagenturen wahr (Bundesagentur für Arbeit 2012b, Ziff. I.1). Der Verwaltungsrat der BA empfiehlt zwar „zur Verbesserung der Zusammenarbeit mit Politik und Netzwerkpartnern" die Einrichtung von Beiräten und deren Besetzung mit Vertretern der Sozialpartner und der Landesregierungen sowie deren Befassung mit Steuerungs- und Koordinierungsaufgaben (Bundesagentur für Arbeit 2012b, Ziff. I.1). Um gesetzlich verfasste Selbstverwaltungsorgane handelt es sich hierbei aber nicht.

Der 21-köpfige Verwaltungsrat und die 12, bei Zusammenlegung von Agenturen 15 Mitglieder zählenden[4] örtlichen Verwaltungsausschüsse werden drittelparitätisch durch Arbeitnehmer, Arbeitgeber und öffentliche, d. h. staatliche und kommunale Körperschaften gebildet. Diese Mitglieder werden nicht gewählt, sondern auf Vorschlag gesetzlich berechtigter Gruppen berufen. In der Ausübung ihres Amtes sind sie nicht unabhängig, sondern an die entsendende Organisation rückgebunden: Sie können jederzeit auf Antrag der vorschlagenden Stelle abberufen werden (§ 377 Abs. 3 S. 1 Nr. 3 SGB III); Vertreter der Gewerkschaften und Arbeitgeber müssen auch, wie § 377 Abs. 3 S. 2 SGB III erkennen lässt, Mitglied der von ihnen vertretenen Organisation sein. Der Vorstand der BA, vormals ein weiteres Organ der Selbstverwaltung, ist seit den Reformen zur Modernisierung der Dienstleistungen am Arbeitsmarkt zu einem dreiköpfigen Gremium hauptamtlich tätiger Mitglieder mutiert, dessen Besetzung vom Verwaltungsrat mit bestimmt werden kann, im Falle des Dissenses aber in der Letztentscheidungskompetenz der Bundesregierung steht, § 382 Abs. 1 S. 4 SGB III.[5]

---

3 Einzelheiten in Art. 5 der Satzung (Bundesagentur für Arbeit 2012a).
4 Die Zahl wurde in Bundesagentur für Arbeit (2012b) unter I. 1 festgelegt.
5 Zur vormaligen Organstruktur Kluth (1997, S. 205 ff., m.w.Nw.); Klenk (2009); Klenk (2012).

2.2   Arbeitsverwaltung auf der Grundlage des SGB II

Kaum noch Anteile der Selbstverwaltung bestehen im Recht der Grundsicherung. Das für Arbeitsuchende bestehende Fürsorgesystem wurde zum 1. 1. 2005[6] (bis dahin: Arbeitslosenhilfe) aus der Selbstverwaltung herausgenommen. Die Verwaltung der Leistungen zur Eingliederung nach SGB II bleibt zwar in der Zuständigkeit der Arbeitsagenturen, im Bereich der Eingliederungsleistungen in Zusammenarbeit mit den Kommunen. Die Verwaltung unterliegt nun aber der staatlichen Fachaufsicht und ist keine Angelegenheit der Selbstverwaltung mehr (Adamy 2006, S. 180).[7] Ohnehin war und ist in diesem Bereich der Entscheidungsspielraum der Verwaltung durch ein präzise formuliertes Leistungsprogramm stark eingeschränkt.

Betroffeneninteressen werden im System des SGB II nicht mehr durch verbandliche Repräsentation, sondern durch andere und schwächere Mechanismen berücksichtigt. Der Verwaltungsrat der BA hat nur geringe Möglichkeiten der Einwirkung auf die BA im Aufgabenbereich des SGB II. Mittelbaren Einfluss nimmt er insbesondere durch seine (eingeschränkte, s. o.) Kompetenz zur Bestellung des Vorstands der BA. Darüber hinaus verbleiben dem Verwaltungsrat in Bezug auf das Fürsorgesystem nach SGB II im Wesentlichen beratende Funktionen.

Auch im Übrigen ist ein Entscheidungszusammenhang, in dem Betroffeneninteressen spezifischen Einfluss auf die Entscheidungsqualität der Verwaltung erhalten, kaum ausgeprägt. Die bei den Jobcentern gebildeten örtlichen Beiräte (§ 18d SGB II), in denen neben den Vertretungen der Arbeitnehmer und Arbeitgeber auch Wohlfahrtsverbände vertreten sind, sind keine Organe. Ihre Kompetenzen beschränken sich auf die Beratung der Jobcenter bei der Auswahl und Gestaltung der Eingliederungsinstrumente und –maßnahmen. § 18d SGB II gestaltet ihre Stellung nicht weiter aus und verleiht insbesondere weder ihnen noch den einzelnen Beiratsmitgliedern Anspruch auf Information oder Einbindung durch die Jobcenter oder Optionskommunen (Rixen und Weißenberger 2013b, § 18d Rn. 5).

2.3   Überlappungen

Trotz der kategorialen Unterschiede in der Organisation der Aufgabenerfüllung bestehen vielfältige Überlappungen zwischen den Aufgaben und Leistungen nach

---

6   Viertes Gesetz für moderne Dienstleistungen am Arbeitsmarkt vom 24. 12. 2003, Bundesrepublik Deutschland 2003, S. 2954.

7   Vgl. a. § 371 Abs. IV SGB III i.V.m. § 47 SGB II. Zur verfassungsrechtlichen Bedenklichkeit der gewählten Konstruktion Rixen und Weißenberger (2013a, § 6 Rn. 7, m.w.Nw.).

SGB II und III, bedingt durch den Umstand, dass die BA Leistungsträgerin in beiden Systemen ist (vgl. § 6 Abs. 1 S. 1 Nr. 1 SGB II, § 368 SGB III).[8] Im Rahmen ihrer arbeitsmarktpolitischen Kompetenz ist sie aufgerufen, die Eingliederungsmaßnahmen nach SGB II und III aufeinander abzustimmen. Bezogen auf den konkreten Leistungsfall fordert der gleichzeitig mögliche Bezug von Leistungen nach SGB III und II Zusammenarbeit der Arbeitsagenturen, der kommunalen Träger und der gemeinsamen Einrichtungen mit den für die Arbeitsförderung zuständigen Stellen der Bundesagentur (§ 18a SGB II). Ein die Bereiche übergreifendes Steuerungsinstrument sind die jährlichen Eingliederungsberichte der Bundesagentur auf der Grundlage von Eingliederungsbilanzen der Arbeitsagenturen (§ 11 SGB III, § 54 SGB II).[9] Ihm entsprechen auf der gesamtstaatlichen Ebene Vereinbarungen von Rahmenzielen mit der Bundesregierung nach SGB III (§ 1 Abs. 3 SGB III) und Instrumente der Fachaufsicht nach SGB II. Mit dem Eingliederungsbericht ist der BA auch ein Steuerungsinstrument an die Hand gegeben, mit dem sich Erwerbsarbeitsbiografien und Eingliederungsverläufe darstellen lassen.[10] Schließlich nimmt die BA auch die Aufgabe einer Verbindungsstelle für die Aufgaben nach SGB III und II im europäischen Verbund wahr (§ 368 Abs. 1a SGB III). Sie selbst versteht ihre Verantwortung für die Aufgabenbereiche nach SGB III und II als einheitliche.[11]

3   Demokratieprinzip – „Betroffenendemokratie" – „Responsivität"

Die Einordnung dieser Struktur unter dem Aspekt des Demokratieprinzips erfordert zunächst eine Versicherung über dessen Grundlagen im Zusammenhang mit Selbstverwaltung. Demokratie in der Bedeutung der Bildung von Staatsgewalt durch das Volk kennzeichnet eine Herrschaftsform (vgl. nur Volkmann 2013, S. 241; Klein 1972, S. 169). „Die Entscheidung, dass Demokratie sein soll, ist Ausdruck einer klassischen Forderung politischer Gerechtigkeit, dass jeder einzelne nur solchen Regelungen unterworfen sein soll, denen er selbst zugestimmt hat oder an deren Zustandekommen er in gleicher Weise wie alle anderen beteiligt war."

---

8   Ausführlich Klenk (2009).
9   Vgl. z. B. Eingliederungsbericht 2012 vom 22. 11. 2013 (Bundesregierung 2013).
10 Im genannten Eingliederungsbericht (Bundesregierung 2013) finden sich Ansätze v. a. in Bezug auf die Perspektive Wiedereinstieg sowie in Bezug auf die Initiative „50plus".
11 Vgl. z. B. Geschäftsbericht 2012 der Bundesagentur für Arbeit (2012c, S. 47); vgl. a. Bundesagentur für Arbeit (2012b, Ziff. I.1. zu den Regionaldirektionen).

(Volkmann 2013, S. 241 f.) Im Rahmen der Rechtsdiskussion ist Demokratie nicht allein als politische Herrschaftsform, sondern auch und vor allem als Verfassungs-strukturentscheidung relevant, die Prozesse der politischen Entscheidung und der Interessenartikulation in bestimmter Weise konstituiert und deren zentrales Prinzip in der Egalität der Mitgestaltungschancen aller der Staatsgewalt Unterworfenen besteht (Schmidt-Aßmann 1991, S. 335 f.).

„Souverän" der Staatsgewalt und damit Zurechnungs- bzw. Legitimations-subjekt des verfassungsrechtlichen Demokratieprinzips als Prinzip staatlicher Herrschaftsorganisation ist das Volk (Art. 20 Abs. 2 GG). Staatliche Herrschaft ist dem Wohl des ganzen Volkes, d. h. einer zur Einheit verbundenen und als solcher konstituierten Gruppe von Menschen, verpflichtet (Bundesverfassungsgericht 1991a, S. 52).[12] Die Zugehörigkeit zum Volk bestimmt sich nach allgemeinen Kriterien; ob dies zwingend und allein die Staatsangehörigkeit bzw. Unionsbürgerschaft sein muss (Bundesverfassungsgericht 1991a, S. 51; Bundesverfassungsgericht 1991b, S. 71; Bundesverfassungsgericht 2004a, S. 87; Sommermann 2010, Art. 20 Abs. 2 Rn. 148 ff., m. Nw.; zum Streitstand Rn. 150), bedarf im vorliegenden Zusammenhang keiner Diskussion.

„Volk" im staatsorganisationsrechtlichen Sinn[13] ist nicht gleichzusetzen mit einem Kreis der von Staatsgewalt Betroffenen. „Betroffenheit" verbindet sich mit „Partizipation" zu einer Idee, die vor allem die partizipativen Demokratietheorien befruchtet hat (Lepsius 1990, S. 266; Seiler 1995, S. 146). Diesen Theorien ist die „Ausdehnung des Demokratieprinzips auf verschiedene gesellschaftliche und wirt-schaftliche Bereiche" gemeinsam. „Die Legitimität einer Demokratie wird hierbei über die Beteiligung an und Einflussnahme auf Entscheidungen auf verschiedenen politischen Ebenen und in der Zivilgesellschaft gewährleistet. Partizipatorische Demokratietheorien enthalten also eine starke Betonung des politischen Inputs durch die Bürger." (Schmidt 2010a, S. 589; Schmidt 2010b, S. 240 f.; Hüttemann 2011). Die Vorstellung vom Volk als der von staatlicher Gewalt Betroffenen mag hiernach zu den „Tiefenschichten" der demokratischen Idee zählen. Das normative Konzept der Demokratie, wie es Art. 20 Abs. 2 GG konstituiert (Bundesverfassungsgericht 1991a, S. 51 f., 55; Schmidt-Aßmann 1991, S. 348 f., 375 f.), nimmt den Aspekt aber nicht auf.[14] Das verfassungsrechtliche Konstrukt eines als Einheit gedachten und präformierten „Volkes" (der „volonté générale") steht vielmehr in analytischem

---

12 Zum Verantwortungs- und Zurechnungszusammenhang Schuler-Harms (2013, S. 443).

13 Bezeichnung des Volkes als „Staatsorgan" z. B. bei Kluth (1997, S. 356).

14 So jüngst auch für den Bereich der betrieblichen Mitbestimmung Kolbe (2013), 63 ff., 109 ff., 135 ff. mit Ablehnung des Leitbildes der „Betroffenendemokratie" für diesen Bereich, S. 121 ff., 395.

Gegensatz zu „alle(n) von staatlicher Herrschaft jeweils Betroffenen" (Böckenförde 2004, § 24 Rn. 27 f.; Böckenförde 1992, S. 313, 332. Zur Diskussion Volkmann 2013, S. 244 ff.). Einen geradezu negativen Klang erhält das Wort „Betroffenheitsdemokratie" im Kontext direktdemokratischer Verfahren und Entscheidungen, wenn die demokratischen Rechte kleinster Gruppierungen so bezeichnet und in diesem Zusammenhang Ineffizienzen und Partikularismen im demokratischen Prozess betont werden.[15]

Auch Responsivität, verstanden als Prozess der Umsetzung politischer Wünsche in politische Entscheidungen (Ritzi und Schaal 2010), liegt dem Demokratieprinzip als Verfassungsprinzip allenfalls voraus. Wie sich Responsivität praktisch verwirklicht, in welchem Maße sie ein wichtiges, ja womöglich wesentliches Merkmal, vielleicht sogar Qualitätsmerkmal von Demokratien bildet (Geißel 2004, S. 1239), wie sie gemessen werden kann (Fuchs und Roller 2008, S. 88, 90 ff.) und wie sie sich zum Leitbild des „responsible government", d. h. der führenden und sich der Verantwortung stellenden Regierung, verhält,[16] ist so unsicher wie ihre strukturellen Mechanismen.[17] Das normative Konzept der Repräsentation und Legitimation bleibt von solchen Überlegungen überdies unberührt.

4 Demokratische Legitimation funktionaler Selbstverwaltung

Das in Art. 20 Abs. 1, 2 verfasste Demokratieprinzip fordert bekanntermaßen auch die demokratische Legitimation der Verwaltung als Teil staatlicher Herrschaft. Die einzelnen Bestandteile in diesem Legitimationsgefüge werden schon bezogen auf

---

15 Stellvertretend für diese Bedeutung Lübbe (1997, S. 101); Bühler (2010). Schillernd gerät die Begriffsverwendung bei Leisner (2004, S. 322) einerseits (Assoziation zu „natürlicher, im Grund privatrechtlicher Interessenstaatlichkeit") und S. 506, 811 andererseits (Bezug zur direkten Demokratie).

16 Vgl. auch die Thesen zur Responsivitätswahrnehmung der Bürgerinnen und Bürger bei Geißel (2004, S. 1239 ff.), insbesondere zu der auf einer Fallstudie gegründeten These, dass zwischen der Responsivitätswahrnehmung und der Handlungsorientierung der Regierenden kein Zusammenhang bestehe, S. 1255. Zum Verhältnis von Responsivität und Postdemokratie Ritzi/Schaal (2010). Die Forderung von einer Verbindung von Responsivität und „responsible government" erheben z. B. Pitkin (1967); Fuchs (1998, S. 167 ff.); Schaal (2008, S. 361).

17 Vgl. Geißel (2004, S. 1240) „Über die genaue Ausbuchstabierung (der) demokratischen Performanz besteht keine Einigung en détail".

die staatsunmittelbaren Strukturen der Ministerialverwaltung nicht einheitlich
kategorisiert. Im Wesentlichen werden heute die sachlich-inhaltliche Legitimation, d. h. Rückführung aller Entscheidungen auf das parlamentarische Gesetz,
und die organisatorisch-personelle Legitimation, bestehend in der Rückbindung
der ausführenden Personen und ihres Handelns an den Träger der Staatsgewalt,
unterschieden (Schmidt-Aßmann 1991, S. 355 ff.; Kahl 2005, S. 236 ff.). Auch die
Bezüge der unterschiedlichen Legitimationsstränge zueinander sind nicht endgültig
geklärt; weitgehende Einigkeit besteht aber darüber, dass sich zur Erreichung des
verfassungsrechtlich jeweils geforderten Legitimationsniveaus beide Legitimationsstränge miteinander verbinden müssen (Schmidt-Aßmann 1991, S. 367 f.; Kahl
2005, S. 237 und öfter; Kluth 1997, S. 366 f.).

Art. 28 Abs. 1 S. 2 GG konstituiert das demokratische Prinzip für den wichtigen
und auch für die Arbeitsverwaltung nicht unerheblichen Bereich der kommunalen
Selbstverwaltung. Für diesen wird die Parlamentszentrierung des Demokratieprinzips gelockert, wenn auch nicht gelöst, zugleich aber am Organisationsprinzip der
demokratischen Repräsentation festgehalten. Das Gemeindevolk wird hierbei als
räumlich abgegrenztes (Teil-)Volk konstituiert, dessen Organe mit Gebietshoheit
und Allzuständigkeit ausgestattet sind. Die verfassungsrechtliche Sonderstellung
findet auf diese Weise ihre Entsprechung in den besonderen Funktionsbedingungen
kommunaler Einrichtungen (Schmidt-Aßmann 1991, S. 349 f., 353, 380 f.).

Die demokratische Legitimation der funktionalen Selbstverwaltung, der die
Arbeitsverwaltung im Geltungsbereich des SGB III zugerechnet wird, folgt anderen
Regeln. Unter dem Begriff der funktionalen Selbstverwaltung versammeln sich höchst
unterschiedliche Verwaltungsträger und Einrichtungen, denen gemeinsam ist, ver-
selbständigt zu sein und weder zum engeren Bereich organisierter Staatlichkeit noch
zur kommunalen Selbstverwaltung zu gehören (Emde 1991, S. 5 ff.; Kluth 1997, S. 12
ff., insb. 24; Schmidt-Aßmann 1991, S. 344). Funktionale Selbstverwaltung bezieht
sich auf spezifische, grundrechtlich oder durch Mitgliedschaft bestimmte sachliche,
häufig in die Begriffe „Beteiligung" oder „Betroffenheit" gefasste Sonderinteressen.
Innerhalb der funktionalen Selbstverwaltung bildet die soziale Selbstverwaltung,
zu der die Arbeitsförderung gehört, einen eigenständigen Typ.[18]

Die Bedeutung des Demokratieprinzips ist für die funktionale Selbstverwaltung immer noch nicht abschließend geklärt und kann es angesichts der Vielfalt
möglicher Organisationsformen auch nicht sein. Das Bundesverfassungsgericht
bezeichnet allerdings schon seit der Facharzt-Entscheidung von 1972 das „demokratische Prinzip" als Wurzel auch der funktionalen Selbstverwaltung und der
Autonomie (Bundesverfassungsgericht 1973, S. 159; Bundesverfassungsgericht

---

18 Typologie bei Emde (1991, S. 26 ff, insb. 187 ff); Kluth (1997, S. 30 ff., insb. S. 203 ff.).

2004a, S. 92; Bundesverfassungsgericht 2005, S. 215 f.). In der Entscheidung zu den Wasserverbänden Emscher Genossenschaft und Lippeverband (Bundesverfassungsgericht 2004a, S. 92 ff.)[19] öffnet es das Demokratiegebot des Art. 20 Abs. 2 GG ausdrücklich für außerhalb der unmittelbaren Staatsverwaltung und der gemeindlichen Selbstverwaltung liegende Formen der Organisation und Ausübung von Staatsgewalt, die vom Erfordernis der Eingliederung der entscheidungsbefugten Personen in eine lückenlose personelle Legitimationskette abweichen. Die funktionale Selbstverwaltung, so das Gericht, ergänze und verstärke das demokratische Prinzip, weshalb der Gesetzgeber ein wirksames Mitspracherecht der Betroffenen schaffen und verwaltungsexternen Sachverstand aktivieren, einen sachgerechten Interessenausgleich erleichtern und so dazu beitragen dürfe, dass die von ihm beschlossenen Zwecke und Ziele effektiver erreicht würden.

5 Insbesondere: Sachlich-inhaltliche Legitimation

Rückführbarkeit des Verwaltungshandelns auf das Gesamtvolk als Souverän und mithin auf den Gesamtwillen ist auch hierbei unerlässlich, nur muss diese eben nicht „lückenlos" sein. Das erforderliche Maß an demokratischer Legitimation der Verwaltung als vom Volk im Sinne von Art. 20 Abs. 2 GG ausgehender Staatsgewalt vermittelt sich sachlich-inhaltlich (wie übrigens auch in der kommunalen Selbstverwaltung) durch den Vorbehalt des Gesetzes als Vorbehalt parlamentarischer Entscheidung, der für alle grundrechtswesentlichen Entscheidungen im Gemeinwesen Geltung beansprucht (Bundesverfassungsgericht 1973, S. 159; Bundesverfassungsgericht 2004b, S. 216 f.). Im Bereich funktionaler Selbstverwaltung ist dieser Legitimationsstrang dann besonders stark entwickelt, wenn der (Selbst-)Verwaltung keine oder nur geringe Entscheidungsspielräume verbleiben. Die starke Ausprägung sachlich-inhaltlicher Legitimation ist ein spezifisches Merkmal der Arbeitsverwaltung, die selbst im Bereich des SGB III durch dichte und präzise gesetzliche Programmierung unter eine hierauf bezogene staatliche Rechtsaufsicht geprägt wird.

---

19 Schon im Beschluss vom 31.10.1990 (Bundesverfassungsgericht 1991a, S. 55) spricht das Gericht die „mitgliedschaftlich-partizipatorische Komponente" an, die aller Selbstverwaltung, auch der funktionalen eigen sei. Für die Zuordnung von Demokratie und funktionaler Selbstverwaltung schillert der Bedeutungsgehalt allerdings, und es bleibt noch offen, ob mit dem Gedanken der Partizipation die Willensbildung durch ein „Verbandsvolk" von „Betroffenen" gemeint sein könnte.

Allerdings bestehen Entscheidungsspielräume, etwa bei der Setzung von Rahmenzielen zur Umsetzung der Grundsätze des SGB III – die freilich des Zusammenwirkens mit der Bundesregierung bedarf (§ 1 Abs. 3 SGB III)[20] –, und bei den Ermessensleistungen der aktiven Arbeitsförderung (Katalog des § 3 Abs. 3 SGB III). Hier umfasst der Gesetzesvorbehalt als Parlamentsvorbehalt auch Grundentscheidungen zur Organisation der Selbstverwaltung. Insbesondere bleibt der Gesetzgeber verantwortlich für die Strukturentscheidungen der Verwaltungsorganisation, in der sich die spezifische (noch zu klärende), auf die Entscheidung hin orientierte organisatorisch-personelle Legitimation vermitteln soll (Bundesverfassungsgericht 2004a, LS 1-3 und S. 92 f., insb. S. 94). Die Legitimationsverantwortung (Begriff bei Trute 2012, § 6 Rn. 58) des institutionellen Gesetzgebers für solche Strukturentscheidungen gewinnt in dem Maße an Bedeutung, in dem das materielle Regelungsprogramm der Verwaltung Spielräume belässt (Bundesverfassungsgericht 2005, S. 218).

6   Insbesondere: Organisatorisch-personelle Legitimation

Im Übrigen verlangt das Demokratieprinzip eine organisatorisch-personelle Legitimationsstruktur, die im bestehenden Gefüge ein ausreichendes Legitimationsniveau gewährleistet. Die Varietät der möglichen Legitimationsmodi ist dabei so groß wie die Erscheinungsformen der funktionalen Selbstverwaltung vielfältig. Typischerweise verwirklicht sich aber nicht eine vom Volk i.S.v. Art. 20 Abs. 2 GG abgeleitete lineare, nach dem Bild der Kette organisierte Legitimation, wie sie der Ministerialverwaltung eignet. Dies kann heute ungeachtet der theoretischen Ableitungen demokratischer Legitimation in der (verfassungs-)rechtswissenschaftlichen Literatur als gesichert gelten (hierzu und zum folgenden Volkmann 2013, S. 246). Vertreter des Bildes von der Legitimationskette erkennen die erhebliche Ausdünnung in den höchst variablen Formen moderner Verwaltung und die Notwendigkeit zusätzlicher Legitimationsreserven immerhin für den Ausnahmefall

---

20 Abs. 3 wurde zum m.W.v. 1.1.2009 eingefügt und sollte laut amtlicher Begründung (Bundestag 2003, S. 76) das bis dahin bestehende System der Zustimmungen und Genehmigungen durch ein Kontraktmanagement ablösen. Zugleich wurde damit die Steuerung der Arbeitsverwaltung an das im SGB II bereits bestehende System (vgl. dort § 48b) angeglichen. Es soll sich um einen „institutionelle(n) Rahmen zur Aktivierung der Selbststeuerungspotenziale aller an der Arbeitsförderung beteiligten Akteure (Governance)" handeln (Bundesregierung 2008, S. 27). Das Potential zur Selbstverwaltung ist auch im Rahmen des SGB III verdünnt.

an. Eine andere, auch vom BVerfG vertretene Sichtweise nimmt die Notwendigkeit zur Binnendifferenzierung innerhalb des Staates angesichts einer sich zunehmend pluralisierenden Verwaltungsorganisation als selbstverständlich hin, ohne die Vorstellung eines parlamentarischen Zentrums politischer Prozesse aufzugeben (Bundesverfassungsgericht 2004a, S. 91 ff.; Groß 2007, S. 171 m.nw.; Trute 2012, § 6 Rn. 15 ff.; Britz 2000, S. 422 f.; w.Nw. bei Pache 2007, S. 139 m.Fn. 145. Anders z. B. Jestaedt 1993, S. 369 ff.; Jestaedt, 2004, S. 650). So kann heute funktionale Selbstverwaltung „als eigener Typus demokratisch durch die Betroffenen legitimierter Verwaltung (gelten), der aber seine Grundlagen, Ausgestaltung und Grenzen immer vom gesamtstaatlichen Gesetzgeber ableiten muss" (Bieback in diesem Band, S. 11 ff.; Bieback 1982/1983, S. 910; Dreier 1991, S. 274 ff. Vgl. a. Schnapp 2012, Art. 20 Rn. 29; Braun et al. 2008, S. 123 ff.)

Selbstverwaltung legitimiert sich hiernach durch besondere Organisationsformen, mit denen wirksame Einflussmöglichkeiten der Betroffenen auf die Entscheidungen geschaffen, aber auch verwaltungsexterner Sachverstand aktiviert wird; der Gesetzgeber darf außerdem das Ziel eines sachgerechten Interessenausgleichs verfolgen. Wählt er die Organisationsform der Selbstverwaltung, muss die Ausgestaltung mit dem Grundgedanken autonomer interessengerechter Selbstverwaltung einerseits und effektiver öffentlicher Aufgabenwahrnehmung andererseits vereinbar sein. Der Gesetzgeber muss folglich institutionelle Vorkehrungen dafür treffen, dass die betroffenen Interessen angemessen berücksichtigt und nicht einzelne Interessen bevorzugt werden (Bundesverfassungsgericht 2004a, S. 92 f.). Den vorrangigen Maßstab für die Bestimmung des spezifischen demokratischen Legitimationsniveaus einer Selbstverwaltung bildet hiernach die Effektivität der Aufgabenerfüllung (Bundesverfassungsgericht 2004a, S. 91; Braun et al. 2008, S. 130 ff.).

Was „Effektivität" im Sinne von „Output-Legitimation" im Zusammenhang des Demokratieprinzips meint, ist für die Organisation der Selbstverwaltung so wichtig wie in der Bestimmung schwierig.[21] Ohne dies zu sehr zu vertiefen, geht es im Anschluss an H.H. Trute nicht um Kriterien der faktischen Leistungsfähigkeit oder Problemlösungskompetenz der noch zu behandelnden Arbeitsverwaltung, sondern um die Frage, „wie Entscheidungszusammenhänge zu verfassen sind, um eine bestimmte Entscheidungsqualität zu erreichen" (Trute 2012, § 6 Rn. 53 im Anschluss an Scharpf 1970, S. 21 ff.; Peters 2001, S. 522), deren Maßstäbe die „gemeinwohlorientierte ‚Richtigkeit' von Entscheidungen" und die „Problemlösungs-Effektivität von Politik" bilden (Scharpf 1998, S. 88). Entscheidungszusammenhänge sind folglich so auszurichten, dass legitime Gemeinwohlziele eine Chance auf Verwirklichung haben (Trute 2012, § 6 Rn. 53 bei Fn. 252).

---

21 Die verfassungsrechtliche Bestimmung bleibt offen bei Braun et al. (2008, S. 130 ff.).

Im Kern geht es also um die Organisation guter Verwaltung. Responsivität, bestehend im Aufgreifen der Bedürfnisse und Anforderungen der Bevölkerung, bildet hierbei ein mögliches, aber nicht einziges Kriterium (Behnke 2009, S. 46; Katalog der UN Division for Public Administration and Development Management). Bezugspunkt guten Verwaltens bleibt das alle Bürger über ihre Partikularinteressen hinaus verbindende Gemeinwohl (Schulze-Fielitz 2012, § 12, Rn. 20). Dessen Ermittlung erfordert „eine Vielzahl von Prozessen der und Beiträgen zur Gemeinwohlfindung durch eine pluralistische Vielzahl von Gemeinwohlakteuren und eine Abwägung von vielen Gemeinwohlbelangen" (Schulze-Fielitz 2012, § 12, Rn. 21 m.w.Nw.; Uerpmann-Wittzack 1999, S. 269 ff.), und wird ganz überwiegend im Wege der Gesetzgebung geleistet (Behnke 2009, S. 46). Selbstverwaltung dient darüber hinaus typischerweise zur Verwirklichung spezifischer Sonder- bzw. Verbandsinteressen, die besonderer Mechanismen zur Ermittlung und Verwirklichung bedürfen.

In diesem Zusammenhang muss nun geklärt werden, ob das demokratische Prinzip eine Organisation der Selbstverwaltung verlangt, in der die Entscheidung nicht nur die Interessen der von ihr Betroffenen angemessen berücksichtigt, sondern nach Art einer „Input-Legitimation" die verbandlich organisierten Personen repräsentiert. Der Gedanke „demokratischer" bzw. „nach demokratischen Grundsätzen gebildeter" Organe und Entscheidungen als „Ergebnis eines demokratischen Willensbildungsprozesses im Innern" klingt beim Bundesverfassungsgericht verschiedentlich an (Bundesverfassungsgericht 1973, S. 157; Bundesverfassungsgericht 2005, S. 217 f.; ebenso Kluth 1997, S. 346 f.). Wie diese Prozesse beschaffen sein sollten, sagt das Gericht aber nicht. Den in der Facharzt-Entscheidung von 1972 einmalig anklingenden Gedanken der Repräsentation nimmt es später nicht mehr auf (Kluth 1997, S. 347 f.). Ein Bezug zu den in Art. 28 Abs. 1 S. 2 GG ausgeführten Formen demokratischer Willensbildung wird für die funktionale Selbstverwaltung in verbandlicher Form nicht hergestellt und eine analoge Anwendung nicht erwogen (Klein 1972, S. 173; Kluth 1997, S. 356 m.w.Nw.; Jestaedt 1993, S. 213 ff.). Nicht durchgesetzt hat sich damit bislang eine Begründung organisatorisch-personeller Legitimation, die das Verbands-„Volk" als originäres Subjekt demokratischer Legitimation einordnen und die funktionale der kommunalen Selbstverwaltung annähern würde (Emde 1991, S. 49 ff.; ausdrücklich abgrenzend Bundesverfassungsgericht 1991a, S. 55; vgl. a. Kluth 1997, S. 372; Mehde 2000, S. 260 ff.). Sie wäre auch mehr als fragwürdig, entstünde dann doch logischerweise eine Konkurrenz zwischen dem Gesamtvolk einer- und dem „Verbandsvolk" oder dem in Selbstverwaltung organisierten Personenkreis andererseits, die Art. 20 Abs. 2 GG klar zugunsten des „Volks" und Gesamtinteresses löst (Dreier 1991, S. 275; Kleine-Cosack 1986, S. 135 ff.). Für die Sozialverwaltung und mehr noch für die Arbeitsverwaltung wird im Schrifttum sogar – und mit gutem Recht – gefragt, ob sich hier nicht die verbandlich organisierten Sonderinteressen einer- und das gesamtstaatliche Interesse andererseits so weit annähern, dass die Legitimation eher dem Modell der Staats- als der Selbstverwaltung folgen sollte (Schmidt-Aßmann 1991, S. 383; Emde 1991, S. 187 ff., 460 f.; Kluth 1997, S. 203 ff. beschränkt sich auf die Beschreibung der Arbeitsverwaltung und kommt später nicht mehr auf sie zurück) - eine Einschätzung aus der Zeit der beginnenden 1990er Jahre, die nach den Arbeitsmarktreformen eher zu bekräftigen als abzuschwächen wäre.

Das Prinzip der „Input-Legitimation" gilt hier also nicht.[22] Der Gesetzgeber ist deshalb auch hinsichtlich der verbandlich organisierten sozialen Selbstverwaltung nicht auf die dem Demokratieprinzip inhärenten allgemeinen Wahlrechtsgrundsätze verpflichtet (so wörtlich Schmidt-Aßmann 1991, S. 383).[23] Eine spezifische „Legitimationskette" zwischen dem Verbandsvolk[24] (oder den „Betroffenen") und den handelnden Verwaltungsorganen verlangt das Demokratieprinzip für die Binnenverfassung der funktionalen Selbstverwaltung nicht (Braun et al. 2008, S. 124 f.; anderer Ansicht Kluth 1997, S. 338 f., 458 ff.). Vielmehr genießt der Gesetzgeber bei der Wahrnehmung seiner Legitimationsverantwortung auch insoweit einen Spielraum (zur Einschätzungsprärogative des Gesetzgebers Trute 2012, § 6 Rn. 59).

Diesen freilich hat er nur, soweit er „Selbstverwaltung" in Abweichung von unmittelbarer Staatsverwaltung organisiert, was eine Binnenverfassung der Selbstverwaltungseinrichtung erfordert, die spezifische Beziehungen zwischen den in die Einrichtung einbezogenen Personen und die von dieser Einrichtung getroffenen Entscheidungen und typischerweise die Repräsentation der Mitglieder in den Organen impliziert (so auch Bundesverfassungsgericht 2004a, S. 93; Groß 1999, S. 251 f.). Mitentscheidung durch Einbindung Betroffener in die Aufgabenerfüllung bildet ein Begriffselement und eine Funktionsbedingung von Selbstverwaltung. Typisch für die soziale Selbstverwaltung ist eine partizipative Organisationsstruktur, die geprägt ist durch eine ehrenamtliche Mitwirkung der von der Aufgabe Betroffenen an der administrativen Aufgabenerledigung (Burgi 2004, S. 1365; Braun et al. 2008,

---

22 Missverständlich ist daher die Einordnung der Sozialverwaltung als „Kernstück der Demokratie" auf der Website des Bundesministeriums für Arbeit und Soziales zum Thema Sozialversicherungswahlen. Auch der Begriff der „inneren Demokratie der Sozialversicherung" im Schlussbericht des Bundesbeauftragten für die Sozialversicherungswahlen 2011, S. 13, kann nicht auf das Demokratieprinzip des Art. 20 Abs. 2, 28 Abs. 1 GG, als Prinzip der Repräsentation bezogen werden.

23 Ähnlich Groß (1999, S. 261): Nicht der strikte staatsrechtliche, auf die einzelnen Bürger bezogene Gleichheitssatz sei anzuwenden, sondern das auf Gruppen bezogene Gebot der funktionsadäquaten Vertretung der Interessen.

24 „Teilvolk" bei Schnapp (2012, Art. 20 Rn. 29); „Verbandsvolk" bei Braun et al. (2008, S. 135).

S. 134 f.; Groß 1999, S. 259 ff.; Hendler 1984, S. 302 ff.). Insoweit lässt sich weniger von „demokratischer Partizipation" im untechnischen Sinne[25] als von „autonomer Legitimation" (Britz 2000, S. 430 f.; Trute 1997, S. 284 ff.) sprechen.

In diesem besonderen Zusammenhang kommt auch der allgemeine Gleichheitssatz zum Tragen, der Partizipationsformen und -modi erfordert, die den Kreis der an der Auswahl und Bestellung der Amtswalter Beteiligten sowie die Gewichtung der Beteiligung sachgerecht bestimmen.[26] Die Zusammensetzung der Selbstverwaltungsorgane folgt zwar nicht den Wahlrechtsgrundsätzen nach Art. 38, 28 Abs. 1 S. 2 GG, weil staatsbürgerliche Gleichheit oder ein ähnliches, für die kommunale Ebene verfasstes Prinzip nicht auf dem Spiel steht (für die universitäre Selbstverwaltung z. B. Bundesverfassungsgericht 1975, S. 254; Bundesverfassungsgericht 1976, S. 12). Doch gleichberechtigte Teilhabe als Strukturelement von Selbstverwaltung und die geforderte Chancengleichheit Betroffener bei der Berücksichtigung ihrer Interessen im Verwaltungshandeln fordern organisatorische und prozedurale Vorkehrungen für wirksame Mitspracherechte der Betroffenen. Die Formen paritätischer Selbstverwaltung, wie sie für die Arbeitsverwaltung typisch sind, und das Institut der Sozialwahlen sind an diesen Grundsätzen ausgerichtet und kraft Tradition anerkannt, Friedenswahlen mangels hinreichenden Einflusses der verbandlich Organisierten für verfassungsrechtlich bedenklich erklärt (Schmidt-Aßmann 1991, S. 383; Kluth 1997, S. 458 ff.; Rusert 2013, S. 228 ff.; Bundesrechnungshof 2007; möglicherweise weitergehend, hier aber nicht ganz eindeutig Braun et al. 2008, S. 155 ff.; a.A. Rische 2011, S. 6 ff.). Verfassungsrechtlich zwingend sind diese Formen nicht. Zulässig ist es außerdem, das Legitimationsniveau über die Partizipation der Mitglieder hinaus durch Einschaltung „verwaltungsexternen Sachverstandes" oder durch mediatisierte Berücksichtigung der Betroffenenbelange sicherzustellen (Bundesverfassungsgericht 2004a, S. 92). Das konkrete Legitimationsniveau muss der Gesetzgeber dabei unter Berücksichtigung einerseits der Dichte seines materiellen Regelungsprogramms, andererseits der jeweiligen Funktionsstrukturen der Selbstverwaltung ausgestalten, denn auch innerhalb der sozialen Selbstverwaltung lassen sich nicht alle Aufgabenträger „über einen normativen Leisten schlagen" (Schnapp 2012, Art. 20 Rn.

---

25 So bei Burgi (2004, S. 1366), aber mit gleichzeitigem Bezug auf Effektivität. Missverständlich Rusert (2013, S. 232), die eine Ergänzung und Verstärkung des demokratischen Prinzips durch funktionale Selbstverwaltung nur auf eine bezieht, bei der zwischen Mitgliedern des Trägers und den Leitungsorganen eine „Legitimationskette" bestehe; so hat es das in Bezug genommene BVerfG (Wasserverband) nicht gesagt. Es kann deshalb auch nicht einfach mit einer Betroffenenpartizipation als „Input-Orientierung" operiert werden.

26 Besondere Anforderungen gelten für grundrechtsgeprägte Einrichtungen der Selbstverwaltung; zur Hochschulverwaltung vgl. statt vieler Kahl (2005, S. 237 ff.); für die Rundfunkräte zuletzt Bundesverfassungsgericht (2014, Rn. 33 ff.).

30). Schließlich gilt, dass mit dem in Art. 87 Abs. 2 GG niedergelegten Prinzip der Selbstverwaltung zwar Partizipation impliziert, aber kein Bestandsschutz für bestehende Partizipationsstrukturen gewährleistet ist.

7 Arbeitsverwaltung und demokratische Legitimation

Organisierte Partizipation verwirklicht also sowohl das Prinzip der Selbstverwaltung, als auch bietet sie eine Chance zur Inklusion verbandlich organisierter Interessen in das Verwaltungshandeln nach Art der Output-Legitimation.[27] Es handelt sich nach F.W. Scharpf – einem ausgewiesenen Vertreter der Output-Orientierung von Demokratie – um „Mechanismen, deren Wirkung auf der Institutionalisierung von unterschiedlich legitimierten Vetopositionen beruht und die Verhandlungen zwischen den Positionsinhabern zur Annäherung an gemeinwohldienliche politische Lösungen einsetzen".[28] Wie diese Mechanismen im Rahmen des SGB III und II sowie im Zusammenwirken beider Systeme verwirklicht werden, soll anhand dieser Maßstäbe abschließend für die Arbeitsverwaltung analysiert werden. Parameter, anhand derer sich die organisierte Partizipation messen lassen kann, bilden (1) der Grad der Einflussmöglichkeiten von Selbstverwaltungsorganen auf die Aufgabenerfüllung, (2) die in den Selbstverwaltungsorganen repräsentierten Interessen, (3) die Ausgestaltung der Mandate von Interessenvertretern sowie (4) die Mechanismen des Interessenausgleichs.[29]

---

27 Auch Mechanismen der „Input-Legitimation" (Wahlen) auf die Qualität von Entscheidungen, vgl. Scharpf (1998, S. 90); Kluth (1997, S. 462).

28 Fritz W. Scharpf (1998, S. 90). In der Typologie Scharpfs stehen diese Mechanismen neben solchen der klassischen demokratischen Repräsentation und solchen, deren Wirkung auf der Orientierung an konsensfähigen Kriterien des „objektiv" Richtigen und Gebotenen beruht und die deshalb Entscheidungen auf politisch unabhängige und fachlich kompetente Gremien verlagern. Mit dieser Typologie will Scharpf den „Doppelaspekt der Ermöglichung und Hemmung politischen Handelns" betonen.

29 Bundesverfassungsgericht (2004a, S. 92 ff.) und Bundesverfassungsgericht (2005, S. 217 f.) legen ähnliche Kriterien zugrunde: Mitspracherechte der Betroffenen, Aktivierung externen Sachverstands, Erleichterung sachgerechten Interessenausgleichs, Effektivierung des Gesetzesvollzugs. Vorliegend interessiert aber besonders die sich mit dem Begriff der „Betroffenheitsdemokratie" verbindende Interessenrepräsentation. Ähnlich auch Kluth 1997, S. 237.

7.1   Struktur der Arbeitsverwaltung und Grad der nichtstaatlichen Einflussmöglichkeiten auf die Aufgabenerfüllung

Die Entscheidungsbereiche der BA und ihrer Selbstverwaltungsorgane sind nur begrenzt geeignet, die „Mechanismen, deren Wirkung auf der Institutionalisierung von unterschiedlich legitimierten Vetopositionen beruht und die Verhandlungen zwischen den Positionsinhabern zur Annäherung an gemeinwohldienliche politische Lösungen einsetzen" (Schnapp 2012, Art. 20 Rn. 30), zu verwirklichen. Die Arbeitsverwaltung kennzeichnet schon im Aufgabenbereich des SGB III eine besondere Nähe zum Staat. Alle wesentlichen Entscheidungen werden durch den Gesetzgeber bestimmt, staatlich beeinflusst und staatlich kontrolliert (Emde 1991, S. 271 ff.; Schmidt-Aßmann 1991, S. 383). In den Reformen über Dienstleistungen am Arbeitsmarkt wurden die staatlichen Einflussmöglichkeiten in Gestalt von Steuerungs-, Mitwirkungs- und Entscheidungsbefugnissen der Bundesregierung resp. des ressortzuständigen BMAS nochmals verstärkt und die paritätische Interessenvertretung entsprechend geschwächt (s. o. 2.2.). Ob sich vor diesem Hintergrund die verbleibenden Spielräume paritätisch geprägter Willensbildung (noch) als Ausdruck der Betroffenenbeteiligung deuten lassen können, ist zweifelhaft. Eher hat man es hier mit tradierten Strukturen der Entscheidungsbildung zu tun, in denen Staat, Gewerkschaften und Arbeitgeberorganisationen als Akteure der Arbeitspolitik in spezifischer Weise zusammen wirken (Emde 1991, S. 275; Hendler 1984, S. 225 f.).

Dieser Eindruck verstärkt sich bei der Zusammenschau der Aufgaben nach SGB II und III. Die Aufgaben von Staatsverwaltung mit und ohne Beteiligung von Selbstverwaltungsorganen lassen sich hier auf der zentralen wie auf der örtlichen Ebene nur schwer trennen. Sogar beim Einsatz gleichartiger Instrumente (der Rahmenvereinbarungen über Ziele etwa oder der Geschäftsberichte der BA) muss jeweils zwischen den Aufgaben nach SGB II (reine Staatsverwaltung) und SGB III (Mitwirkung der Selbstverwaltungsorgane) unterschieden werden. Die Zuordnung der Bereiche zur reinen Staatsverwaltung einer- und der paritätisch geprägten Verwaltung andererseits erhält hierdurch einen gewissen Anschein der Beliebigkeit. Dieser Eindruck verstärkt sich bei gesonderter Betrachtung der Entscheidungsebenen: Die Organisation der Verwaltungsausschüsse und ihre gesetzliche Regelung ist auf der örtlichen und der Zentralebene tripartisch ausgestaltet, auf der Regionalebene aber staatlich belassen.

Einflussmöglichkeiten auf die Aufgabenerfüllung erhalten im Aufgabenbereich des SGB II die in den Beiräten nach § 18d SGB II organisierten gesellschaftlichen Gruppen. Der Kreis der vorschlagsberechtigten Organisationen verdeutlicht, dass hier teils eine Mediatisierung der Betroffeneninteressen außerhalb der Selbstverwaltung erfolgt, teils die im örtlichen Arbeitsmarkt vorhandene Sachkunde abgebildet wird (Luthe 2012, S. 13 f.). Das so konstituierte und mit Beratungsaufgaben versehene Gremium bildet eine strukturelle Vorkehrung zur Steigerung der Entscheidungsqualität, die mit Bezug auf Gestaltungsspielräume der Arbeitsagenturen und Jobcenter das Entscheidungsniveau anhebt und dadurch auch legitimierend wirkt (Luthe 2012, S. 14).

Die Stärke der Selbstverwaltung im Rahmen des SGB III wird auch durch die Kompetenzen der Leitungsorgane bestimmt.[30] Dem Verwaltungsrat steht ein Büro als Geschäftsstelle zur Seite, dessen Ausstattung Vorstand und Verwaltungsrat einvernehmlich regeln und dessen Leitung durch den Vorstand auf Vorschlag des Präsidiums des Verwaltungsrats bestellt wird. Die Sitzungsorganisation wird durch Vorstand und Verwaltungsrat der BA gemeinsam bestimmt. Der Verwaltungsrat ist regelmäßig und umfassend zu unterrichten, Berichte des Bundesrechnungshofs und Stellungnahmen des Vorstands hierzu sind jeweils unverzüglich dem Verwaltungsrat vorzulegen; eine frühzeitige Einbindung in die Rechnungskontrolle ist freilich nicht vorgesehen. Mitglieder des Verwaltungsrats haben das Recht, informiert zu werden und sich gegen Kostenerstattung fortzubilden. Etwas unklar bleibt die Informationspolitik gegenüber den stellvertretenden Mitgliedern und den Mitgliedern der Verwaltungsausschüsse.

7.2 In den Gremien repräsentierte Interessen

Das bis in die Anfänge der Arbeitsverwaltung zurück reichende Besetzungs- und Mitwirkungsrecht der Gewerkschaften und Arbeitgeber (Adamy 2006, S. 178; Däubler und Hege 1976, S. 24 f.) nimmt ideengeschichtlich mit dem Paritätsprinzip verbundene Elemente assoziativer Selbsthilfe auf (Bauer 2013, Art. 9 Rn. 6). Dabei werden nicht etwa die Arbeitgeber und Arbeitnehmer als „Betroffene" repräsentiert, da ihnen die rechtliche Möglichkeit zur unmittelbaren Einflussnahme auf die Besetzung der Selbstverwaltungsorgane fehlt, sondern unmittelbar nur die Kollektivvereinigungen (Emde 1991, S. 189; Kluth 1997, S. 206). Sie sind ausweislich ihrer Stellung (Art. 9 Abs. 3 GG) und ihrer Satzungszwecke Sachwalter der Betroffeneninteressen, deren gemeinsame Merkmale durch den Bezug zur Erwerbsarbeit und die Verfolgung spezifischer betrieblicher und politischer Zwecke gekennzeichnet sind. Kollektives Engagement der Gewerkschaften bezieht sich jedenfalls im Kern auf die Interessen der abhängig Beschäftigten, wobei sich mit dem Wunsch nach langfristiger Mitgliederbindung zugleich eine Orientierung an Erwerbslebensläufen

---

30 Zum Folgenden Art. 9 und 10 (Bundesagentur für Arbeit 2012a).

ergibt. Der Trend zur Individualisierung und Diversifizierung der Erwerbsverläufe und der Betroffeneninteressen stellt allerdings auch die Koalitionen vor gewissen Anpassungsdruck (Volkmann 2003, S. 12 ff.; Klenk 2012, S. 57 ff.).

Für die Leistungen nach SGB II wurde die paritätische Mitwirkung an der Selbstverwaltung durch die Arbeitsmarktreformen beendet. Ob Partizipation im Entscheidungszusammenhang mit Wirkung für die Qualität der Entscheidungsbildung dennoch verwirklicht wird, hängt von den weiteren gesetzlichen Vorkehrungen ab. Eine geschlechtsbezogene Zielquote (§ 377 Abs. 2 S. 2 SGB III) sichert zusammen mit der Institution der Beauftragten für Chancengleichheit am Arbeitsmarkt in den Arbeitsagenturen die Berücksichtigung von Belangen der Gleichberechtigung strukturell ab. Es ist jedoch richtig darauf hingewiesen worden, dass Erwerbstätige mit diskontinuierlichen Erwerbsbiografien, unter denen sich überdurchschnittlich viele Frauen finden, im Falle der Arbeitslosigkeit eher in das Fürsorgesystem des SGB II als in das Fördersystem des SGB III fallen (Rixen 2013, S. 1046 f.). Die strukturellen Vorkehrungen für die Gewährleistung und Durchsetzung von Gleichberechtigung im Interesse von Frauen und von Männern mit fortschrittlichen Lebensentwürfen sind hier deutlich schwächer ausgeprägt. Jugendliche und ihr Bedarf nach proaktiven Maßnahmen zur Vorbereitung auf den Arbeitsmarkt geraten etwas leichter in den Aufmerksamkeitsfokus der Gewerkschaften, da eine auf Bekämpfung von Arbeitslosigkeit und auf Qualifikation von Jugendlichen gerichtete Gewerkschaftspolitik positive Effekte für den Mitgliederbestand verspricht. Doch auch hier wirkt die Abgrenzung der Bereiche und Logiken von SGB II und III eher kontraproduktiv. Allein im System des SGB II verbleiben die sog. Solo-Selbständigen, d. h. unternehmerisch tätige Personen, die im Wesentlichen für einen Auftraggeber tätig sind und sich folglich in vergleichbarerer Abhängigkeit und sozialer Prekarität wie abhängig Beschäftigte befinden, ja sich mangels eines gesetzlichen Kündigungsschutzes häufig noch schlechter stehen. Sie fallen während ihrer Selbstständigkeit fast ausschließlich in das System des SGB II, sieht man von der Phase der Existenzgründung ab, in der eine Unterstützung im System des SGB III immer noch (wenn auch reduziert) möglich ist.[31] Im überlappenden System des SGB II und III werden ihre Interessen durch eine auf die Förderung nach SGB III begrenzte paritätische Organisation der Entscheidungsfindung nicht angemessen gespiegelt. Immerhin hat sich der Verwaltungsrat der Bundesagentur vorbehalten,

---

31 Zu verzeichnen ist eine erhöhte gewerkschaftliche Aufmerksamkeit für und Organisation von Solo-Selbstständige(n) sowie für die Herausforderungen durch neue Formen prekär-abhängiger Arbeit im Grenzbereich von abhängiger Beschäftigung und Solo-Selbständigkeit, vgl. https://selbststaendige.verdi.de.

über Entscheidungen im Geltungsbereich des SGB II informiert und mit ihnen befasst zu werden (Klenk 2012, S. 103).

Die örtlichen Beiräte nach § 18d SGB II fangen die Inkonsistenzen der Organisation von Selbstverwaltung in der Arbeitsverwaltung nicht auf. Beiratsstrukturen finden sich weder auf der Zentral- noch auf der Mittelebene der Arbeitsverwaltung. Auch auf der örtlichen Ebene wurden die Beiräte nicht mit (Mit-)Steuerungskompetenzen versehen, sondern haben ausschließlich beratende Funktion. Die in den Beiräten vertretenen Interessen sind nach der Gesamtstruktur der Beiräte nicht organisiert, sondern die Entscheidungen durch sie pluralisiert.

7.3 Ausgestaltung der Mandate von Interessenvertretern

Effektive Partizipation wird auch von der Ausgestaltung des jeweiligen Mandats bestimmt. Mitglieder von Rundfunkräten etwa haben trotz der Benennung durch gesellschaftliche Gruppen nicht Gruppeninteressen, sondern das Allgemeininteresse zu vertreten (Bundesverfassungsgericht 1991c, S. 333; Bundesverfassungsgericht 2014, Rn. 40). Der Status der ehrenamtlich tätigen Mitglieder in den Selbstverwaltungsorganen der BA schillert: Einerseits sind sie - anders als etwa die Mitglieder im Kooperationsausschuss oder im Bund-Länder-Ausschuss nach §§ 18a, 18b SGB II – als Person und nicht qua Amt genannt; ihre Vertretung erfordert deshalb die Einrichtung von Stellvertretungen mit gleicher Amtszeit. Andererseits kann eine Gewerkschaft das von ihr vorgeschlagene Mitglied während der laufenden Amtszeit ohne weitere Gründe abberufen lassen, ja, der Austritt oder Ausschluss des Mitglieds aus der Organisation, die es vertritt, führt sogar zwingend zur Abberufung. Die Mitglieder vertreten daher nicht etwa ein Gesamtinteresse, sondern eine präzise bestimmte Seite im korporatistisch-paritätischen System der Organisation von Arbeitspolitik und –verwaltung. Eine Pluralisierung der Interessenstrukturen scheint in diesem festgefügten System der Entscheidungsfindung durch jeweils geschlossene, nach außen hin relativ abgeschottete Akteursnetzwerke (Klenk 2012, S. 56) kaum möglich.

Auch die Ausgestaltung der Amtsführung bestätigt dies. Nicht nur werden die Sitzungen der Selbstverwaltungsorgane nichtöffentlich abgehalten, auch die Mitglieder verpflichten sich, Dritten ihr eigenes Abstimmungsverhalten nicht bekannt zu geben, wenn Vertraulichkeit beschlossen wurde. Zur Mitteilung des Abstimmungsverhaltens ihrer „Gruppe" ist ein Mitglied nur berechtigt, soweit die Gruppe dies erklärt hat.[32] Die hohe Intransparenz der Selbstverwaltung in

---

32 Art. 6 Abs. 3 (Bundesagentur für Arbeit 2012a).

der Arbeitsverwaltung passt weder zum Prinzip einer partizipativen Binnenverfassung als konstituierendem Element von Selbstverwaltung, noch ist es einer am Gemeinwohl orientierten Entscheidungsqualität zuträglich. Für die Rundfunkräte fordert das Bundesverfassungsgericht aus funktionalen Gründen ein höheres Maß an Transparenz (Bundesverfassungsgericht 2014, Rn. 82 ff.).

7.4   Mechanismen des Interessenausgleichs

Selbstverwaltung in der Arbeitsverwaltung nimmt die im Tarifsystem etablierten Mechanismen des Ausgleichs zwischen Arbeitgeber- und Arbeitnehmerinteressen auf. Die Intransparenz der Willensbildung passt zu diesem dual ausgerichteten Prozess recht gut; allerdings bleiben damit auch die Interessen anderer von Maßnahmen der Arbeitsverwaltung Betroffener ungewichtet. Sofern den Gewerkschaften die Organisation von Erwerbslosen, Jugendlichen, Solo-Selbstständigen oder Menschen mit Beeinträchtigung nicht gelingt, könnte es sein, dass die Organisation eines „Beirats" dem modernen Arbeitsmarkt und der modernen Arbeitsverwaltung besser entspricht, weil sich ein breiteres Spektrum der Interessen, das nahezu ein Gesamtinteresse bildet, so angemessener, „responsiver" als in den herkömmlichen Strukturen der Selbstverwaltung berücksichtigen lässt. Wünschenswert sind einerseits stärkere Aufgabenbereiche und Kompetenzen der Selbstverwaltung, wie sie etwa die „Forderungen zur Stärkung der Selbstverwaltung" nennen. Paritätische Mitwirkung verträgt andererseits Auffrischung und Modernisierung in Richtung vermehrter Transparenz und verbesserter Repräsentativität.

8   Schluss

Die demokratische Legitimation der Arbeitsverwaltung folgt im Bereich des SGB II dem klassischen Bild der Ministerialverwaltung sowie der kommunalen Selbstverwaltung, angereichert um die Mitwirkung von Beiräten, die sowohl die überkommene Beteiligung der Sozialpartner verwirklichen als auch weitere Akteure wie die Wohlfahrtsverbände einbinden. Die Beiräte sind für die demokratische Legitimation der Arbeitsverwaltung weder bedenklich noch erforderlich, aber der Qualität der zu treffenden Entscheidungen nützlich.

Die Selbstverwaltung in der Arbeitsverwaltung beschränkt sich auf den Bereich des SGB III (mit Überlappungen in den Bereich der Grundsicherung hinein). Sie wurde selbst hier durch eine dichte gesetzliche Programmierung sowie durch

Stärkung der staatlichen Kompetenzen in den Reformen zur Modernisierung der Dienstleistungen am Arbeitsmarkt zurückgedrängt. Bei der Wahrnehmung seiner Verantwortung für die demokratische Legitimation der Verwaltung hat der Gesetzgeber einen Spielraum, soweit er „Selbstverwaltung" in Abgrenzung zur Staatsverwaltung organisiert. Selbstverwaltung bezeichnet u. a. Organisation der Interessenvertretung nach dem Prinzip der gleichberechtigten Partizipation; das Erfordernis fortwährenden Ausgleichs widerstreitender Interessen steht dem nicht entgegen. Die in der Arbeitswelt vertretenen Interessen bilden die beteiligten Akteure freilich nur unvollkommen ab, sowohl was die Repräsentativität der in den Entscheidungen vertretenen Betroffenengruppen als auch was die Transparenz der Entscheidungsfindung anbelangt.

Literatur

Adamy, W. 2006. Gibt es noch eine Selbstverwaltung in der Arbeitslosenversicherung?, *Vierteljahresschrift für Sozialrecht* 24: 175-189.
Bauer, H. 2013. Kommentierung zu Art. 9 GG. In *Grundgesetz Kommentar*, hrsg. H. Dreier, Bd 1, 3. Aufl. Tübingen: Mohr Siebeck.
Behnke, N. 2001. Responsivität und Verantwortlichkeit der öffentlichen Verwaltung. In *Die öffentliche Verwaltung in der Demokratie der Bundesrepublik Deutschland*, hrsg. E. Czerwick/W. H. Lorig/E. Treutner, 45-64. Wiesbaden: VS Verlag für Sozialwissenschaften.
Bieback, K.-J. 1982-83. Entwicklungsgeschichtliche und funktionale Aspekte der gegenwärtigen Bedeutung der Körperschaft des öffentlichen Rechts. *Quaderni Fiorentini* 11/12: 859-913.
Böckenförde, E.-W. 1992. *Staat, Verfassung, Demokratie*. 2. Aufl. Frankfurt a. M.: Suhrkamp.
Böckenförde, E.-W. 2004. Demokratie als Verfassungsprinzip. In *Handbuch des Staatsrechts*, hrsg. J. Isensee/P. Kirchhof, Bd 2, 3. Aufl, § 24. Heidelberg: C.F Müller Verlag.
Bühler, S. 2010. Todesstrafe-Initiative zeigt Risiko der Betroffenheitsdemokratie, NZZ vom 29. 8. 2010. http://www.nzz.ch/aktuell/startseite/todesstrafe-initiative-zeigt-risiko-der-betroffenheitsdemokratie-1.7366514. Zugegriffen: 22. Januar 2015.
Braun, B. Klenk, T. Kluth, W. Nullmeier, F. Welti, F. 2008. Gutachten zur Geschichte und Modernisierung der Sozialwahlen. http://www.bmas.de/SharedDocs/Downloads/DE/PDF-Publikationen/forschungsbericht-f377.pdf;jsessionid=1A253D75D0EF8D8DC187D-2F96F87C705?__blob=publicationFile. Zugegriffen: 26. Januar 2015.
Britz, G. 2000. Die Mitwirkung Privater an der Wahrnehmung öffentlicher Aufgaben durch Einrichtungen des öffentlichen Rechts. *Verwaltungsarchiv* 91: 418-437.
Bundesagentur für Arbeit. 2012a. Bekanntmachung der Satzung der Bundesagentur für Arbeit vom 13. Juli 2012. In *Bundesanzeiger – Amtlicher Teil*, hrsg. Bundesministerium der Justiz und für Verbraucherschutz. Berlin.
Bundesagentur für Arbeit. 2012b. Empfehlungen des Verwaltungsrats zu den Aufgaben und der Aufgabenerledigung der Verwaltungsausschüsse der Agenturen für Arbeit vom 9.

11.2012. http://www.arbeitsagentur.de/web/wcm/idc/groups/public/documents/webda-tei/mdaw/mdk1/~edisp/l6019022dstbai378543.pdf?_ba.sid=L6019022DSTBAI378546. Zugegriffen: 26. Januar 2015.

Bundesagentur für Arbeit. 2012c. Geschäftsbericht 2012. http://www.arbeitsagentur.de/web/ wcm/idc/groups/public/documents/webdatei/mdaw/mta3/~edisp/l6019022dstbai442856. pdf?_ba.sid=L6019022DSTBAI442859. Zugegriffen: 26. Januar 2015.

Bundesbeauftragter für die Sozialversicherungswahlen. 2012. Schlussbericht zu den Sozialwahlen 2011. http://www.google.de/url?sa=t&rct=j&q=&esrc=s&sour-ce=web&cd=1&ved=0CCEQFjAA&url=http%3A%2F%2Fwww.bmas.de%2FShared-Docs%2FDownloads%2FDE%2F2012-09-25-abschlussbericht-sozialwahlen-2011. pdf%3F__blob%3DpublicationFile&ei=Vp3HVIzUOYb6UquGgIgD&usg=AFQjCNF-DjN8O9h6LPN48LCai97XYfiJbng&bvm=bv.84349003,d.d24&cad=rja Zugegriffen: 27.01.2015.

Bundesministerium für Arbeit und Soziales. Informationsseiten zu den Sozialversicherungs-wahlen. http://www.bmas.de/DE/Themen/Soziale-Sicherung/Sozialversicherungswahlen/ inhalt.html Zugegriffen: 29.01.2015.

Bundesrechnungshof 2007. Bemerkungen des Bundesrechnungshofs 2007 zur Haushalts- und Wirtschaftsführung des Bundes (einschließlich der Feststellungen zur Jahresrechnung 2006) vom 21.11.2007. *Unterrichtung durch den Bundesrechnungshof (Bundestagsdruck-sachen, 16. Wahlperiode)* Bd 830: Bt-Drs. 16/7100.

Bundesregierung. 2008. Entwurf eines Gesetzes zur Neuausrichtung der arbeitsmarkt-politischen Instrumente vom 8.11.2008. *Verhandlungen des Deutschen Bundestages (Bundestagsdrucksachen 16. Wahlperiode)* Bd 860: Bt-Drs 16/10810.

Bundesregierung. 2013. Eingliederungsbericht 2012 der Bundesagentur für Arbeit vom 22.11.2013. *Verhandlungen des Deutschen Bundestages (Bundestagsdrucksachen 18. Wahlperiode)* Bd 1041: Bt-Drs 18/104.

Bundesrepublik Deutschland. 2003. Viertes Gesetz für moderne Dienstleistungen am Ar-beitsmarkt vom 24. Dezember 2003. In *Bundesgesetzblatt Teil I*, hrsg. Bundesministerium der Justiz, Bd 3, Nr. 66. Köln: Bundesanzeiger Verlag.

Bundestag. 2003. Entwurf eines Dritten Gesetzes für moderne Dienstleistungen am Ar-beitsplatz der Fraktionen SPD und BÜNDNIS 90/DIE GRÜNEN vom 5.9.2003. *Ver-handlungen des Deutschen Bundestages (Bundestagsdrucksachen 15. Wahlperiode)* Bd 727: Bt-Drs 15/1515.

Bundesverfassungsgericht. 1973. Entscheidung vom 9.5.1972 - 1 BvR 518/62, 308/64. *Ent-scheidungen des Bundesverfassungsgerichts* Bd 33: 125-171.

Bundesverfassungsgericht. 1975. Entscheidung vom 9.4.1975 - 1 BvL 6/74. *Entscheidungen des Bundesverfassungsgerichts* Bd 39: 247-257.

Bundesverfassungsgericht. 1976. Entscheidung vom 16.12.1975 - 2 BvL 7/74. *Entscheidungen des Bundesverfassungsgerichts* Bd 41: 1-22.

Bundesverfassungsgericht. 1991a. Entscheidung vom 31.10.1990 - 2 BvF 2, 6/89. *Entschei-dungen des Bundesverfassungsgerichts* Bd 83: 37-59.

Bundesverfassungsgericht. 1991b. Entscheidung vom 31.10.1990 - 2 BvF 3/89. *Entscheidungen des Bundesverfassungsgerichts* Bd 83: 60-81.

Bundesverfassungsgericht. 1991c. Entscheidung vom 05.02.1991 - 1 BvF 1/85, 1/88. *Entschei-dungen des Bundesverfassungsgerichts* Bd 83: 238-341.

Bundesverfassungsgericht. 2004a. Entscheidung vom 05.12.2002 - 2 BvL 5/98, 2 BvL 6/98. *Entscheidungen des Bundesverfassungsgerichts* Bd 107: 59-103.

Bundesverfassungsgericht. 2004b. Entscheidung vom 12.2.2003 - 1 BvR 624/01. *Entscheidungen des Bundesverfassungsgerichts* Bd 107: 205-218.

Bundesverfassungsgericht. 2005. Entscheidung vom 13.7.2004 - 1 BvR 1298/94, 1 BvR 1299/94, 1 BvR 1332/95, 1 BvR 613/97. *Entscheidungen des Bundesverfassungsgerichts* Bd 111: 191-225.

Bundesverfassungsgericht. 2014. Entscheidung vom 25.03.2014 - BvF 1/11, 1 BvF 4/11. http://www.bundesverfassungsgericht.de/SharedDocs/Entscheidungen/DE/2014/03/fs20140325_1bvf000111.html Zugegriffen: 27.01.2015.

Burgi, M. 2004. BA-Verwaltungsrat und GKV-Bundesausschuss: Hund und Katz in Selbstverwaltung. *Neue Juristische Wochenschrift* 57 (19): 1365-1367.

Burgi, M. 2010. Kommentierung zu Art. 87 GG. In *Kommentar zum Grundgesetz: GG*, hrsg. H. v. Mangoldt/F. Klein/C. Starck, Bd 3, 6. Aufl. München: Vahlen.

Däubler, W./Hege, H. 1976. *Koalitionsfreiheit – ein Kommentar*. Baden-Baden: Nomos.

Dreier, H. 1991. *Hierarchische Verwaltung im demokratischen Staat*. Tübingen: Mohr.

Emde, E. T. 1991. *Die demokratische Legitimation der funktionalen Selbstverwaltung*. Berlin: Duncker und Humblot.

Fuchs, D. 1998. Kriterien demokratischer Performanz in Liberalen Demokratien, in *Demokratie – eine Kultur des Westens?* 20. Wissenschaftlicher Kongreß der Deutschen Vereinigung für Politische Wissenschaften, hrsg. M. T. Greven (Hrsg.), 151-179. Opladen: Leske und Budrich.

Fuchs, D. und Roller, E. 2008. Die Konzeptualisierung der Qualität von Demokratie. Eine kritische Diskussion aktueller Ansätze. In *Bedrohungen der Demokratie*, hrsg. A. Brodocz/M. Llanque/G. S. Schaal, 77-96. Wiesbaden: VS Verlag für Sozialwissenschaften.

Geißel, B. 2004. Responsivität und Responsivitätswahrnehmung – Thesen zu einem undurchsichtigen Verhältnis. *Zeitschrift für Politikwissenschaft* 14 (4): 1235-1257.

Groß, T. 1999. Das Kollegialprinzip in der Verwaltungsorganisation. Tübingen: Mohr Siebeck.

Groß, T. 2007. Verantwortung und Effizienz in der Mehrebenenverwaltung. *Veröffentlichungen der Vereinigung der Deutschen Staatsrechtslehrer* 66: 152-180.

Heuss, T. 1921. *Demokratie und Selbstverwaltung*. Berlin: Zentralverlag.

Hendler, R. 1984. *Selbstverwaltung als Ordnungsprinzip. Zur politischen Willensbildung und Entscheidung im demokratischen Verfassungsstaat der Industriegesellschaft*. Köln, München, u. a.: Heymann.

Hüttemann, B. 2011. Europäisches Regieren und deutsche Interessen. Demokratie, Lobbyismus und Art. 11 EUV. Erste Schlussfolgerungen aus „EBD Exklusiv", 16. November 2010 in Berlin. http://www.netzwerk-ebd.de/wp-content/uploads/2014/08/EBD-PUB-EU-in-BRIEF-1_2011.pdf. Zugegriffen: 22. Januar 2015.

Jestaedt, M. 1993. *Demokratieprinzip und Kondominialverwaltung*. Berlin: Duncker und Humblot.

Jestaedt, M. 2004. Demokratische Legitimation – quo vadis? *Juristische Schulung* 44 (8): 649-653.

Kahl, W. 2005. Hochschulräte – Demokratieprinzip – Selbstverwaltung . Unter besonderer Berücksichtigung des Aufsichtsratsmodells in Baden-Württemberg. *Archiv des öffentlichen Rechts* 130 (2): 225-262.

Klein, H. H. 1972. Demokratie und Selbstverwaltung. In *Festschrift für Ernst Forsthoff zum 70. Geburtstag*, hrsg. R. Schnur, 165 ff. München: Beck.

Kleine-Cosack, M. 1986. *Berufsständische Autonomie und Grundgesetz*. Baden-Baden: Nomos.

Klenk, T. 2009. Die korporatistische Arbeitsverwaltung. http://www.bpb.de/apuz/31900/
die-korporatistische-arbeitsverwaltung?p=all. Zugegriffen: 22. Januar 2015.

Klenk, T. 2012. Korporatistische Selbstverwaltung zwischen Staat und Markt. *In Abkehr vom Korporatismus? Der Wandel der Sozialversicherungen im europäischen Vergleich*, hrsg. T. Klenk/P. Weyrauch/A. Haarmann/F. Nullmeier, 53-118. Frankfurt/M: Campus.

Kluth, W. 1997. *Funktionale Selbstverwaltung: Verfassungsrechtlicher Status – verfassungs-rechtlicher Schutz*. Tübingen: Mohr Siebeck.

Kolbe, S. 2013. *Mitbestimmung und Demokratieprinzip*. Tübingen: Mohr Siebeck.

Leisner, W. 2004. *Das demokratische Reich: Reichsidee und Volksherrschaft in Geschichte und Recht*. 2. Aufl. Berlin: Duncker und Humblot.

Lepsius, M. R. 1990. Der europäische Nationalstaat: Erbe und Zukunft. In *Interessen, Ideen und Institutionen*, hrsg. M. R. Lepsius, 256-269. Opladen: Westdeutscher Verlag.

Lübbe, H. 1997. Selbstbestimmung und staatliche Souveränität im politischen Wandel. In *Modernisierung und Folgelasten: Trends kultureller und politischer Evolution, hrsg. H. Lübbe*, 94-101. Berlin, Heidelberg: Springer.

Luthe, E. W. 2012. Der örtliche Beirat im SGB II. *Zeitschrift für das Fürsorgewesen* 64 (1): 13-17.

Mehde, V. 2000. *Neues Steuerungsmodell und Demokratieprinzip*. Berlin: Duncker & Humblot.

Pache, E. 2007. Verantwortung und Effizienz in der Mehrebenenverwaltung. *Veröffentli-chungen der Vereinigung der Deutschen Staatsrechtslehrer* 66: 106-144.

Peters, A. 2001. *Elemente einer Theorie der Verfassung Europas*. Berlin: Duncker und Humblot.

Pitkin, H. F. 1967. *The Concept of Representation*. Berkeley, CA: University of California Press.

Rische, H. 2011. Soziale Selbstverwaltung – gelebte Demokratie. *RV aktuell – Fachzeitschrift und amtliche Mitteilungen der Deutschen Rentenversicherung*. 1: 2-7.

Ritzi, C. und Schaal, G. S. 2010. Politische Führung in der „Postdemokratie". http://www.bpb.de/apuz/33022/politische-fuehrung-in-der-postdemokratie?p=all. Zugegriffen: 22. Januar 2015.

Rixen, S. 2013. Arbeitslosenversicherungsrecht (als Teil der Arbeitsförderung). In *Besonderes Verwaltungsrecht*, hrsg. D. Ehlers/M. Fehling/H. Pünder, Bd 3, 3. Aufl, 1037-1047. Heidelberg, München, Landsberg u. a.: C. F. Müller.

Rixen, S. und Weißenberger, C. 2013a. Kommentierung zu § 6 SGB II. In *SGB II Grundsiche-rung für Arbeitsuchende Kommentar*, hrsg. W. Eicher, 3. Aufl. München: Beck.

Rixen, S. und Weißenberger, C. 2013b. Kommentierung zu § 18d SGB II. In *SGB II Grund-sicherung für Arbeitsuchende Kommentar*, hrsg. W. Eicher, 3. Aufl. München: Beck.

Rusert, K. 2013. Wahlen ohne Demokratie? Legitimation der Verwaltungsräte nach Frie-denswahlen. *Zeitschrift für Sozialreform* 59 (2): 227-253.

Schaal, G. S. 2008. Responsivität – Selbstzerstörerisches Ideal liberaler Demokratie? In *Bedro-hungen der Demokratie*, hrsg. A. Brodocz/M. Llanque/G. S. Schaal, 353-370. Wiesbaden: VS Verlag für Sozialwissenschaften.

Scharpf, F. W. 1970. *Demokratie zwischen Utopie und Anpassung*. Konstanz: Universi-täts-Verlag.

Scharpf, F. W. 1998. Demokratische Politik in der internationalisierten Ökonomie. In *Demokratie – eine Kultur des Westens?* 20. Wissenschaftlicher Kongreß der Deutschen Vereinigung für Politische Wissenschaften, hrsg. M. T. Greven , 81-103. Opladen: Leske und Budrich.

Schmidt, M. G. 2010a. *Wörterbuch zur Politik*. 3. Aufl. Stuttgart: Kröner.

Schmidt, M. G. 2010b. *Demokratietheorien*. 5. Aufl. Wiesbaden: VS Verlag für Sozialwis-senschaften.

Schmidt-Aßmann, E. 1991. Verwaltungslegitimation als Rechtsbegriff. *Archiv des öffentlichen Rechts* 116 (3): 329-390.

Schnapp, F. E. 2012. Kommentierung zu Art. 20 GG. In *Grundgesetz Kommentar*, hrsg. I. v. Münch/P. Kunig, Bd 1, 6. Aufl. München: Beck.

Schuler-Harms, M. 2013. Elemente direkter Demokratie als Entwicklungsperspektive. *Veröffentlichungen der Vereinigung der Deutschen Staatsrechtslehrer* 72: 417-470.

Schulze-Fielitz, H. 2012. Grundmodi der Aufgabenwahrnehmung. In *Grundlagen des Verwaltungsrechts*, hrsg. W. Hoffmann-Riem/E. Schmidt-Aßmann/A. Voßkuhle, Bd 1, 2. Aufl, § 12. München: Beck.

Seiler, H. J. 1995. Review of Planning Cells; Problems of Legitimation. In *Fairness and Competence in Citizen Participation, Evaluating Models for Environmental Discourse*, hrsg. O. Renn/T. Webler/P. Wiedemann, 141-156. Dordrecht/Boston: Kluwer.

Sommermann, K.-P. 2010, Kommentierung zu Art. 20 GG. In *Kommentar zum Grundgesetz: GG*, hrsg. H. v. Mangoldt/F. Klein/C. Starck, Bd 2, 6. Aufl. München: Vahlen.

Trute, H.-H. 1997. Funktionen der Organisation und ihre Abbildung im Recht. In *Verwaltungsorganisationsrecht als Steuerungsressource*, hrsg. E. Schmidt-Aßmann/W. Hoffmann-Riem, 249-296. Baden-Baden: Nomos.

Trute, H.-H. 2012. Die demokratische Legitimation der Verwaltung. In *Grundlagen des Verwaltungsrechts*, hrsg. W. Hoffmann-Riem/E. Schmidt-Aßmann/A. Voßkuhle, Bd 1, 2. Aufl, § 6. München: Beck.

Uerpmann-Wittzack, R. 1999. *Das öffentliche Interesse – seine Bedeutung als Tatbestandsmerkmal und als dogmatischer Begriff.* Tübingen: Mohr Siebeck.

UN (United Nations) Division for Public Administration and Development Management (UNPAN), Hrsg.: Public Administration and Democratic Governance: Governments Serving Citizens, vorgelegt zum 7th Global Forum on Reinventing Government Building Trust in Government 26-29 June 2007, Vienna, Austria. http://unpan.org/publications/content/PDFs/E-Library%20Archives/2007%20Public%20Administration%20and%20Democratic%20Governance_Governments%20Serving%20Citizens.pdf. Zugegriffen: 27.01.2015

v. Unruh, G. C. 1972. Selbstverwaltung als staatsbürgerliches Recht, *Die Öffentliche Verwaltung* 25 (1): 16-25.

Volkmann, U. 2003. Tarifautonomie in der Bundesrepublik Deutschland. In *Tarifautonomie in Deutschland und Europa*, hrsg. Britz, G./Volkmann, U., 1-33. Tübingen: Mohr Siebeck.

Volkmann, U. 2013. *Grundzüge einer Verfassungslehre der Bundesrepublik Deutschland.* Tübingen: Mohr Siebeck.

Ermessen und unbestimmte Rechtsbegriffe im SGB II und SGB III

Gestaltungsaufgabe der Selbstverwaltung und Rechtssubjektivität der Hilfesuchenden

Stephan Rixen

1 Was haben „Ermessen" und „unbestimmte Rechtsbegriffe" mit der Zukunft der Selbstverwaltung zu tun?

Der etwas sperrige Titel meines Impulsreferats klingt wahrscheinlich für Nichtjuristen wie ein rechtstechnischer Albtraum. „Ermessen" und „unbestimmter Rechtsbegriff" sind zentrale Kategorien des Verwaltungsrechts, und man kann sich in der Tat fragen, was diese Kategorien des Verwaltungsrechts mit der Zukunft der Selbstverwaltung zu tun haben. Sie werden nicht überrascht sein, dass ich der Ansicht bin, dass sie viel mit der Zukunft der Selbstverwaltung auch und gerade in der Bundesagentur für Arbeit (BA) zu tun haben. Ich will das in drei Schritten verdeutlichen. Zunächst möchte ich erläutern, was Rechtssubjektivität im vorliegenden Zusammenhang bedeutet (nachfolgend 2.). In einem zweiten Schritt möchte ich verdeutlichen, wieso Ermessen und unbestimmte Rechtsbegriffe vor allem im SGB III, aber auch im SGB II Rechtssubjektivität gefährden (nachfolgend 3.). Und schließlich möchte ich, drittens, verdeutlichen, dass es Aufgabe der Selbstverwaltung ist und noch mehr als bislang werden sollte, die Gefährdungen der Rechtssubjektivität, die in der Normstruktur von SGB II und SGB III angelegt sind, zu kompensieren (nachfolgend 4.).

2 Rechtssubjektivität

Rechtssubjektivität gehört zu jenen *essentially contested concepts* (Gallie 1956, S. 167 ff.; ders. 1968, S. 157 ff.), deren Bedeutung sehr stark vom Vorverständnis, von Perspektive und Kontext abhängt. Aus rechtlicher Perspektive kann man

den Begriff als Verbund- bzw. Brückenbegriff qualifizieren, der Grundlagendis-
kurse über die Aufgabe des Rechts mit der Ebene der juristisch-konstruktiven
Operationalisierung des Rechts für praktische Vollzüge verbindet. Während eine
grundlagenorientierte Sichtweise auf der Grenze von Philosophie und Rechts-
theorie angesiedelt ist, geht es bei der Operationalisierung sozusagen um das
„Kerngeschäft" anwendungsbezogener juristischer Arbeit. Deren Gretchenfrage
lautet: „Was heißt das denn konkret?" (Rixen 2014a, S. 362) Anders formuliert: Wie
gelingt es, Rechtssubjektivität operabel zu machen? Es geht also einerseits um eine
konzeptionell-strategische, eine ideenpolitische Bedeutungsebene, andererseits um
eine instrumentell-rechtstechnische Ebene.

Die konzeptionell-strategische Ebene, die das Fundament des Rechtstechnischen
bildet, stellt sich wie folgt dar: Im Rechtsstaat, wie er unter dem Grundgesetz ent-
faltet ist, führt eine „naturrechtlich grundgelegte, vernunftrechtlich im Zeichen
der Aufklärung geformte und revolutionär verankerte Grundforderung nach einem
Staat im Dienste des Menschen" (Schmidt-De Caluwe 2005, S. 264) zwingend dazu,
dass Einzelne auch und gerade in Notlagen dem Staat nicht als Objekte der Mildtä-
tigkeit begegnen, sondern als Subjekte, die Wertschätzung, Anerkennung, Achtung
verdient haben und erwarten dürfen. Erst in der neueren Menschenrechtsgeschichte
etwa seit 1945 wird dieser Achtungsanspruch des Einzelnen als Ausdruck einer
inhärenten Würde des Individuums gedacht, die nicht verliehen, sondern vorge-
funden wird und als solche – unabhängig von religiösen oder weltanschaulichen
Gründen – anzuerkennen ist.

Nur: Wie geschieht das? Wie zeigt sich diese Anerkennung? Wie wird sie rechtlich handhabbar? Rechtssubjektivität – man kann auch von Rechtspersonalität
sprechen – verlangt danach, wie es etwa in einem bekannten internationalen Men-
schenrechtsdokument heißt –, dass der Einzelne als Folge der ihm inhärenten Würde
ein Recht auf Anerkennung seines Rechtsstatus hat, „right [...] to the recognition
of his legal status".[1] D. h., in den Strukturen einer konkreten Rechtsordnung muss
sichergestellt sein, dass diese Anerkennung als Rechtssubjekt, als Rechtsperson
praktisch werden kann.[2]

Vor diesem Hintergrund verwundert es nicht, dass das Bundesverfassungsgericht
in seiner ersten Entscheidung zum SGB II betont hat: „Die Gewährleistung eines
menschenwürdigen Existenzminimums muss durch einen gesetzlichen Anspruch
gesichert sein. Dies verlangt bereits unmittelbar der Schutzgehalt des Art. 1 Abs.
1 GG. Ein Hilfebedürftiger darf nicht auf freiwillige Leistungen des Staates oder
Dritter verwiesen werden, deren Erbringung nicht durch ein subjektives Recht

---

1   Art. 5 S. 1 Afrikanische Menschenrechtscharta.
2   Näher unter dem Aspekt der Würde: (Rixen 2006).

des Hilfebedürftigen gewährleistet ist. Die verfassungsrechtliche Gewährleistung eines menschenwürdigen Existenzminimums muss durch ein Parlamentsgesetz erfolgen, das einen konkreten Leistungsanspruch des Bürgers gegenüber dem zuständigen Leistungsträger enthält." (Bundesverfassungsgericht 2010, S. 223) Erst in der strikten Bindung des Staates zeigt sich, zumindest wenn es um das Existenzminimum geht, der in der Würde wurzelnde Anerkennungsanspruch. Wo der Staat indes nicht die strikte Bindung – den gesetzlichen Anspruch, den Rechtsanspruch, das subjektive Recht – wählt, sondern den Ermessensanspruch vorzieht, besteht zumindest immer die Gefahr, dass der in der Würde wurzelnde Anerkennungsanspruch nicht zu Genüge effektiv zur Geltung kommt. In seiner bislang aktuellsten Entscheidung zum Existenzminimum im Rahmen des SGB II vom Juli 2014 hat das Bundesverfassungsgericht so auch eine Vorschrift zum Bildungs- und Teilhabepaket, die der Gesetzgeber als Ermessensvorschrift ausgestaltet hatte, verfassungskonform so ausgelegt – im Klartext: korrigiert –, dass wegen der Menschenwürdenähe der Materie aus dem „können" (Ermessen) ein „müssen" (gesetzlicher Anspruch) werde (Bundesverfassungsgericht 2014a, Rnr. 132 i. V. m. Rn. 74 ff. [3]).

Nun lassen sich diese auf das SGB II bezogenen Überlegungen nicht unbesehen auf das SGB III übertragen, weil es im Rahmen der Arbeitsförderung, also der um den Gedanken der Arbeitslosigkeitsprävention erweiterten Arbeitslosenversicherung (Rixen 2013a, § 80, Rn. 1 ff.), nicht nur und vor allem nicht in erster Linie um die Gewährleistung des Existenzminimums geht. Jedoch ist der Menschenwürde-Bezug der Arbeitslosenversicherung evident. Das kam in der Weimarer Verfassung noch klarer zum Ausdruck, denn dort taucht erstmals in der deutschen Verfassungsgeschichte der Begriff der Menschenwürde auf, und zwar in den Regelungen über das Wirtschaftsleben (Art. 151 WRV): „Die Ordnung des Wirtschaftslebens muß den Grundsätzen der Gerechtigkeit mit dem Ziele der Gewährleistung eines menschenwürdigen Daseins für alle entsprechen." Das „menschenwürdige Dasein" hatte zur Folge, dass dem Staat durch die Weimarer Verfassung aufgegeben wurde (in Art. 161), ein „umfassendes Versicherungswesen" gegen die „wirtschaftlichen Folgen" der „Wechselfälle des Lebens" zu schaffen, was bekanntlich mit einiger Verzögerung 1927 zur Gründung der Arbeitslosenversicherung führte.

Der Sache nach taucht dieser Gedanke – der Zusammenhang von Würde, Arbeit und Arbeitslosigkeit – auch in der Rechtsprechung des Bundesverfassungsgerichts auf, wenn das Gericht mit Blick auf das Problem der Arbeitslosigkeit formuliert, es gehe darum, „durch Arbeit [...] Achtung und Selbstachtung zu *erfahren*" (so jeweils ohne die Hervorhebung: Bundesverfassungsgericht 1999, S. 284; 2001, S. 307;

---

3   Die Entscheidung erging zu § 28 Abs. 7 S. 2 SGB II.

2006, S. 223; 2007, S. 459; ähnlich auch: Bundesverfassungsgericht 2002, S. 2024; dazu auch: Rixen 2013b, Rn. 19). Die Formulierung verweist auf die Semantik der Würde, die zu achten ist, gerade auch dadurch, dass Menschen Erwerbsarbeit finden können, die angemessen entlohnt wird.[4] Man mag es bedauern, dass Erwerbsarbeit faktisch die dominante „Achse der Lebensführung" ist (Beck 1986, S. 220; dazu – mit Blick auf das „Normalisierungspotenzial" von Rechtsbegriffen im Sozialrecht der Arbeitsmarktregulierung Rixen 2008, S. 48), aber sie *ist* es; und diesen Realbedingungen, unter denen Achtung und damit Anerkennung – Würde – erfahren wird, muss ein an den Lebenswelten der Menschen interessiertes positives Recht gerecht werden.

Wohlgemerkt: Diese Überlegungen führen nicht dazu, dass die Maßstäbe, die das Bundesverfassungsgericht für das SGB II entwickelt hat, inhaltsgleich auf das SGB III übertragen werden müssten. Aber ein Verständnis von Menschenwürde, das nach den Bedingungen erfahrbarer Anerkennung – erfahrener Würde – im Arbeitsleben fragt, kann durchaus als kritischer Maßstab fungieren, der an die Normen – auch – des SGB III anzulegen ist.

3   Gefahrgeneigte Rechtsstrukturen – „Ermessen" und „unbestimmter Rechtsbegriff" als latentes Missachtungsrisiko

3.1   Ein Blick in das SGB III: Ermessen

„Ermessen" und „unbestimmter Rechtsbegriff", dies ist die These, sind „gefahrgeneigte" Strukturen, weil sie zumindest latent das Potential in sich bergen, nicht Achtung, sondern *Miss*achtung zu kommunizieren. Ich will das an zwei Feldern illustrieren:

Das Arbeitsförderungsrecht (SGB III) zeichnet sich zumindest auf den ersten Blick durch eine erstaunliche Dichotomie aus. Es gibt, so scheint es jedenfalls, präzise definierte Ansprüche auf Entgeltersatzleistungen (§ 3 Abs. 4 SGB III), die man sozusagen als „feste Ansprüche" (Schmidt-De Caluwe 2014, S. 227) dem Bereich der Leistungen der aktiven Arbeitsförderung gegenüberstellen kann (hierzu und

---

4   S. hierzu die viel zu wenig beachtete abweichende Meinung des früheren BVerfG-Richters *Kruis* zu den Möglichkeitsbedingungen von Anerkennung im Strafvollzug insb. im Hinblick auf die Arbeit im Strafvollzug (Bundesverfassungsgericht 1998, S. 217 f.), dazu (Rixen 2013b, Rn. 20).

zum Folgenden *Schmidt-De Caluwe* (2005, S. 277 ff.). Leistungen der aktiven Arbeitsförderung sind, von bestimmten Leistungen abgesehen, Ermessensleistungen, wie § 3 Abs. 3 SGB III explizit normiert. D. h., wenn jemand eine solche Leistung begehrt, hat er oder sie nur einen Anspruch auf pflichtgemäße Ermessensleistung. Obgleich es um die Bedingungen seiner Anerkennung geht, ist die Rechtsposition vergleichsweise schwach, weil es keine strikt bindenden gesetzlichen Ansprüche gibt. Zwar gibt es einige allgemeine ermessenssteuernde Vorschriften, die vorgeben, die Perspektiven des Betroffenen zur Geltung zu bringen. Aber hier gelten bezeichnende Restriktionen, wenn es – wie in der ermessenssteuernden Norm des § 7 SGB III – heißt, bei der Auswahl von Ermessensleistungen der aktiven Arbeitsförderung habe die Agentur für Arbeit „unter Beachtung des Grundsatzes der Wirtschaftlichkeit und Sparsamkeit" die für den Einzelfall am besten geeignete Leistung oder Kombination von Leistungen zu wählen, wobei „grundsätzlich"[5] auf die Fähigkeiten der zu fördernden Personen „abzustellen" sei. Das Wort „grundsätzlich" ist ein juristisches „grundsätzlich", denn es meint nur „in der Regel", so dass vom „grundsätzlich" Vorgegebenen ausnahmsweise eben doch abgewichen werden kann, wobei die relevanten Ausnahmen gesetzlich nicht definiert werden. Die Wortwahl ist nicht zufällig, denn vorher hieß es in § 7 SGB III, die Fähigkeiten der zu fördernden Person seien „vorrangig [...] zugrunde zu legen"[6]. Hinter dieser veränderten Wortwahl steht die gesetzgeberische Absicht, der BA einen flexibleren Umgang mit den Ressourcen („Wirtschaftlichkeit und Sparsamkeit") und auch mehr Flexibilität bei der Einschätzung der Arbeitsmarktsituation im Hinblick auf den Arbeitslosen zu gewähren (vgl. die Begründung zum Job-AQTIV-Gesetz: Bundestag (2001, S. 29; zu § 7 SGB III). Im Klartext ist hier die Geschäftspolitik der BA mit ihren – auch fiskalischen – Rechtfertigungslasten gegenüber dem zuständigen Bundesministerium und dessen politischer Führung entscheidend.[7]

Diese Flexibilisierung bleibt nun nicht auf den Bereich der aktiven Arbeitsförderung beschränkt (zum Folgenden: Schmidt-De Caluwe 2005, S. 282, zu § 119 Abs. 1 Nr. 1 SGB III a.F.). Sie wirkt vielmehr in den Bereich der scheinbar festen Ansprüche auf Entgeltersatzleistungen hinein. Bekanntlich hat nur Anspruch auf Arbeitslosengeld, wer arbeitslos ist, und das setzt u. a. voraus, dass der Arbeitnehmer bzw. die Arbeitnehmerin „sich bemüht, die eigene Beschäftigungslosigkeit zu beenden

5   Vgl. § 7 S. 2 SGB III i.d.F. des Job-AQTIV-Gesetzes v. 10.12.2001 (BGBl. I S. 3443).

6   Vgl. § 7 SGB III i.d.F. des Arbeitsförderungs-Reformgesetz (AFRG) v. 24.3.1997 (BGBl. I S. 594); Gründe der Wirtschaftlichkeit wurden in der Gesetzesbegründung deutlich relativiert, vgl. Bundestag (1996, S. 153; zu § 7 SGB III).

7   Was insb. im Rahmen des SGB II relevant ist, vgl. § 48b Abs. 1 S. 1 Nr. 1 SGB II zur Zielvereinbarung zwischen BA und Bundesministerium für Arbeit und Soziales (BMAS).

(Eigenbemühungen)", so § 138 Abs. 1 Nr. 2 SGB III. Wer Förderleistungen ablehnt, bei denen es ihm oder ihr nicht hinreichend um die eigene Person geht, sieht sich in der Gefahr, fehlende Eigenbemühungen vorgehalten zu bekommen und seinen Arbeitslosengeldanspruch zu verlieren. Wie kann aber sichergestellt werden, dass die eigene Person in den Abwägungsprozessen, um die es bei Ermessensentscheidungen geht, zu Genüge vorkommt?

3.2   Ein Blick in das SGB II: unbestimmte Rechtsbegriffe

Vergleichbare Probleme gibt es auch im Bereich des SGB II. Hier geht es weniger um Ermessensansprüche, weil, wie dargelegt, nach Ansicht des Bundesverfassungsgerichts gesetzliche Ansprüche vorzusehen sind. Indes ist – auch – das SGB II gespickt mit unbestimmten Rechtsbegriffen, die man auch synonym unbestimmte Gesetzesbegriffe nennt. Es gibt praktisch keinen Bereich – von der Definition des verwertbaren Einkommens und Vermögens über die Kosten der Unterkunft (KdU)[8] bis hin zu den Leistungen der Bildung und Teilhabe –, der frei von unbestimmten Gesetzesbegriffen wäre. Leider kommt es permanent auf eben diese Begriffe bei der Gesetzesanwendung an. Strukturell erweisen sich die unbestimmten Rechtsbegriffe als Delegation des Gesetzgebers an die Verwaltung – und im Falle des Rechtsstreits – als Delegation auch an die Gerichte; sie – Exekutive, ggf. auch Judikative – sollen das vage Gesetzesprogramm konkretisieren (Schuppert 2002, S. 49 f.). In der Theorie ist gegen eine solche, auch unter Gewaltenteilungsgesichtspunkten naheliegende Abschichtung der Rechtskonkretisierung nichts einzuwenden, denn es steht außer Frage, dass der Gesetzgeber nicht jedes Detail regeln kann. In der Praxis aber stellt sich die Frage, wie z. B. die Vokabel „angemessen", die permanent im SGB II verwandt wird,[9] konkretisiert wird, also welche Kriterien hier warum relevant oder nicht relevant werden. Wie kann sichergestellt werden, dass nicht fiskalische oder auf die Funktionslogik einer Verwaltungsbürokratie abzielende Kriterien dominieren, und zwar auf Kosten der Hilfesuchenden? Dass das gerade im Bereich des SGB II nicht nur ein theoretisches, sondern ein eminent praktisches Problem ist,

---

8   Beispielhaft zur Bedeutung der Verwaltungsvorschriften für die KdU: Rixen (2012, S. 219 f., 303 ff).

9   S. etwa § 11b Abs. 1 S. 1 Nr. 3, § 12 Abs. 3 S. 1 Nr. 1-Nr. 5, § 12 Abs. 3 S. 2, § 16c Abs. 1 S. 1, Abs. 3 S. 1, § 16d Abs. 7 S. 1, § 21 Abs. 5, § 22 Abs. 1, § 28 Abs. 5, § 29 Abs. 2 S. 4 SGB II.

belegt die Vielzahl erfolgreicher Gerichtsverfahren,[10] die Auslegungspraktiken der Verwaltung als rechtswidrig verwerfen.

4 Die Selbstverwaltung als Garantin einer problemangemessenen Rechtsanwendung

Jenseits aller demokratietheoretischen Implikationen (siehe dazu die Beiträge von *Margarete Schuler-Harms* und *Felix Welti*) soll Selbstverwaltung in der BA m.E. daran mitwirken, dass die Achtung, auf die Arbeitsuchende einen Anspruch haben, real erfahrbar wird. Das hat nichts mit Humanitätsduselei zu tun, sondern ist Verfassungsauftrag. Hierbei gibt der Gesetzgeber allgemeine Direktiven, insbesondere die Vorschriften des SGB III vor, deren Feinsteuerung er der BA als Behörde einerseits, aber auch der Selbstverwaltung in der BA andererseits aufgibt. Ich meine, die Feinsteuerung des Gesetzes seitens der Selbstverwaltung sollte ausgebaut werden, damit die Responsivität, die Abbildung der Interessen derer, um die es geht – der Arbeitsuchenden – noch besser gelingen kann. Dazu zwei Überlegungen, die über das geltende Gesetz hinausgehen, was angesichts des Reformbedarfs, der im Titel unseres Workshops annonciert ist,[11] nicht verwundern wird (dazu auch: Rixen 2014b).

4.1 Integrierte Arbeitsmarktregulierung: Selbstverwaltung im SGB III und im SGB II

Erstens: Ich glaube, dass wir über eine integrierte Arbeitsmarktregulierung nachdenken müssen, die die Selbstverwaltung des SGB III auf das SGB II erstreckt. D.h., die Rolle der Selbstverwaltung als Scharnier zwischen sozialer Grundsicherung (SGB II) und Arbeitslosenversicherung (SGB III) muss gestärkt werden. Die soziale Selbstverwaltung in der BA hat damit zu kämpfen, dass das traditionelle System der Arbeitslosenversicherung („Arbeitsförderung") in der aktuellen Arbeitsmarktregulierung fast zu einer Randnotiz geworden ist. An die Stelle der Arbeitslosenversicherung ist vielfach das SGB II-System (vulgo: „Hartz IV") getreten, letzteres hat die Hauptrolle übernommen. Das führt zu einer Verschiebung der Einflusszonen der sozialen Selbstverwaltung. Im „Hartz IV"-Bereich ist die Sozialverwaltung

---

10 Näheres zu Widersprüchen und Klagen im SGB II unter https://statistik.arbeitsagentur. de.

11 „Zukunft der Selbstverwaltung – Responsivität und Reformbedarf".

bislang praktisch außer Kraft gesetzt: Sie wurde von allen Fragen des SGB II, für die die sogenannte Fachaufsicht gilt (§ 371 Abs. 4 SGB III i.V.m. § 47 Abs. 1 S. 1 SGB II), ausgeschlossen – ein rechtstechnischer Kniff, unauffällig, aber wirksam. Die örtlichen Beiräte (§ 18d SGB II) sind faktisch zu einem bescheidenen Selbstverwaltungsimitat im Bereich der Grundsicherung für Arbeitsuchende degradiert geworden. Zwar lässt sich durch dichte informelle Interaktion vor Ort auch bei der Grundsicherung für Arbeitsuchende manches bewegen, aber das Fehlen klarer und starker Kompetenzen mindert die Gestaltungschancen doch erheblich. Selbstverwaltung unter den Bedingungen von „Hartz IV" droht vielfach zum dekorativen Anhängsel ohne große Durchschlagskraft zu werden.

Dies wird sich nur ändern, wenn die soziale Selbstverwaltung konsequent die Perspektive eines ungeteilten Sozialrechts der Arbeitsmarktregulierung einnimmt. SGB II und SGB III lassen sich rechts- und finanzierungstechnisch unterscheiden, analytisch und sozialpolitisch dürfen sie nicht getrennt werden! Es handelt sich um einen normativ-organisatorischen Gesamtkomplex der Arbeitsmarktregulierung, der über vielfältige personelle, fachliche und handlungspraktische Verbindungen zusammengehalten wird. Dies sollte für die Frage, wie die soziale Selbstverwaltung im Bereich der Arbeitsmarktregulierung organisiert wird, Folgen haben. Eine Stärkung der Selbstverwaltung in der BA ist ohne eine Stärkung – und das heißt: erstmalige Anerkennung – der Selbstverwaltung im Bereich der Grundsicherung für Arbeitsuchende nicht denkbar.

Das ist auch verfassungsrechtlich möglich. Zu gerne wird der pauschale Verweis auf das Verfassungsrecht genutzt, um (sozial-)politisch Unerwünschtes von vornherein zu delegitimieren. In seinem Urteil vom 7. Oktober 2014 hat das Bundesverfassungsgericht verdeutlicht, wie weit die Gesetzgebungsbefugnis des Art. 91e Abs. 3 GG reicht, die die Ausgestaltung der Grundsicherung für Arbeitsuchende (SGB II) betrifft. Das Bundesverfassungsgericht spricht von einem „umfassenden und weit zu verstehenden Gesetzgebungsauftrag zugunsten des Bundes" (Bundesverfassungsgericht 2014b, Leitsatz 4, näher: Rn. 120 ff.). Damit ist der Bundesgesetzgeber auch berechtigt, das SGB II-System um starke Selbstverwaltungselemente zu ergänzen – wenn er es denn politisch will.

4.2 Verwaltungsvorschriften (exekutivisches Recht) als Aufgabe der Selbstverwaltung

Zweitens: Vor dem Hintergrund dieser integrierten Perspektive auf SGB II und SGB III ist es nötig, die Rolle der Selbstverwaltung als Normgeber zu stärken. Schon jetzt heißt es in der Satzung der BA, der Verwaltungsrat sei das Überwachungs-,

Beratungs- und Legislativorgan der BA (Art. 3 Abs. 1 S. 1 der BA-Satzung). Richtigerweise konzentriert sich die Tätigkeit des Verwaltungsrates auf eine im SGB III und in der BA-Satzung näher definierte Überwachungs- und Beratungstätigkeit. Die legislative Rolle lässt sich vor allen Dingen an den Normen ablesen, die den Verwaltungsrat ermächtigen, für bestimmte Fördermaßnahmen Anordnungen zu erlassen, also abstrakt generelle Regelwerke mit Bindungswirkung auch gegenüber den Betroffenen. Könnte die Selbstverwaltung ihre Gestaltungschancen hier noch stärker nutzen? Diese Frage stellt sich auch mit Blick auf die Anordnungsbefugnisse im Bereich des eigentlichen Versicherungsrechts, wo es zum Beispiel um Anordnungen über die Eigenbemühungen von Arbeitslosen beziehungsweise deren Verfügbarkeit geht. Will man die Selbstverwaltung stärken, sollte man ihre Kompetenzen im Bereich der Anordnungsbefugnisse ausbauen. Aber das alleine reicht nicht.

Insbesondere für den Bereich des SGB II muss der Einfluss der Selbstverwaltung auf die sogenannten fachlichen Hinweise gestärkt werden. Gemeint sind damit die Verwaltungsvorschriften (Durchführungsanweisungen), die die Umsetzung der Sozialgesetze steuern. Aufgrund der vielen Auslegungs- bzw. Ermessensspielräume, welche die Vorschriften des SGB II (aber auch das SGB III) eröffnen, haben die fachlichen Hinweise vielfach eine faktisch gesetzesvertretende oder -ersetzende Funktion. Von ihnen hängt wesentlich ab, was vom Sozialleistungsgesetz am Ende bei den Betroffenen ankommt. Wenn aber die Gesetze derartige Interpretationsspielräume lassen, dann stellt sich die Frage, wem der Gesetzgeber sie zur Ausfüllung überlässt. Dies kann die BA als administrativ-gesetzesvollziehende Behörde sein, oder es können die Selbstverwaltungsorgane der BA sein, die bei der Konkretisierung vager Normtexte dafür sorgen, dass die Perspektive der Betroffenen noch stärker als bislang zur Geltung kommt. Wer die Selbstverwaltung – den Verwaltungsrat einerseits, aber auch die Verwaltungsausschüsse vor Ort – nicht effektiv in die Formulierung der Verwaltungsvorschriften einbindet, verhindert, dass Responsivität, d. h. die Abbildung der Lebenswelten der Betroffenen, real spürbar wird und muss sich dann fragen lassen, warum er (oder sie) das politisch nicht will.

5 Bleibende Aufgabe: Sicherung der Rechtssubjektivität arbeitsuchender Menschen durch die Selbstverwaltung in der BA

Ich bin damit am Schluss meiner Überlegungen angelangt. Ich habe versucht zu zeigen, dass Rechtssubjektivität sich in den Strukturen der Rechtsnormen niederschlagen bzw. ausdrücken muss. Ermessen und unbestimmter Rechtsbegriff mögen notwendige Mittel der administrativ-bürokratischen Rechtsanwendung sein, aber sie sind zugleich Gefahren für die Aktualisierung dessen, was Rechtssubjektivität ausmacht: Achtung, Anerkennung, Wertschätzung real auch gegenüber dem Hilfe administrierenden Staat zu erfahren – auch und gerade in der Grenzsituation gefährdeten Selbstbewusstseins, zu denen die Arbeitslosigkeit gehört. Nach dem treffenden Wort *Charles Taylors* sind „die Institutionen [...] einer Gesellschaft [...] eine Art Sprache, in der ihre fundamentalen Ideen zum Ausdruck kommen." (Taylor 1983, S. 500; dazu Rixen 2015, S. 305) Zu diesen Institutionen gehören auch die Institutionen der Arbeitsmarktregulierung, gehört auch die Selbstverwaltung der BA. Ihre verstärkte Einbindung in die Konkretisierung von SGB II und SGB III könnte genau jene Sprache sein, an der es bislang im Gespräch mit arbeitsuchenden Menschen vielfach fehlt.

Literatur

Beck, U. 1986. *Risikogesellschaft: Auf dem Weg in eine andere Moderne.* Frankfurt a. M.: Suhrkamp.
Bundestag 1996. Entwurf eines Gesetzes zur Reform der Arbeitsförderung (Arbeitsförderungs-Reformgesetz – AFRG). *Verhandlungen des Deutschen Bundestages – Anlagen zu den stenographischen Berichten (Bundestagsdrucksachen 13. Wahlperiode)* Bd. 559 (1996): BT-Drs 13/4941.
Bundestag 2001. Entwurf eines Gesetzes zur Reform der arbeitsmarktpolitischen Instrumente (Job – AQTIV – Gesetz). *Verhandlungen des Deutschen Bundestages – Anlagen zu den stenographischen Berichten (Bundestagsdrucksachen 14. Wahlperiode)* Bd. 682 (2001): BT-Drs 14/6944.
Bundesverfassungsgericht 1998. Urteil vom 01.07.1998 – 2 BvR 441, 493/90, 618/92, 212/93 und 2 BvL 17/94. *Entscheidungen des Bundesverfassungsgerichts* Bd. 98 (1999): 169-218.
Bundesverfassungsgericht 1999. Beschluss vom 27.04.1999 – 1 BvR 2203/93, 1 BvR 897/95. *Entscheidungen des Bundesverfassungsgerichts* Bd. 100 (1999): 271-288.
Bundesverfassungsgericht 2001. Beschluss vom 03.04.2001 – 1 BvL 32/97. *Entscheidungen des Bundesverfassungsgerichts* Bd. 103 (2001): 293-309.
Bundesverfassungsgericht 2002. Beschluss vom 24.03.2002 – 2 BvR 2175/01. *Neue Juristische Wochenschrift,* Jahrgang 2002: 2023-2025.
Bundesverfassungsgericht 2006. Beschluss vom 11.07.2006 – 1 BvL 4/00. *Entscheidungen des Bundesverfassungsgerichts* Bd. 116 (2007): 202-228.
Bundesverfassungsgericht 2007. Kammerbeschluss vom 20.03.2007 – 1 BvR 1047/05. *Kammerentscheidungen des Bundesverfassungsgerichts* Bd. 10 (2008): 450-463.
Bundesverfassungsgericht 2010. Urteil vom 09.02.2010 – 1 BvL 1/09, 1 BvL 3/09, 1 BvL 4/09. *Entscheidungen des Bundesverfassungsgerichts* Bd. 125 (2010): 175-260.

Bundesverfassungsgericht 2014a. Beschluss vom 23.07.2014 – 1 BvL 10/12, 1 BvL 12/12, 1 BvR 1691/13. *Neue Juristische Wochenschrift* Jahrgang 2014: 3425-3434.

Bundesverfassungsgericht 2014b. Urteil vom 07.10.2014 – 2 BvR 1641/11. *Neue Zeitschrift für Sozialrecht* Jahrgang 2014: 861-868.

Gallie, W. B. 1956. Essentially Contested Concepts. *Proceedings of the Aristotelian Society* Vol. 56 (1956): 167 ff.

Gallie, W.B. 1968. *Philosophy and the Historical Understanding*. Chatto and Windus. 2. Aufl.

Rixen, S. 2006. Würde des Menschen als Fundament der Grundrechte. In *Handbuch der Europäischen Grundrechte*, hrsg. S. Heselhaus, C. Nowak, u. a., 335-361. München: Beck.

Rixen, S. 2008. Erwerbsfähigkeit als Normalität. Zum Normalisierungspotenzial eines zentralen Ordnungsbegriffs. *Archiv für Wissenschaft und Praxis der sozialen Arbeit* Jahrgang 2008: 46-52.

Rixen, S. 2012. Gutachten Bestandsaufnahme zur Situation der Frauenhäuser, der Fachberatungsstellen und anderer Unterstützungsangebote für gewaltbetroffene Frauen und deren Kinder. Teil II: Probleme des geltenden Rechts und verfassungsrechtlicher Gestaltungsrahmen. In: *Verhandlungen des Deutschen Bundestages – Anlagen zu den stenographischen Berichten (Bundestagsdrucksachen 14. Wahlperiode)* Bd. 987 (2012): BT-Drs 17/10500: 201-254.

Rixen, S. 2013a. Arbeitslosenversicherung (als Teil der Arbeitsförderung). In *Besonderes Verwaltungsrecht – Kommunalrecht, Haushalts- und Abgabenrecht, Ordnungsrecht, Sozialrecht, Bildungsrecht und Recht des öffentlichen Dienstes*, 3. Aufl., hrsg. D. Ehlers, M. Fehling, H. Pünder, Bd. 3: 1037-1046. Heidelberg: C. F. Müller.

Rixen, S. 2013b. Kommentierung zu § 10 SGB II. In *SGB II, Grundsicherung für Arbeitsuchende, Kommentar*, 3. Aufl., hrsg. W. Eicher, München: Beck.

Rixen, S. 2014a. Sozialrecht und allgemeines Verwaltungsrecht – Zukunftsaufgaben der Sozialrechtswissenschaft als Verwaltungsrechtswissenschaft. In *Grundlagen und Herausforderungen des Sozialstaates - Denkschrift 60 Jahre Bundessozialgericht*, hrsg. P. Masuch, W. Spellbrink, U. Becker, S. Leibfried, 351-369. Berlin: Erich Schmidt Verlag.

Rixen, S. 2014b. Gastbeitrag: Hat die Selbstverwaltung in der BA eine Zukunft? *IAB-Forum* Jahrgang 2014, Heft 2: 100-105.

Rixen, S. 2015. Gestaltung des demographischen Wandels als Verwaltungsaufgabe. In *Veröffentlichungen der Vereinigung der deutschen Staatsrechtslehrer (VVDStRL)* Bd. 74 (2015): 293-350.

Schmidt-De Caluwe, R. 2005. Zur Erosion der subjektiven Rechtsstellung des Einzelnen im Sozialrecht. In *Selbstbestimmung und Gemeinwohl – Festschrift zum 70. Geburtstag von Professor Dr. Friedrich von Zezschwitz*, hrsg. M. Aschke, F. Hase, R. Schmidt-De Caluwe, 263-289. Baden-Baden: Nomos Verlagsgesellschaft.

Schuppert, G. F. 2002. Gemeinwohl, das – Oder: Über die Schwierigkeiten, dem Gemeinwohlbegriff Konturen zu verleihen. In *Gemeinwohl – auf der Suche nach Substanz*, hrsg. G. F. Schuppert, F. Neidhardt, 19-64. Berlin: Ed. Sigma.

Taylor, C. 1983. *Hegel*. Frankfurt a. M.: Suhrkamp.

Partizipation und Responsivität
Zum Ausbau sozialpartnerschaftlicher Selbstverwaltung in den Sozialversicherungen

Eva M. Welskop-Deffaa

1 Was ist und wofür brauchen wir Selbstverwaltung in den Sozialversicherungen?

Fragt man einen gestandenen Gewerkschaftssekretär, dann ist es eigentlich ganz einfach: Arbeitnehmer und Arbeitnehmerinnen sind über ihre Beitragszahlungen „Eigentümer" der gesetzlichen Sozialversicherungen; und Selbstverwaltung bildet in den Sozialversicherungen die Strukturen, mit denen die Gestaltungsrechte der Eigentümer gewährleistet und konkretisiert werden. „Selbstverwaltung garantiert die Staatsferne der Sozialversicherungen. Der Laden gehört uns", erläutert kurz und bündig Rolf B., ein Kollege, der es wissen muss. Für ihn gilt: Arbeitnehmer und Arbeitnehmerinnen finanzieren die Sozialversicherungen und Gewerkschaften tragen als organisierte Arbeitnehmervertretung die wesentliche Verantwortung in den Strukturen der sozialen Selbstverwaltung – mit den Arbeitgebervertretern als Co-Finanziers und natürlichen Partnern in der Selbstverwaltung.

Was in den Augen des altgedienten Gewerkschaftssekretärs ganz einfach und selbstverständlich ist[1], hat in den letzten 40 oder 50 Jahren allerdings außerhalb (und

---

[1] Auch wissenschaftlich lässt sich die alte Gewissheit ins Wort fassen: „Im bismarckschen Sozialversicherungsmodell bestand immer ein enger Konnex zwischen Versichertenkreis, Finanzierung und Steuerung durch selbstverwaltete Sozialversicherungsträger.", so die Einführung von Klenk et al. (2012, S. 9). Allerdings werden die alten Gewissheiten über die Selbstverwaltung von sozialpolitischen Dynamiken mit erfasst, so dass eine neue Vergewisserung über Aufgaben, Funktionen und Organisation der Selbstverwaltung unabdingbar erscheint. „Es gibt hinreichend Anlass zur Vermutung, dass nicht nur die Finanzierung, der Zugang zu und die Struktur von Leistungen im bismarckschen Wohlfahrtsstaat im Wandel begriffen sind, sondern dass auch die Dimension der Organisation und Verwaltung der Sozialversicherungen unter Druck geraten ist." (Klenk et al. 2012, S. 8).

innerhalb) von Gewerkschaften und Selbstverwaltungen sukzessive an Plausibilität und Selbstverständlichkeit verloren. Aus der Tatsache der Beitragszahlung allein wollen Beschäftigte und Politik nicht automatisch die Notwendigkeit einer sozialen Selbstverwaltung ableiten, die Rolle der Gewerkschaften als Bevollmächtigte der Beitragszahler ist manch einem Beschäftigten nicht unhinterfragt nachvollziehbar.

Längst hat sich ein hoher Staatszuschuss zu den Sozialversicherungen neben der Beitragsfinanzierung in den meisten Zweigen der Sozialversicherung etabliert. Staatsferne ist nur noch bedingt erfahrbar, wo der Gesetzgeber Leistungskataloge und Beitragssätze immer detaillierter festlegt. Und mit schwankendem Organisationsgrad wird die Vertretung der Beschäftigteninteressen durch die Gewerkschaften oft weniger denn mehr als „normal" erlebt.

Es ist daher richtig und notwendig eine Standortbestimmung vorzunehmen und über eine Revitalisierung nachzudenken – über eine Revitalisierung der sozialen Selbstverwaltung selbst, über eine Revitalisierung des Wissens über Selbstverwaltung und über eine Revitalisierung des gewerkschaftlichen (Selbst)verständnisses in einer sozialpartnerschaftlich strukturierten sozialen Selbstverwaltung.

2   Was ist gute Sozialverwaltung im Sozialstaat?

Gute öffentliche Verwaltung ist eine der wesentlichen Ressourcen unseres Wohlstands und unseres wirtschaftlichen Erfolgs. In einer gelegentlich verqueren Debatte über „Weniger Staat – mehr Markt" haben wir uns in Deutschland jahrelang den Luxus geleistet diese Wahrheit zu übersehen (Welskop-Deffaa 2014, S. 3).

Im internationalen Diskurs, in den Vereinten Nationen, ist die Bedeutung guter öffentlicher Verwaltung für die wirtschaftliche Entwicklung allerdings konsequent im Blick: Die Division for Public Administration and Development Management der UN beschäftigt sich sehr intensiv mit „good governance" als Voraussetzung nachhaltiger Entwicklung. Ein exzellenter öffentlicher Sektor, weitgehend frei von Korruption und unabhängig von Nepotismus, schafft die Voraussetzungen für private Innovationen und persönliche Leistungsbereitschaft, so die Essenz ihrer Botschaften.

Das Wissen um die Bedeutung guter öffentlicher Verwaltung hat in Deutschland eine alte Tradition, an die wir im Grunde nicht erst von außen erinnert werden müssten. Die Verwaltung, so Lorenz von Stein, einer der bedeutenden deutschen Staatsrechtslehrer des 19. Jahrhunderts, ist „der *tätige* Staat" (von Stein zit. nach Welti 2013, S. 1). Ohne gute Verwaltung bleibt der Staat zur Untätigkeit verdammt.

Gerade der Sozialstaat braucht neben guter Sozialgesetzgebung unabdingbar gute Sozialverwaltung – in den Sozialämtern der Kommunen ebenso wie in den

Sozialversicherungen –, damit die Leistungen, die gewährt werden sollen, bei den Begünstigten verlässlich ankommen. Der Sozialstaat braucht eine Verwaltung, die sich am Maßstab des Artikel 20 Grundgesetz ebenso messen lassen muss wie die Gesetzgebung.

Gute Gesetzgebung garantiert aus sich heraus nicht von allein, dass beim Bürger und bei der Bürgerin die Leistungen ankommen, die der Gesetzgeber ihnen zugedacht hat. Defizite und Widersprüche zwischen politischem Anspruch und dem Handeln der öffentlichen Verwaltung können entstehen, indem Beschäftigte in der Sozialverwaltung dem Buchstaben und/oder dem Geist des Gesetzes zuwider handeln. Für die Hilfebedürftigen, für die BürgerInnen, die sich in einer der sozialen Risikosituationen befinden, für die das Sozialrecht ihnen Ansprüche ausdrücklich schafft, um Verarmung und Absturz zu vermeiden, ist es im konkreten Fall meist schwer zu erkennen, ob ihnen Leistungen verwehrt werden, weil das Gesetz sie nicht vorsieht, weil die Verwaltung ihr Ermessen (allzu streng) ausübt oder weil die Verwaltung gar gesetzeswidrig Ansprüche zu Unrecht verwehrt.

Gute Sozialverwaltung ist also wesentliche Voraussetzung dafür, dass die BürgerInnen zu ihren sozialen Rechten kommen – nicht nur, indem sie bestehende gesetzliche Ansprüche gewährt, sondern darüber hinaus, indem sie die Gesetzgebung „im Bewusstsein der Wirklichkeit" (Welti 2013, S. 7), im Wissen um die Lebenswirklichkeiten der Menschen, gut und effektiv ausfüllt.

„Es kann nicht genügen, dass die Verwaltung den Willen des Staats einseitig ausführe, sie muss vielmehr, *indem sie das wirkliche Dasein in sich aufnimmt*, die Gesetzgebung erfüllen" (von Stein zit. nach Welti 2013, S. 7; Hervorhebung WeDe). Gute Verwaltung, gute Sozialverwaltung zumal, zeichnet sich durch vertiefte Kenntnis der sozialen Wirklichkeit aus, die den Einzelfall im Lichte der abstrakten Gesetzesnorm sachgerecht zu würdigen erst ermöglicht.

Der hohe Anspruch an die Versicherten- und Wirklichkeitsnähe der Verwaltung, der sich in den zitierten Formulierungen des Handbuchs der Verwaltungslehre und des Verwaltungsrechts ausdrückt, findet sich im Anforderungskatalog der Vereinten Nationen unter neuen Begriffen wieder. Partizipation, Rechtsstaatlichkeit (following the Rule of Law), Transparenz und Responsivität bilden den einleitenden Vierklang unter den acht Eigenschaften, durch die sich der UN zufolge „good governance" auszeichnet (United Nations Development Programme zit. nach Rondinelli 2007, S. 7f.):

1. Partizipation
2. Rechtsstaatlichkeit
3. Transparenz
4. Responsivität

5. Konsensorientierung
6. Chancengleichheit und Inklusion
7. Effizienz und Effektivität
8. Rechenschaftspflicht

Verwaltung muss ihre eigenen Institutionen und Prozesse kontinuierlich daraufhin überprüfen, ob sie den Anforderungen an gute Verwaltung (weiter) genügt: „Underlying the United Nations' conception of good governance is the need for governments to reinvent themselves in order to conform to the basic characteristics of good governance and to enhance their capacity to work effectively [...]" (Rondinelli 2007, S. 7). Für gute Verwaltung in den Sozialversicherungen gilt das in gleicher Weise.

Bei der „Neuerfindung" guter Sozialverwaltung und der Frage nach Aufgaben und Bedeutung der Selbstverwaltung für gute Verwaltung in den Sozialversicherungen lässt vor allem die „Dopplung" aufmerken, die sich im Kriterienkatalog der UN hinter den Anforderungen 1 und 4 verbirgt: Partizipation und Responsivität. Auf den ersten Blick scheint zwischen diesen Erfordernissen kein großer Unterschied zu bestehen. Der zweite Blick allerdings macht deutlich, wie der Anspruch an responsives Verwaltungshandeln den Anspruch auf Partizipation ergänzt und erweitert. Partizipation, so erläutert es die UN, beschreibt das Recht aller Frauen und Männer direkt oder über intermediäre Institutionen ihre Interessen bei der Entscheidungsfindung zu Gehör zu bringen. Responsivität formuliert (komplementär) die Anforderung an gute Verwaltungen, ihre Institutionen und Prozesse so zu gestalten, dass sie aktiv darauf ausgerichtet sind, den „Stakeholdern" zu *dienen*. Eine responsiv aufgestellte Verwaltung gewährleistet aufgrund eigener institutioneller Sicherungsmechanismen bürgernahes Entscheiden der Verwaltung auch da, wo Berechtigte – auf Grund welcher Umstände auch immer – ihre Interessen selbst nicht einfordern. Institutionen und Prozesse der Verwaltung sind unter den Vorzeichen von Responsivität so zu gestalten, dass aktive Nähe zur Wirklichkeit der Bürgerinnen und Bürger gesichert ist. Responsives Verwaltungshandeln in den Sozialversicherungen gewährleistet *aktive Nähe* zu den verschiedenen Versicherten, umfassende Berücksichtigung ihrer unterschiedlichen Interessen, die sich je nach sozialer Lage, Alter, Geschlecht, Gesundheitszustand, Erwerbsstatus... erheblich unterscheiden können.

Es geht bei Responsivität im Verwaltungshandeln der Sozialversicherung um das offene Ohr für die Belange der Versicherten, es geht darum, ihre Lebenssituation umfassend wahrzunehmen und aktiv auf sie zu reagieren. Gefordert ist seismographische Aufmerksamkeit.

Genau diese Anforderung an gutes Verwaltungshandeln löst in der Verwaltung der Sozialversicherungen in Deutschland die Selbstverwaltung institutionell und

strukturell ein. Als Teil der Verwaltung der Sozialversicherungen ergänzt ehrenamtliche Selbstverwaltung die Arbeit hauptamtlicher Verwaltungsangestellter
dadurch, dass sie Erfahrungen aus der Lebenswelt derer transportiert, für die die
Verwaltung der Sozialversicherungen handeln und Entscheidungen treffen muss.[2]
Selbstverwaltung steht in herausgehobener Weise für das „wirkliche Dasein" der
verschiedenen Versicherten, repräsentiert ihre Interessen in ihrer Vielfalt. Selbstverwaltung ist struktureller Garant von Responsivität im Verwaltungshandeln der
Sozialversicherungen.

3 Welche Funktionen erfüllt gute Selbstverwaltung in den verschiedenen Zweigen der Sozialversicherung?

Über ihre Strukturen und Gremien unterstützt die Selbstverwaltung aktiv die Nähe
der Sozialversicherungen zu den Versicherten. Beitragszahler und Beitragszahle-
rinnen können über ihre Selbstverwalter gute Verwaltung in den Sozialversicherungen – von der Rentenversicherung bis zur Arbeitslosenversicherung – mitge-
stalten. Die Art und Weise, wie sich dies konkret vollzieht, ist in allen Zweigen der
Sozialversicherung unterschiedlich. Früh haben sich die konkreten Formen des
Zusammenspiels von Haupt- und Ehrenamt, Sozialpartnern und Vertretern der
öffentlichen Hand in paritätischer oder tripartistischer Selbstverwaltung ebenso
wie die Benennungs- und Legitimationsverfahren in den verschiedenen Zweigen
der Sozialversicherung ausdifferenziert. Auch wenn in der Weimarer Republik die
sozialpartnerschaftliche Verortung der Selbstverwaltung gestärkt und einheitlich
zum gemeinsamen Strukturmuster der sozialen Selbstverwaltung wurde, bleiben
historische Pfadunterschiede unübersehbar.

> „Die soziale Selbstverwaltung erhielt mit Art. 161 eine verfassungsrechtliche Grundlage
> in der Weimarer Reichsverfassung. Darüber hinaus traten 1927 Reformen in Kraft,
> die die Selbstverwaltung mit dem kollektiven Arbeitsrecht verknüpften und sie als
> korporatistische Institution begründeten. Zur Aufstellung der Vorschlagslisten für
> die Sozialwahlen waren von nun an vor allem die tariffähigen Gewerkschaften und
> Arbeitgeberverbände berechtigt." (Klenk et al. 2012, S. 66)

---

2 Wie SelbstverwalterInnen mit „offenem Ohr" in der lebensweltlichen Wirklichkeit der
   Versicherten unterwegs sind und auf diese Weise zu einer sachgerechten Bearbeitung
   von Aufgaben der Sozialversicherung beitragen, zeigt anschaulich der Animationsfilm
   über Viola, die Versichertenälteste: https://arbeitsmarkt-und-sozialpolitik.verdi.de/
   ueber-uns/nachrichten/++co++d2cf62f2-5450-11e4-8bba-525400a933ef

Jenseits aller Unterschiede im Detail lassen sich die Aufgaben der sozialen Selbstverwaltungen in Deutschland zu vier, respektive fünf Funktionen zusammen fassen. SelbstverwalterInnen übernehmen stellvertretend für die Versicherten Mitwirkungsaufgaben

- in der *Kontrolle der Geschäftsführung* (Kontroll- und Impulsfunktion – vergleichbar einem Aufsichtsrat)
- in der *direkten Mitentscheidung über wichtige Grundsatzfragen,* (darunter insbesondere auch bei der *Bestellung hauptamtlicher Führungskräfte)*
- in der Einzelfallprüfung in den *Widerspruchsausschüssen* und
- in der *Beratung der Versicherten* durch „Versichertenälteste".

Wer Selbstverwaltung versteht als Garant von Responsivität wird aufmerksam für alle Funktionen von Selbstverwaltung in der Sozialversicherung. Es geht nicht nur um Teilhabe an der Exekutive der Sozialversicherung, also um das, was z. B. in der Rentenversicherung traditionell im Vorstand verankert wurde. Es geht auch und zunehmend um Kontrolle der Verwaltung, um Wahrnehmung der Aufsichts- oder „Aufsichtsrats"-funktion, auf die seit den Reformen in den ersten Jahren nach der letzten Jahrhundertwende der Verwaltungsrat der Bundesagentur für Arbeit stark ausgerichtet ist. Hier liegen Entwicklungsperspektiven der Selbstverwaltung, für die sie qualifiziert und entsprechend ausgestattet werden muss, um in Zukunft ihre Steuerungsfunktion optimal ausfüllen zu können.

In der Arbeitsverwaltung fehlen einige der genannten Gestaltungsmöglichkeiten der Selbstverwalter – es gibt keine Widerspruchsausschüsse, ebenso wenig Versichertenälteste (dazu auch unten 6.). Die Einzelfallprüfungen in den Widerspruchsausschüssen mit ihrer umfassenden Berücksichtigung der konkreten Fallkonstellation gewährleisten in anderen Zweigen der Sozialversicherung eine unmittelbare Überprüfung der Wirklichkeitsnähe des Verwaltungshandelns. Gerade dann, wenn die aus den Einzelfällen sichtbar werdenden Problemlagen von den Mitgliedern der Widerspruchsausschüsse an die Aufsichts- und Entscheidungsgremien der Selbstverwaltung (in zusammenfassenden Berichten) gut weiter gegeben werden, fördern Widerspruchsausschüsse in hohem Maße die Einlösung der Responsivitäts-Erwartung. Das gleiche gilt für die Beratung der Versicherten durch die Versichertenältesten und Versichertenberater. Als VersichertenberaterInnen sind Selbstverwalter eine wichtige Brücke zwischen Versicherten und Verwaltung. Da, wo sie eingebunden sind in ein Selbstverwalter-Netz, können ihre Rückmeldungen ein effektives Frühwarnsystem für Verwaltungsprobleme sein.

Die Wahrnehmung der verschiedenen Funktionen der Selbstverwaltung gelingt – dafür sprechen alle Analysen innerhalb des DGB[3] – umso besser, je intensiver sie miteinander verzahnt werden. Die konkreten Fälle aus den Widerspruchsausschüssen sollten Anlass geben für Nachfragen in den Aufsichtsgremien, die Anfragen, mit denen die Versichertenberater konfrontiert sind, sollten bei den Grundsatzentscheidungen in Vorstand/Vertreterversammlung berücksichtigt werden.

Gute Selbstverwaltung, d. h. hohe Funktionalität der Selbstverwaltung setzt ein hohes Maß an Binnen-Transparenz (zwischen den Selbstverwaltungsstrukturen eines Zweigs der Sozialversicherung) und idealerweise auch strukturierte Kommunikation unter den Selbstverwaltern verschiedener Sozialversicherungszweige voraus.[4]

In der Selbstverwaltung der Arbeitsverwaltung sind die Anforderungen an Binnen-Transparenz teilweise beispielhaft, teilweise ungenügend umgesetzt: Im Verwaltungsrat selbst ist durch die Organisation der gesamten Arbeit in nur zwei Ausschüssen, zu denen alle Verwaltungsratsmitglieder und ihre StellvertreterInnen grundsätzlich immer Zugang haben, ein Maximum an Transparenz und Durchlässigkeit geschaffen, das den Verwaltungsrat als Kontrollorgan gegenüber der Verwaltung erheblich stärkt. Zwischen dem Verwaltungsrat der Zentrale und den Verwaltungsausschüssen der Agenturen für Arbeit allerdings gibt es kaum einen institutionalisierten Austausch; die Arbeit der Beiräte bei den Regionaldirektionen befindet sich erst im Aufbau,[5] so dass ihre Zusammenarbeit mit dem Verwaltungsrat und den Ausschüssen vor Ort noch nicht beurteilt werden kann. Besonders ungenügend ist allerdings die Zusammenarbeit mit den Beiräten der Jobcenter, bei deren Ausgestaltung von „Selbstverwaltung" im eigentlichen Sinne nicht gesprochen werden kann.[6]

---

3 Das reflektiert auch DGB (2014).

4 Dazu heißt es im Beschluss des 20. Ordentlichen DGB-Kongresses zur Sozialen Selbstverwaltung (DGB 2014, S. 5): „Das sektorale Denken muss überwunden werden. Dazu wollen wir die trägerübergreifenden Institutionen noch stärker nutzen und deren Vereinbarungen in die Praxis der Träger bringen. Ein wichtiger Beitrag dazu ist, dass der DGB selbst die trägerübergreifende Koordinierung verstärkt und den Raum für Abstimmung und Kooperation erweitert." Gerade im Bereich von Reha-Maßnahmen könnte die strukturierte Kommunikation unter den Selbstverwaltern verschiedener Sozialversicherungszweige wesentliche Impulse für eine versichertennähere und praxisgerechtere Zusammenarbeit der Sozialversicherungen geben.

5 Die Beiräte sind keine voll mandatierten Selbstverwaltungsstrukturen für die mittlere Ebene. Dort wurden die Selbstverwaltergremien 2003 abgeschafft, vgl. Adamy (2006, S. 175).

6 Im Gesetzgebungsverfahren zur „Weiterentwicklung der Organisation der Grundsicherung für Arbeitsuchende" (BT-Drs. 17/1555) meldeten sich im Juni 2010 BDA, ZDH, DGB und ver.di mit einer gemeinsamen Stellungnahme zu Wort, in der sie das in

Die kritische Reflexion über die Funktionen der Selbstverwaltung und ihre Voraussetzungen in der Praxis hat in der Bundesagentur für Arbeit in den letzten zwei Jahren an Fahrt aufgenommen – das Anliegen, die Selbstverwaltung als Kontrollstruktur in ihren Funktionen zu stärken, ist über alle Bänke des Verwaltungsrats hin spürbar, auch wenn die Akzente, die von den verschiedenen VertreterInnen gesetzt wurden, unterschiedlich ausfallen.

Auf Bitten des Verwaltungsrats untersuchte die Interne Revision der Bundesagentur für Arbeit im Jahr 2014 in sechs Agenturen für Arbeit die Tätigkeit der Verwaltungsausschüsse. Wesentliches Ergebnis war, dass die Zusammenarbeit zwischen Agentur und Verwaltungsausschuss von Vertrauen, konstruktivem Umgang und einem breiten Einvernehmen getragen ist. Alle befragten Verwaltungsausschuss-Mitglieder sahen sich als Impulsgeber für die Aufgabenwahrnehmung der Agenturen. Bei der Wahrnehmung der Überwachungs- und Beratungsfunktion wurden allerdings ungenutzte Potenziale sichtbar. Im Kontext der Steuerungslogik der Bundesagentur für Arbeit, die in den vergangenen Jahren stark durch Zielvorgaben der Zentrale geprägt war, war die aktive Nutzung regionaler Gestaltungsspielräume, die trotz aller Vorgaben existierten, durch die Selbstverwaltung in den Verwaltungsausschüssen den Befragungsergebnissen zufolge nicht immer einfach. Die interne Revision regte daher an, Initiativen zur Rollenklärung zu unternehmen, um die Funktionswahrnehmung der Selbstverwaltung zu unterstützen.

Aufsetzend auf diesen Erkenntnissen identifizierte das Büro der Selbstverwaltung in einer eigenen mit VertreterInnen des Verwaltungsrats abgestimmten breit aufgestellten Online-Befragung aller Mitglieder und stellvertretenden Mitglieder der Verwaltungsausschüsse sowie aller Geschäftsführungen Verbesserungspotenziale in der Arbeitsorganisation, die geeignet erscheinen, die Selbstverwaltung in ihrer Funktionswahrnehmung nachhaltig zu stärken. Unterhalb gesetzlicher Änderungen, wie sie durchaus angezeigt zu sein scheinen (s. u.), um die Funktionen der Selbstverwaltung zu stärken, bestehen erkennbar auch *de lege lata* Spielräume zur Stärkung der Selbstverwaltung. Die Chancen, die im operativen Bereich bei der Unterstützung der Selbstverwaltung durch Selbstverwalterbüros und in Bezug auf organisatorische Verbesserungen bestehen, sollten keinesfalls unterschätzt werden. Die online-Befragung ergab konkrete Hinweise: Fast die Hälfte der befragten Verwaltungsausschussmitglieder gab an, dass keine Vorbesprechungen der Gruppen vor Sitzungen stattfinden. Die Frage, ob sie ausreichend in die Planung der Agentur

---

§ 18d kodifizierte Vorhaben, flächendeckend örtliche Beiräte mit beratender Funktion einzurichten, als „völlig unzureichend" kritisierten.

und die Aufstellung des Arbeitsmarktprogramms einbezogen sind, bejahten nur etwas mehr als 50 Prozent der Befragten.

Die vor einigen Jahren erarbeiteten Empfehlungen des Verwaltungsrats zu den Aufgaben der Verwaltungsausschüsse (Bundesagentur für Arbeit 2012, S. 15) sind breit bekannt, werden allerdings nur von etwas mehr als der Hälfte derer, die sie kennen, als hilfreich für die Arbeit in der Selbstverwaltung wahrgenommen.

Der Verwaltungsrat und das Selbstverwalterbüro haben sich auf der Basis dieser Befragungsergebnisse dafür ausgesprochen, zur verbesserten Einbindung der Verwaltungsausschüsse in den Planungsprozess der Agenturen die Planungsprozesse zu entschleunigen. Das Büro der Selbstverwaltung entwickelte unterstützend ein „Begrüßungspaket" für neue Verwaltungsausschuss-Mitglieder, das vor Ort eingesetzt werden soll. Für die Berichterstattung zum regionalen Arbeitsmarkt in den Verwaltungsausschüssen wurde ein adressatengerechtes einheitliches Format für alle Agenturen zur Verfügung gestellt.

Die Befragung der Ausschussmitglieder machte deutlich, dass in Bezug auf Schnittstellenfragen zwischen dem SGB II- und SGB III-Bereich Defizite gesehen werden – bei Verwaltungsausschüssen ebenso wie bei Geschäftsführungen der Agenturen. Nur die Hälfte der Verwaltungsausschuss-Mitglieder bejahte die Frage, ob Schnittstellenfragen (wie Übergabeprozesse, Zusammenarbeit der Träger) im Verwaltungsausschuss behandelt werden.

Der mit den Befragungen angestoßene Prozess der Vitalisierung der Selbstverwaltung erfährt von verschiedener Seite aktuell konkrete Impulse in Bezug z. B. auf Arbeitsplanung, Sitzungsgestaltung und Themenfindung. Gute Verwaltung in der Bundesagentur für Arbeit zu sichern, indem die Nähe der Selbstverwalterinnen zu den Versicherten als Garant responsiven Verwaltungshandelns genutzt wird, ist aktuell im internen Entwicklungsprozess der BA als Ziel unverkennbar eingespeist.

4   Wie sind Selbstverwalter legitimiert? Was zeichnet gute Selbstverwalter aus?

Wenn und weil es mit der Selbstverwaltung darum geht, Responsivität der Sozialversicherung zu gewährleisten, ist die Frage nach der Zusammensetzung und der Arbeitsweise der Selbstverwaltungsorgane, als Frage nach der Legitimation ihrer Tätigkeit durch Wirksamkeit und Ergebnis, von ebenso großer Bedeutung wie die Frage nach der Legitimation ihrer Bestellung durch unterschiedliche Wahl- und Benennungsverfahren.

Theoretisch und praktisch bestätigt sich: *Sozialpartnerschaftlich* strukturierte Selbstverwaltung ist besonders gut geeignet als Garant responsiven Verwaltungshandelns in der Sozialversicherung (gerade auch in der BA) zu fungieren, weil die Sozialpartner (Gewerkschaften und Arbeitgeberverbände) strukturell und komplementär Nähe zu den Beitragszahlern gewährleisten. Indem Gewerkschaften in Betrieben über Vertrauensleute und Mitbestimmungsorgane verankert sind, können sie dort – in der Arbeitswirklichkeit – die Belange der Versicherten in ihrer Diversität „einsammeln". Die Vielfalt der Versicherteninteressen – derer, die Arbeit haben und derer, die gerade arbeitslos sind, derer, die gut verdienen bzw. unbefristet beschäftigt sind und derer, die in prekärer Beschäftigung von Erwerbslosigkeit bedroht sind – bildet sich in der Mitgliedschaft der Gewerkschaften ab.

Gewerkschaften gewährleisten mit ihrer Organisation eine *strukturelle* Nähe zur Arbeits- und Lebenswirklichkeit der Beschäftigten. Mit Betriebs- und Personalräten und mit ihren Mitgliedern sind Gewerkschaften nah an den Arbeitsplätzen der Menschen, sie sind mit Gewerkschaftssekretären im ganzen Land – Erfahrungssammler! In Gewerkschaftsgremien kondensieren sich diese Erfahrungen zu Beschlüssen und Programmen, die gewerkschaftliche Selbstverwalter über ihre persönlichen Erfahrungen hinaus ausstatten und mandatieren.

Auch wenn es strukturell vermutlich keine bessere Umsetzung der Responsivitätsanforderung an Sozialversicherungen gibt als sozialpartnerschaftlich strukturierte Selbstverwaltungen, so wird doch das skizzierte Idealprofil gewerkschaftlicher Nähe zu den Interessen der Versicherten in ihrer ganzen Bandbreite nicht stets und automatisch umgesetzt. Die Erwartung, in der Selbstverwaltung Garant responsiven Verwaltungshandelns zu sein, können Gewerkschaften nur einlösen, wenn sie in ihrer eigenen Arbeit Nähe zu den Mitgliedern tatsächlich gewährleisten und Strukturen schaffen, mit denen sie die Selbstverwalter untereinander und mit den Beschäftigten vernetzen.

Die Organisation von Erwerbslosen, die Vertretung von (Solo-) Selbständigen, die Integration von prekär Beschäftigten…., die Organisation von Auszubildenden, Vollzeit- und Teilzeitbeschäftigten, die Organisation von Frauen und Männern … und die vielfältige Besetzung der Selbstverwaltungsgremien (mit Frauen und Männern, Alt und Jung…) – das zeichnet Gewerkschaften aus, die die Responsivitätsanforderung der Selbstverwalteraufgabe ernst nehmen.

Das Anforderungsprofil guter Selbstverwalter/innen geht daher über formale Anforderungen klar hinaus. Gute SelbstverwalterInnen

- vertreten die Versicherteninteressen *in ihrer Vielfalt* (die Interessen der Gesunden und der Kranken, der Beitragszahler und der Leistungsempfänger, der Arbeitslosen und der Beschäftigten, der Frauen und Männer, der Jungen und Alten….)

- sind unbestechlich
- sind rechenschaftspflichtig
- verfügen über strukturierte Informationen über die Interessen derer, die sie vertreten
- verfügen über strukturelle Ressourcen, um strukturellen Defiziten und Eigeninteressen der Verwaltung, die ihren sozialen Auftrag gefährden könnten, entgegen zu wirken
- sind fachlich und menschlich in der Lage, mit den Spitzen der Sozialversicherungen auf Augenhöhe zu verhandeln.

Sozialwahlen/Direktwahlen, wie sie für die Selbstverwaltung der Arbeitslosenversicherung traditionell nicht vorgesehen sind (zu den Besonderheiten der Selbstverwaltung der BA im Vergleich zu den anderen Trägern der sozialen Sicherung vgl. Adamy 2006, S. 176), sind insofern zurecht vom Gesetzgeber als ein mögliches, aber keinesfalls als ein herausgehobenes Legitimationsverfahren für die Besetzung von Selbstverwalter-Positionen geregelt worden. Ihnen kommt als Legitimations- und Auswahlverfahren guter SelbstverwalterInnen konzeptionell und faktisch eine eher geringe Bedeutung zu; die BA-Selbstverwalter (ohne Wahl) sind erkennbar nicht schwächer legitimiert und nicht weniger durchsetzungsstark als die SelbstverwalterInnen in den anderen drei Zweigen der Sozialversicherung.

Dieser Befund korrespondiert mit der Erkenntnis, dass Selbstverwaltung kein Ersatzparlament für Sozialversicherungen darstellt, sondern Funktionen kollektiver Prozess-Steuerung in der Sozialverwaltung erfüllt, deren Effizienz und Erfolg anhand von Ergebnis-Maßstäben zu beurteilen ist.

Sozialpartnerschaftliche Rückbindung ist als Anforderung an ein Kontroll- und Legitimationsverfahren der SelbstverwalterInnen in ihrer ordnungspolitischen Bedeutung von nicht zu unterschätzendem Gewicht.

5 Welche Rolle kommt Gewerkschaften in der Selbstverwaltung (der Arbeitsverwaltung) zu?

Gewerkschaftliches Engagement in der Selbstverwaltung ist integraler Bestandteil des gewerkschaftlichen Engagements für einen guten Sozialstaat:

- Gewerkschaften nehmen Einfluss auf gute Sozialgesetzgebung (politische Lobbyarbeit).

• Gewerkschaften sichern gute Arbeitsbedingungen für die Beschäftigten in den Sozialversicherungen (betriebliche Mitbestimmung).
• Last but not least: Gewerkschaften machen als *Selbstverwalter/innen* ihren Einfluss geltend für Versichertennähe in der Gesetzeserfüllung durch die Sozialversicherungen.

Diese Einschätzung findet ihre Entsprechung in der ver.di-Satzung. In § 5 heißt es dort (ver.di 2012):

> „1. ver.di bekennt sich zu den Grundsätzen des demokratischen und sozialen Rechtsstaats. […] ver.di ist den Prinzipien der Einheitsgewerkschaft verpflichtet.
> 2. ver.di vertritt und fördert die wirtschaftlichen und ökologischen, die sozialen, beruflichen und kulturellen Interessen ihrer Mitglieder im In- und Ausland. ver.di setzt sich für […] die Verwirklichung und Weiterentwicklung einer demokratischen und sozialen Gesellschaftsordnung ein. […]
> 3. Zur Erreichung dieser Ziele dienen insbesondere:
> […] *Ausbau* der Mitbestimmung in Betrieben, Verwaltungen und öffentlichen Einrichtungen sowie *der Selbstverwaltung in der Sozialversicherung*."

Ausgehend von der Bedeutung, die Selbstverwaltung für ein responsives Verwaltungshandeln in den Sozialversicherungen hat, lässt sich auf alle kritischen Nachfragen zur Rolle der Gewerkschaften in der Selbstverwaltung entgegnen:

• Gewerkschaften sind *historisch* und *gesetzlich* die „geborenen" Vertreter der Versicherten.
• Gewerkschaften sind *institutionell* legitimiert als Sozialpartner in einer *paritätischen* Selbstverwaltung.
• Ihnen ist die Wahrnehmung der skizzierten Selbstverwaltungsfunktionen *strukturell* zuzutrauen.
• Sie sind *faktisch ideale* Vertreter/innen in der sozialen Selbstverwaltung, denn sie verfügen über die nötige Rückbindung in die Betriebe und zu den Beschäftigten/Versicherten (Responsivität).

Das alles gilt in besonderer Weise für die Selbstverwaltung in der Arbeitslosenversicherung. Und es gibt keinen nachvollziehbaren Grund die Nutzung dieser Responsivitäts-Ressource an der Grenze des beitragsfinanzierten Systems des SGB III enden zu lassen. Die Kompetenz, responsives Handeln der Sozialverwaltung zu stärken, könnte (und sollte) gewerkschaftliches Engagement in einer Selbstverwaltung für den SGB II-Bereich gleichermaßen zur Verfügung stellen.

Die Trennung zwischen einem selbstverwalteten Bereich der Arbeitsverwaltung im SGB III und einem nicht selbstverwalteten Bereich der Arbeitsverwaltung im SGB II erscheint umso fragwürdiger als es sich bei der Selbstverwaltung im Bereich der Arbeitsverwaltung um eine Mitwirkungsmöglichkeit handelt, die sich „auf die Kontrolle arbeitsmarktpolitischer Aufgaben" (Adamy 2006, S. 175; zu den Verschiebungen der Einflusszonen der sozialen Selbstverwaltung mit der Außer-Kraft-Setzung der Selbstverwaltung im Hartz-IV-Bereich s. auch Rixen 2014, S. 102) erstreckt und erstrecken soll: der Arbeitsmarkt, auf den sich SGB II und SGB III beziehen, ist ein einheitlicher Arbeitsmarkt mit Segmenten, deren faktische Scheidelinien nicht entlang der beiden Sozialgesetzbücher verlaufen. Gerade in der Arbeitsverwaltung und Arbeitsmarktpolitik bietet die gewerkschaftliche respektive sozialpartnerschaftliche Mitwirkung in der Selbstverwaltung neben der Einlösung der Responsivitätsanforderung auch die besondere Chance, die Konsensorientierung des Verwaltungshandelns in diesem Bereich zu stärken. Zurecht betonte Wilhelm Adamy schon 2006: „Da Arbeitsmarktpolitik auf die Arbeitswelt ausstrahlt, muss sie einseitige Parteinahme für eine der Arbeitsmarktparteien zu verhindern suchen. Erfolgversprechende Arbeitsmarktpolitik sollte möglichst den Interessenausgleich fördern und institutionalisierte Beteiligungsmöglichkeiten eröffnen" (Adamy 2006, S. 176).

Die Kritik an fehlenden Selbstverwalterstrukturen im SGB II – die im SGB II vorgesehenen Beiräte sind weder von ihrer Zusammensetzung, noch von ihren Kompetenzen als Selbstverwaltung anzusehen – und die Fragen, warum die Beratungs- und Impulsaufgaben der Verwaltungsausschüsse der örtlichen Agenturen nicht auf die SGB-II-Aufgabenfelder „ihres" Jobcenters ausgedehnt wurden, sind in den letzten Jahren eher vernehmlicher, denn leiser geworden. Hinzu kommt seit einiger Zeit der Hinweis auf die befriedende Funktion der Versichertenältesten, die im SGB (III- und) II-Bereich dringend gebraucht würde.

„Ich denke, der Einsatz von Selbstverwaltern (gemeint sind hier: VersichertenberaterInnen, Anmerkung WeDe) als Mittler zwischen Verwaltung und Versicherten ist eine Idee, die zu verbreiten sich durchaus lohnen könnte. Hätten wir ein solches Versichertenältestennetz z. B. im Bereich der Jobcenter, glaube ich nicht, dass wir es im SGB II mit einer solchen Klagewelle zu tun haben würden, wie wir sie seit 10 Jahren dort haben. Hätten wir hier unabhängige Beraterinnen und Berater, die sich als Sachwalter ihres Gegenübers verstehen und die die Ratsuchenden weder als Bittsteller noch als Verdächtige betrachten, wäre viel gewonnen. Aktuell leisten die Erwerbsloseninitiativen der Gewerkschaften im SGB-II-Bereich ‚ersatzweise' und ansatzweise das, was die Versichertenberater und -ältesten in der Rentenversicherung strukturiert als Beratungsleistung anbieten können." (Bsirske 2014, S. 8)

6   Revitalisierung und Responsivität: Reformvorschläge – vor allem für die Arbeitsverwaltung

Die Große Koalition hat mit ihrem Koalitionsvertrag für die 18. Legislaturperiode in Bezug auf Vitalisierung und Stärkung der Selbstverwaltung durch eine starke Ankündigung überrascht.

„Die soziale Selbstverwaltung" – heißt es da – „ist *Ausdruck der Verantwortung, die die Sozialpartner in Deutschland für die Gestaltung der Sozialversicherung* übernehmen. Wir wollen die Selbstverwaltung stärken und die Sozialwahlen modernisieren." Diese programmatischen ersten beiden Sätze des Kapitels zur Selbstverwaltung stützen das Konzept einer sozialpartnerschaftlich verfassten Selbstverwaltung, wie es den ordnungspolitischen Vorstellungen von Selbstverwaltung und Sozialversicherung seit der Weimarer Republik entspricht.

In den sich anschließenden konkreteren Vorhaben ist der Rückbezug zu den einleitenden Programmsätzen nicht bei allen Einzelmaßnahmen gleichermaßen nachvollziehbar. „Dazu wollen wir künftig Online-Wahlen ermöglichen, um die Wahlbeteiligung zu erhöhen. Dort, wo es möglich und sinnvoll ist, insbesondere im Bereich der gesetzlichen Krankenversicherungen, sollen die Auswahlmöglichkeiten durch mehr Direktwahlen verbessert werden. Durch geeignete Maßnahmen wollen wir erreichen, dass das repräsentative Verhältnis von Frauen und Männern in der Selbstverwaltung optimiert wird. Schließlich sollen die Arbeit der Selbstverwaltung transparenter gestaltet, die Möglichkeit der Weiterbildung verbessert und die Regelungen für die Freistellung präzisiert werden", so heißt es dort (CDU/CSU und SPD 2013, S. 53).

Gesetzgeberische Entscheidungen, Verschiebungen im Kräfteverhältnis zwischen Hauptamt und ehrenamtlicher Selbstverwaltung in den Sozialversicherungen und gesellschaftliche Vorbehalte gegenüber starken Gewerkschaften haben die paritätische sozialpartnerschaftliche Selbstverwaltung in den letzten Jahrzehnten wiederholt geschwächt. Die notwendige Revitalisierung der Selbstverwaltung und Stärkung der Verantwortung der Sozialpartner für die Sozialversicherungen, wie sie der Koalitionsvertrag ankündigt, erfordert konzertierte Anstrengungen, bei denen insbesondere die Beschneidungen der Kompetenzfelder rückgängig gemacht werden und die Ressourcenausstattung den Aufgaben angemessen sein müssen.

Für eine nachhaltige Stärkung der Selbstverwaltung als Mitverantwortung der Sozialpartner in der Sozialversicherung wäre konkret zu fordern:

*   eine Stärkung der Kompetenzen der Selbstverwaltung in der Sozialversicherung, u. a. die Abschaffung des Reha-Deckels in der Rentenversicherung und Rückübertragung der Entscheidungsautonomie für diese Fragen an die Selbstverwaltung,

- die Wiederherstellung der Beitragsautonomie in der gesetzlichen Krankenversicherung für den gesamten Krankenkassenbeitrag und die Rücknahme des „eingefrorenen Arbeitgeberanteils",
- eine Übertragung der Beratungs- und Steuerungsfunktion für die Jobcenter auf die Verwaltungsausschüsse der Arbeitsagenturen und die Abschaffung der Rahmenzielvereinbarung aus § 1 Abs. 3 SGB III,
- die Umwandlung der Beiräte der Regionaldirektionen der BA in Verwaltungsräte
- eine Stärkung der Funktionsfähigkeit der Selbstverwaltung
  - mit gesetzlichen Klarstellungen zur Unterstützung der Selbstverwalter/innen in ihrer Kontrollfunktion,
  - durch interne und externe Revision unter Einbeziehung der Rolle des Bundesrechnungshofs,
  - durch die Einrichtung von Widerspruchsausschüssen und Versichertenältesten für den SGB II/III-Bereich und
  - durch Verbesserungen der internen und externen Transparenz der Selbstverwaltungsarbeit.

Die für die Selbstverwaltungsbesetzungen vorschlagsberechtigten Stellen sollten verpflichtet werden, sich zur Zusammensetzung ihrer Listen eigene Standards zu setzen, die Transparenz und Pluralität der Zusammensetzung (Pluralität nicht zuletzt nach Geschlecht) gewährleisten.

7   Fazit

Selbstverwaltung vollzieht sich häufig unsichtbar, sie spielt sich meist nicht auf der großen Bühne ab. „Das ist einerseits ihr Vorteil, ihre Stärke – es kann aber auch zur Gefahr werden, wenn auf diese Weise das Wissen darüber, was Selbstverwaltung ist, wie sie funktioniert und wie wertvoll sie ist, verloren geht" (Bsirske 2014, S. 9). Schon vor 40 Jahren bemerkte der Bericht der Bundesregierung zu Fragen der Selbstverwaltung in der Sozialversicherung sehr geringe Kenntnisse über die Selbstverwaltung, mit wenigen Ausnahmen: „Interesse an der Selbstverwaltung besteht überdurchschnittlich […] vor allem auch bei Gewerkschaftsmitgliedern […] Sie kommunizieren relativ häufig über Probleme der Sozialversicherung, kennen die Selbstverwaltung und unterstützen die Mitwirkung im Bereich der Sozialversicherung überdurchschnittlich. Diese Zusammenhänge weisen auf die Bedeutung der Gewerkschaften für die Vermittlung zwischen Versicherten und Versicherungsträgern hin. Von der Integrationskraft und Legitimität der Organi-

sationen, die im Bereich der Selbstverwaltung tätig sind, hängt es also sehr stark
ab, wie sehr die Selbstverwaltung im Bewusstsein der Versicherten präsent ist, wie
groß ihr Vertrauenspotential bei den Versicherten ist" (Bundesregierung zit. nach
ver.di 2014, S. 22f.).

Wer auf Selbstverwaltung setzt, vervielfältigt dadurch die Quellen der „Erkenntnis von den Bedürfnissen der bürgerlichen Gesellschaft und gewinnt an Stärke in
den Mitteln der Ausführung," so heißt es in der Nassauer Denkschrift *„Über die
zweckmäßige Bildung der obersten und der Provinzial-, Finanz- und Polizei-Behörden
in der preußischen Monarchie"*, dem vor gut 200 Jahren (1807) von Heinrich Friedrich
Karl vom und zum Stein verfassten berühmten Reformentwurf für den preußischen
Staat (vom Stein zit. nach GVG 2007, S. 12). Wer heute weiter auf die Selbstverwaltung setzen will, muss ihre Quellen stärken. Höchste Zeit, der Selbstverwaltung
– gerade auch im Bereich der Arbeitslosenverwaltung und -vermittlung – (wieder)
mehr Kompetenzen zu geben und mehr Entscheidungen zuzutrauen.

Literatur

Adamy, W. 2006. Gibt es noch eine Selbstverwaltung in der Arbeitslosenversicherung?
   Vierteljahresschrift für Sozialrecht 24: 175-189.
Ayaß, Wolfgang. 2010. Sozialdemokratische Arbeiterbewegung und Sozialversicherung bis
   zur Jahrhundertwende. In *Sozialstaat Deutschland: Geschichte und Gegenwart, Hrsg*
   Ulrich Becker, Hans Günther Hockerts, Klaus Tenfelde, 17-44. Bonn: Dietz.
Braun, Bernhard, Stefan Greß, Daniel Lüdecke, Heinz Rothgang und Jürgen Wasem. 2007.
   Funktionsfähigkeit und Perspektiven von Selbstverwaltung in der GKV: Ergebnisse von
   Umfragen bei Selbstverwaltern und Versicherten. *Soziale Sicherheit* 56 (11): 365-371.
Bsirske, Frank. 2014. Starke Gewerkschaften in einer starken Selbstverwaltung – Zukunftsmo-
   dell für die Sozialversicherung in Deutschland und Europa: Rede zum Tag der Selbstverwal-
   tung. http://arbeitsmarkt-und-sozialpolitik.verdi.de/++file++53c8d5ddaa698e2c440003b6/
   download/Tag%20der%20Selbstverwaltung%2008-05-2014%20-%20Referat%20Frank%20
   Bsirske.pdf . Zugegriffen: 26.01.2015.
Bundesagentur für Arbeit 2012, Hrsg. Empfehlungen des Verwaltungsrats zu den Aufgaben
   und der Aufgabenerledigung der Verwaltungsausschüsse der Agenturen für Arbeit. In
   Anhang C: Satzung, Geschäftsordnungen der Organe, Regelungen zu Selbstverwaltung
   u. Personal. http://www.arbeitsagentur.de/web/wcm/idc/groups/public/documents/web-
   datei/mdaw/mdk1/~edisp/l6019022dstbai378543.pdf?_ba.sid=L6019022DSTBAI378546.
   Zugegriffen: 26.01.2015.
Bundesvereinigung der Deutschen Arbeitgeberverbände. 2014. Selbstverwaltung stärken – Or-
   ganisationsstrukturen modernisieren: Reformvorschläge für die soziale Selbstverwaltung.
   http://www.arbeitgeber.de/www/arbeitgeber.nsf/res/PoPa-Reformvorschlaege-zur-sozia-

len-Selbstverwaltung.pdf/$file/PoPa-Reformvorschlaege-zur-sozialen-Selbstverwaltung. pdf . Zugegriffen: 26.01.2015.

Bundeswahlbeauftragter für die Sozialversicherungswahlen. 2012. Schlussbericht zu den Sozialwahlen 2011. http://www.bmas.de/SharedDocs/Downloads/DE/2012-09-25-abschlussbericht-sozialwahlen-2011.pdf?__blob=publicationFile. Zugegriffen: 26.01.2015.

CDU/CSU und SPD. 2013. Deutschlands Zukunft gestalten: Koalitionsvertrag. https://www. cdu.de/sites/default/files/media/dokumente/koalitionsvertrag.pdf . Zugegriffen: 26.01.2015.

DGB. 2014. Soziale Selbstverwaltung – weiterentwickeln und stärken: Beschluss des 20. Ordentlichen DGB-Bundeskongresses Lfd-Nr 1069. http://bundeskongress.dgb. de/++co++b50c318e-6dcb-11e4-baf3-52540023ef1a . Zugegriffen: 26.01.2015.

Engelen-Kefer, Ursula (Hrsg.). 2006. Handbuch für Selbstverwalter. Die Arbeit in der Renten-, Kranken-, Pflege-, Unfall- und Arbeitslosenversicherung, Frankfurt: Bund-Verlag.

Geißel, Brigitte. 2004. Responsivität und Responsivitätswahrnehmung – Thesen zu einem undurchsichtigen Verhältnis. *Zeitschrift für Politikwissenschaft* 14 (4), 1239-1259.

Gesellschaft für Versicherungswissenschaft und -gestaltung e.V. (GVG), Hrsg. 2007. *Zur Bedeutung der Selbstverwaltung in der deutschen Sozialen Sicherung: Formen, Aufgaben und Entwicklungsperspektiven.* Bonn: Nanos.

Haipeter, Thomas. 2014. Sozialpartnerschaft in betrieblicher, tariflicher und staatlicher Arena: Erfahrungen der Krise, aktuelle Herausforderungen und Fragen an die Selbstverwaltung, Vortrag bei der ver.di-Selbstverwaltertagung am 9. September 2014 in Düsseldorf. https:// arbeitsmarkt-und-sozialpolitik.verdi.de/ueber-uns/nachrichten/++co++7b2b5940-398c-11e4-bce7-52540059119e . Zugegriffen: 26.01.2015.

Halderman, J. Alex. 2014. Security Analysis of the Estonian Internet Voting System – Vortrag beim 31. Chaos Communication Congress, Hamburg. http://events.ccc.de/congress/2014/ Fahrplan/system/attachments/2524/original/Estonia-31c3-14.pdf . Zugegriffen: 26.01.2015.

Heuss, Theodor. 1921. *Demokratie und Selbstverwaltung.* Berlin: Zentralverlag.

Kargus, Andrea und Martin Schludi. 2014. Selbstverwaltung heißt entscheiden: ein Gespräch mit Christina Ramb und Eva Maria Welskop-Deffaa. *IAB-Forum,* 1/2014, 66-73.

Klenk, T., P. Weyrauch, A. Haarmann und F. Nullmeier. 2012. *Abkehr vom Korporatismus? Der Wandel der Sozialversicherungen im europäischen Vergleich.* Frankfurt am Main u. a.: Campus.

Neumann, Lothar F. und Klaus Schaper. 2010. *Die Sozialordnung der Bundesrepublik Deutschland.* Bonn: Bundeszentrale für Politische Bildung.

Reichstag. 1925. Plenardebatte vom 16. Juli 1925, 96. Sitzung, Reichstagsprotokolle, 3220-3243.

Rixen, Stephan. 2014. Hat die Selbstverwaltung in der BA eine Zukunft? *IAB-Forum* 2/2014, 100-106.

Rondinelli, Dennis A. 2007. Governments serving people: the changing roles of public administration in democratic governance. In *Public Administration and Democratic Governance: Governments Serving Citizens,* hrsg United Nations Division for Public Administration and Development Management (UNPAN). http://unpan1.un.org/ intradoc/groups/public/documents/UN/UNPAN025063.pdf . Zugegriffen: 26.01.2015.

Scheerer, Friedrich. 2014. Selbstverwaltung in der Arbeitslosenversicherung, Vortrag bei der ver.di-Selbstverwaltertagung am 9. September 2014 in Düsseldorf. https://arbeitsmarkt-und-sozialpolitik.verdi.de/ueber-uns/nachrichten/++co++7b2b5940-398c-11e4-bce7-52540059119e . Zugegriffen: 26.01.2015.

Schludi, Martin. 2014. Wir können den Arbeitsmarkt nicht nur den Sozialpartnern überlassen: ein Gespräch mit Daniela Behrens, Thomas Gerhardt und Eberhard Trumpp.
IAB-Forum 2/2014, 92-99.

Scholz, Jendrik. 2013. Beteiligung der Gewerkschaften an den Selbstverwaltungen der
Sozialversicherungen, in: *Soziale Sicherheit* 62 (10), 343-347.

Schröder, Wolfgang. 2008. Zur Reform der sozialen Selbstverwaltung in der Gesetzlichen
Rentenversicherung – Kasseler Konzept. http://www.boeckler.de/pdf_fof/S-2007-39-4-3
. Zugegriffen: 26.01.2015.

Tennstedt, Florian.1991 . *Der Ausbau der Sozialversicherung in Deutschland 1890 bis 1945.*
In: *Staatliche, städtische, betriebliche und kirchliche Sozialpolitik vom Mittelalter bis
zur Gegenwart* (Vierteljahrschrift für Sozial- und Wirtschaftsgeschichte. Beihefte 95),
225-243, Stuttgart: Steiner.

United Nations Division for Public Administration and Development Management (UN-
PAN), Hrsg.: Public Administration and Democratic Governance: Governments Serving
Citizens, vorgelegt zum 7th Global Forum on Reinventing Government Building Trust in
Government 26-29 June 2007, Vienna, Austria. http://unpan.org/publications/content/
PDFs/E-Library%20Archives/2007%20Public%20Administration%20and%20Democrat-
ic%20Governance_Governments%20Serving%20Citizens.pdf. Zugegriffen: 26.01.2015.

Urban, Hans-Jürgen. 2011. Soziale Selbstverwaltung: Eine problemorientierte Weiterentwicklung ist nötig! *Soziale Sicherheit* 60 (11), 364.

ver.di. 2012. Satzung – zuletzt geändert durch den 3. Ordentlichen Bundeskongress 17. – 24.
September 2011 in Leipzig und durch Beschluss des Gewerkschaftsrates vom 14. März
2012. https://www.verdi.de/++file++5073a207deb5011af9001810/download/ver.di-Sat-
zung-Ausgabe-Mrz-2012-1.pdf . Zugegriffen: 26.01.2015.

ver.di, Hrsg. 2014. *125 Jahre Selbstverwaltung: Die Geschichte der Selbstverwaltung in der
gesetzlichen Rentenversicherung und die Rolle der Gewerkschaften.* München: August
Dreesbach.

ver.di, Hrsg. 2014b. Sopoaktuell 181: Frauen in der Selbstverwaltung – eine Rarität. http://
arbeitsmarkt-und-sozialpolitik.verdi.de/++file++540053866f68442f4c000083/download/
sopoaktuell%20Nr%20181%20-%20Frauen%20in%20der%20Selbstverwaltung-eine%20
Rarit%C3%A4t.pdf . Zugegriffen: 26.01.2015.

Weise, Frank-J., Heinrich Alt und Raimund Becker. 2009. Gut gerüstet: Fundamente und
Perspektiven einer modernen Arbeitsmarktpolitik.

Welskop-Deffaa, Eva Maria, Tag der Selbstverwaltung 2014, 8. Mai 2014, abzurufen unter:
http://arbeitsmarkt-und-sozialpolitik.verdi.de/ueber-uns/nachrichten/++co++8dcaa1c
6-0e4b-11e4-a43a-52540059119e. Zugegriffen: 26.01.2015.

Welti, Felix. 2013. Lorenz von Stein und das Recht auf eine gute Sozialverwaltung: Vortrag
gehalten am 15. November 2012 auf der Lorenz-von-Stein-Gedächtnisvorlesung in der
Schleswig-Holsteinischen Landesbibliothek zu Kiel. *Quellen zur Verfassungs- und Ver-
waltungsgeschichte* Nr 34, Kiel: Lorenz-von-Stein-Institut für Verwaltungswissenschaft.

Korporative Beteiligung und pluralistische Beteiligungsrechte: Legitimation und Reformbedarf

Felix Welti

Korporative Beteiligung und pluralistische Beteiligungsrechte

Zuerst wird geprüft, inwieweit korporatistische Beteiligungsstrukturen pluralistische Beteiligung an der Arbeitsverwaltung gewährleisten können (1). Im zweiten Schritt wird untersucht, ob und wieweit Beteiligung und ihre Strukturen legitimiert sind (2). Schließlich wird versucht, aus den Ergebnissen Reformbedarf abzuleiten (3).

1 Gewährleisten korporatistische Beteiligungsstrukturen pluralistische Beteiligung?

Korporatistische Beteiligungsstrukturen organisieren die Beteiligung an Angelegenheiten der öffentlichen Verwaltung, hier konkret der nach dem SGB II und SGB III verfassten Arbeitsverwaltung, durch und mit Hilfe von Korporationen – Verbänden. Solche Strukturen sind ausgeprägt im SGB III. Die Vertreter der Arbeitnehmer und Arbeitgeber im zentralen Verwaltungsrat und den örtlichen Verwaltungsausschüssen werden auf Vorschlag der tariffähigen Gewerkschaften und Arbeitgeberverbände berufen (§ 379 Abs. 1 SGB III). Im SGB II sind als Beteiligte des örtlichen Arbeitsmarkts auch die Träger der freien Wohlfahrtspflege und die berufsständischen Organisationen definiert (§ 18 Abs. 1 SGB II).

Pluralistische Beteiligung geht davon aus, dass in einem Lebensbereich grundsätzlich unterschiedliche Interessen und Wahrnehmungen bestehen, so dass deren Vertretung und Artikulation – auch unabhängig von Kopfzahlen und Organisationsstärke – gewährleistet werden sollte. Der Arbeitsmarkt und die soziale Sicherung sind in der deutschen Sozialversicherung grundsätzlich so definiert, dass es mindestens zwei Grundinteressen – Kapital und Arbeit, oder anders formuliert: Versicherte und Arbeitgeber – gibt, die repräsentiert sein sollten.

Korporatismus und Pluralismus sind also keine Widersprüche, aber sie sind auch nicht gleichzusetzen. Je vielfältiger und schwerer organisierbar Interessen werden, desto mehr Überlegungen sind auf ihr Verhältnis zu verwenden.

1.1 Korporatismus und Arbeitsmarkt

Auf dem Arbeitsmarkt treten einander nicht nur individuelle Arbeitnehmer, Arbeitsuchende und Arbeitgeber gegenüber, sondern auch Verbände. Primär sind dies eben die Gewerkschaften und Arbeitgeberverbände, deren Bemühungen um die Wahrung und Förderung der Arbeits- und Wirtschaftsbedingungen auch verfassungsrechtlich geschützt sind (Art. 9 Abs. 3 GG) und welche die Rahmenbedingungen für die Tätigkeit der Arbeitsverwaltung schon deshalb erheblich beeinflussen. Der Arbeitsmarkt ist entsprechend eine soziale Institution (Schmid 2011, S. 161; im Anschluss an Solow 1990), deren Bedingungen wesentlich vom Staat und von seinen verbandlichen Akteuren bestimmt werden. Insoweit verlängert und verbindet deren Kooperation in der sozialrechtlich verfassten Arbeitsverwaltung das, was im arbeitsrechtlich verfassten Arbeitsleben passiert: Eine arbeitsteilige Regelsetzung durch Staat und Korporationen. Dies kann auch aus politikwissenschaftlicher Sicht als funktional beschrieben werden, wenn auch in den letzten Jahrzehnten eine Verschiebung hin zur staatlichen und weg von der korporativen Regelsetzung zu beobachten ist (Schroeder/Schulz 2009).

1.2 Pluralismus und Arbeitsmarkt

Allerdings reduziert sich das Geschehen auf dem Arbeitsmarkt nicht auf das Aushandeln von Arbeitsbedingungen durch Gewerkschaften und Arbeitgeberverbände in einem gesetzlich definierten Rahmen. Bei genauerer Betrachtung sind die Millionen Akteure vielfach differenziert und unterscheiden sich in ihren Interessenlagen: Die Unternehmen nach Branche, Größe, Rechts- und Eigentumsform, die Menschen nach Beschäftigten, Arbeitsuchenden und von Arbeitsmarkt nur mittelbar Betroffenen, zudem nach Ausbildung, Geschlecht, Alter, Gesundheitszustand und Familienstand, um nur einige Merkmale zu nennen, die jeweils in der rechtlichen Regulierung wieder aufgegriffen werden. Insoweit ist der Arbeitsmarkt so plural wie die moderne Gesellschaft und Ökonomie.

1.3　Korporatismus und Pluralismus

Fraglich ist also, inwieweit eine korporatistische Beteiligungsstruktur pluralen Beteiligungsinteressen gerecht wird oder gerecht werden kann. Damit stellt sich die Frage, welche der pluralen Interessen auf dem Arbeitsmarkt die Struktur repräsentieren kann oder gar muss. Dies kann im Korporatismus durch eine Pluralität von Korporationen geschehen oder durch die Pluralität in den Korporationen. Beides hat Voraussetzungen, die möglicherweise rechtlich gesichert werden müssen.

2　Legitimation

Bevor jedoch die Ausgestaltung der Beteiligung im Einzelnen betrachtet wird, ist zunächst zu fragen, ob und wieweit sie überhaupt rechtlich legitimiert oder auch geboten ist.

2.1　Demokratie

Der gewichtigste Einwand gegen die Beteiligung organisierter Interessen an der Willensbildung der Arbeitsverwaltung wird mit dem Demokratieprinzip begründet. Wird demokratische Legitimation allein über Wahlen den aus ihr hervorgehenden Strukturen der Legislative und Exekutive vermittelt, so bleibt wenig Raum für eine Selbstverwaltung, die zu Entscheidungen mit politischer Bedeutung befugt ist. Staatsrechtlich ist dies eine traditionsreiche etatistische Sichtweise (Blanke 1998). Politisch wird sie von denen geteilt, die den mit korporatistischer Selbstverwaltung verbundenen Zwang zum Interessenausgleich vor allem als Veto-Spiel, als Bremse eines wegen der Demokratie oder des internationalen Wettbewerbs gewünschten „Durchregierens" verstehen. Beteiligung ist in dieser Sichtweise nur legitim als Modus der Informationsbeschaffung für die Exekutive. Eine solche Sichtweise scheint dem Beiratsmodell in § 18d SGB II zu Grunde zu liegen.

　Ein anderes Verständnis von Demokratie erkennt stärker auch in der Wahrnehmung der Freiheits- und Bürgerrechte außerhalb von Wahlen einen Beitrag zur demokratischen Willensbildung im Staat. Dies entspricht älteren und neueren Ansprüchen organisierter und sich formierender Interessen, gehört und beachtet zu werden, und kann als Reaktion darauf gesehen werden, dass auch eine bestmöglich informierte staatliche Exekutive mit der Steuerung moderner Gesellschaften überfordert ist. Dazu kommt, dass eine allein über Wahlen und ihre Vorbereitung gesteuerte Demokratie das Politische exklusiv den Parteien zuwiese. Diese wirken nach dem Grundgesetz an der politischen Willensbildung mit (Art. 21 GG), haben aber kein Monopol auf sie – und wären mit einem solchen auch überfordert.

Ein Konzept partizipatorischer Demokratie betrachtet die Beteiligung organisierter Interessen an der Verwaltung nicht von vornherein als Gefahr für die demokratische Willensbildung, sondern als ihre mögliche und zum Teil notwendige Ergänzung. Es wird umso plausibler, je stärker neben den Wahlen weitere Formen der kollektiven Einflussnahme wie Volksbegehren und Volksentscheid, Petitionen, Verbandsklagen und Beteiligungsrechte in Planungsverfahren vorgesehen sind.

Vermittelt werden können beide Positionen auch nach der neueren Rechtsprechung des Bundesverfassungsgerichts zur funktionalen Selbstverwaltung, wenn Art und Maß der Beteiligung gesetzlich hinreichend klar festgelegt sind, wesentliche Grundentscheidungen dem Gesetzgeber vorbehalten bleiben und Auswahl und Gewichtung der beteiligten Interessen nicht willkürlich erfolgen (Bundesverfassungsgericht 2002; dazu Musil 2004; vgl. aus sozialwissenschaftlicher Sicht: Klenk 2008). Insoweit erfordert partizipatorische Demokratie einen pluralen Korporatismus.

2.2   Sozialer Rechtsstaat

Nur wenig diskutiert wird, inwieweit das Staatsstrukturprinzip des sozialen Rechtsstaats das Demokratieverständnis beeinflussen kann. Wird aber die Aufgabe des materiellen Rechtsstaats mit Robert von Mohl als gleichmäßige Wertung der Interessen aller (v. Mohl 1859, S. 324 ff.), mit Lorenz von Stein als Förderung der Entwicklung und Entfaltung der Persönlichkeit jedes Einzelnen (v. Stein 2010, S. 50) und der soziale Rechtsstaat mit Hermann Heller auch als institutionalisierter Kompromiss der ökonomischen Klassen (Heller 1934) angesehen, dann liegt es nahe, entsprechende Mechanismen nicht nur zur Sicherung individueller Rechte, sondern auch zur Berücksichtigung kollektiver Positionen zu schaffen, wie sie etwa auf dem Arbeitsmarkt soziale Realität sind. Der Sozialstaat nimmt also nicht nur die individuellen Interessen auf, die er in der Gesellschaft vorfindet, sondern auch diejenigen, die sich kollektiv formieren und artikulieren. Umgekehrt schafft er durch Beteiligung die notwendige Akzeptanz für seine Ziele und Institutionen (Becker 2003, S. 571, 575)[1]. Das kann auch bedeuten, die starken Interessen zu beteiligen, um Akzeptanz für den Schutz der schwachen Interessen zu schaffen und zu erhalten. Zudem kann die durch Partizipation geschaffene Möglichkeit besserer

---

1   Zum Zusammenhang von Partizipation und Vertrauen: Adamy (2006, S. 175, 176).

Aufgabenerfüllung als wichtige Legitimation der Selbstverwaltung angesehen werden (Bull 1976, S. 176 f.).

Einen historischen Hinweis auf ein solches Verständnis des Sozialstaats gibt die Entwicklung der Sozialversicherung. Diese wird im Grundgesetz zwar nur als Gesetzgebungs- und Verwaltungskompetenz erwähnt (Art. 74 Abs. 1 Nr. 12 GG; Art. 87 Abs. 2 GG). Dabei wird jedoch begrifflich an die Weimarer Reichsverfassung angeknüpft, die in Art. 162 die maßgebende Mitwirkung der Versicherten als Bestandteil des umfassenden sozialen Versicherungswesens definiert hat. Voreilig könnten daher Positionen sein, die der sozialen Selbstverwaltung in der Sozial- und Arbeitslosenversicherung keine verfassungsrechtliche Relevanz zuweisen und sie als solche zur Disposition des Gesetzgebers gestellt sehen[2].

In der öffentlichen Fürsorge gibt es keine soziale Selbstverwaltung, sondern kommunale Selbstverwaltung. Dass nun im SGB II ein Bündnis der hauptamtlichen Verwaltungen unter weitgehender Ausschaltung jeder Selbstverwaltung herrscht, hat das Grundgesetz ursprünglich nicht vorhergesehen. Das Ergebnis der Hartz-Reformen ist im organisatorischen Sinne als „Erosion der koporatistischen Arbeitsverwaltung" beschrieben worden (Klenk 2009, S 214 ff.).

Art. 91e GG verbietet eine Korrektur dieses Zustands auf Grund besserer Erkenntnis allerdings nicht, zumal die Arbeitsverwaltung historisch genau aus der Verbindung sozialer und kommunaler Selbstverwaltung geformt wurde. Mehr Selbstverwaltung wäre ein Weg, eine angemessene Regulierungsform für die Grundsicherung für Arbeitsuchende zu finden (vgl. auch: Knuth 2009).

2.3 Koalitionsfreiheit

Einen weiteren verfassungsrechtlichen Hinweis auf die Legitimität korporatistischer Beteiligung gerade in der Arbeitsverwaltung gibt die in Art. 9 Abs. 3 GG geschützte Freiheit, zur Wahrung und Förderung der Arbeits- und Wirtschaftsbedingungen Vereinigungen zu bilden. Dass die Arbeits- und Wirtschaftsbedingungen nicht nur durch kollektives Arbeitsrecht, sondern auch durch die Sozialversicherung und Arbeitsverwaltung gestaltet werden, ist eigentlich evident[3]. Gleichwohl wird

---

2   Vgl. dazu Heinrich Reiter (1993, S. 658 f); aus der Rechtsprechung die möglicherweise insoweit überinterpretierte Entscheidung des Bundesverfassungsgerichts vom 09.04.1975, in dem einzelnen Träger der Sozialversicherung ein Bestandsschutz versagt wurde (Bundesverfassungsgericht 1975, S. 314 ff). Davon könnte aber die Selbstverwaltung als materielles Prinzip unterschieden werden. In diesem Sinne auch Bull (1976, S. 177 f.).

3   Auch Reiter (1993, S. 655) weist auf die Position der Tarifparteien hin.

die Betätigung der Koalitionen häufig auf Tarifverträge beschränkt betrachtet –
auch weil diese hier ihren Schwerpunkt setzen, der vom Gesetzgeber nur wenig
reguliert wird.

In der Arbeitsförderung und Arbeitslosenversicherung wird besonders deutlich,
dass die Gestaltung und Auslegung des Sozialrechts einen relevanten Rahmen auch
für die arbeitsrechtliche Betätigung der Koalitionen bildet. Ein herausragendes Beispiel dafür ist die Einwirkung der Arbeitslosenversicherung auf das Streikgeschehen
(dazu: Deinert 2011), deren partizipatorischer Reflex der Neutralitätsausschuss (§ 380
SGB III) ist. Aber auch viele Alltagsfragen der Arbeitsverwaltung nehmen Einfluss
auf die tariflich geordneten Arbeits- und Wirtschaftsbedingungen, namentlich bei
der Arbeitsvermittlung und der Bewertung der Zumutbarkeit von Arbeit (dazu:
Peters-Lange 2011), die auch von der Einhaltung tariflicher Regelungen abhängt,
aber auch bei der Weiterbildung[4]. Arbeitslosigkeit beeinflusst stets die auf dem
Arbeitsmarkt vereinbarten und zu vereinbarenden Bedingungen, der Umgang der
Bundesagentur und der Jobcenter mit ihr tut das auch. Dass die Ausgestaltung der
Arbeitsförderung einen Eingriff in die Koalitionsfreiheit darstellen kann, hat das
Bundesverfassungsgericht auch in der Entscheidung zu den Lohnabstandsklauseln
bei geförderter Beschäftigung anerkannt (Bundesverfassungsgericht 1999)[5]. Insofern
rechtfertigt Art. 9 Abs. 3 GG sehr wohl die herausgehobene Rolle der tariffähigen
Korporationen bei der Besetzung der Organe in der Bundesagentur für Arbeit.

Sieht man allerdings Konflikt und Kooperation als Gegensätze an, kann man
auch zu dem Ergebnis kommen, die Zusammenfassung heterogener Interessen aus
einem Lebensbereich in Selbstverwaltung sei unmöglich und illegitim (Burgi 2004).
Warum aber zwei Parteien mit unterschiedlichen Interessen, deren vertragliche
Kooperation das Grundgesetz ausdrücklich legitimiert und als Ordnungsprinzip
hervorhebt, innerhalb einer Körperschaft oder Anstalt strukturell kooperations-
unfähig sein sollen, erschließt sich nicht. Näher liegend ist deshalb, dass gerade
das Zusammenspannen gegenläufiger Interessen in auf Einigung angelegten Institutionen eine legitime und zweckmäßige Form der Regulierung ist (so: Ebsen
1990, S. 57, 61, 73).[6]

Wird die Legitimation der Partizipation von der politischen und rechtlichen
Legitimation der Verbände abgeleitet und nicht primär vom Wahl- oder Bestellungs-
akt, so ist die explizit auf das Tarifsystem bezogene Legitimation der Verbände, die
das SGB III zur Beteiligung an der Bundesagentur beruft, möglicherweise gar nicht

4   Vgl. zum Zusammenhang von Arbeitsrecht und Sozialrecht in der Weiterbildung:
    Kocher/Groskreutz/Nassibi u.a. (2013 S. 209 ff.)
5   Kritisch zu diesem Beschluss: Bieback (2000).
6   Empirisch informiert dargestellt bei Adamy (2006, S. 185 ff.).

geringer als die auf Wahlen oder ihre Möglichkeit gegründete Legitimation der Verbände in der Renten-, Kranken-, Pflege- und Unfallversicherung. Die klassische Gegenüberstellung von stärkerer körperschaftlicher und schwächerer anstaltlicher Selbstverwaltung (vgl. etwa: Klenk 2006, S. 285 f.) würde sich dann relativieren.

2.4   Schutz der Zweckbindung von Beiträgen?

Keine der bisher genannten Begründungen für Partizipation gründet sich primär auf die Beitragsfinanzierung der Sozialversicherung und der Bundesagentur. Weder Demokratie noch Sozialstaat noch die kollektivvertragliche Ordnung des Sozialstaats hängen von der Zahlung spezifischer Beiträge ab. Insoweit begründet der Bundeszuschuss zum Haushalt der Bundesagentur auch keine Einschränkung der Partizipation[7]. Die Leistungen nach dem SGB III sind nur zum Teil beitragsabhängige Versicherungsleistungen – insbesondere das Arbeitslosengeld – zu einem anderen Teil aber beitragsunabhängige Arbeitsförderungsleistungen wie Arbeitsvermittlung und Beratung, Weiterbildungsförderung oder berufliche Rehabilitation. Partizipation an der Verwaltung ist gerade für diese Leistungen relevant, denn Voraussetzungen und Höhe der Lohnersatzleistungen sind gesetzlich abschließend bestimmt. Zudem führt eine Engführung der Legitimation von Selbstverwaltung durch Beitragszahlung logisch zur Staatsverwaltung im Bereich der Grundsicherung. Deren Qualität und Ausrichtung hat aber nicht unerhebliche Rückwirkungen auf die Interessen aller individuellen und kollektiven Arbeitsmarktakteure.

Von der unmittelbaren Begründung von Partizipationsrechten durch Beitragszahlung ist der Gedanke zu unterscheiden, dass die organisatorische Selbstverwaltung auch dem politischen und rechtlichen Schutz der zweckgebundenen Beitragsmittel – und damit wiederum der Akzeptanz des Pflichtbeitrags – dient[8]. Insoweit ist die Beitragszahlung eine relevante, aber keine exklusive Legitimation für Beteiligungsrechte in der Selbstverwaltung. Etwas allgemeiner betrachtet geht es insoweit um eine spezifische fiskalisch unterlegte Gewaltenteilung, um die Autonomie der Verwaltung, aber nicht um die Partizipation der Betroffenen (zu dieser Gegenüberstellung: Schnapp 2006).

---

7   Diese Begründung zitiert Schroeder (2006, S. 263).

8   Vgl. dazu auch SG Nürnberg (2007) und die Anmerkung von Hoehl (2007), sowie Bayerisches Landessozialgericht (2012) zu der Frage, ob die Bundesagentur die Rechtmäßigkeit einer gesetzlichen Regelung (Aussteuerungsbetrag) rechtlich überprüfen lassen darf. Zur materiellen Frage: Bundessozialgericht (2012); dazu: Wenner (2012); Bundesverfassungsgericht (2010).

3   Reformbedarf an den Beteiligungsstrukturen

Sieht man die Beteiligungsstrukturen in der Bundesagentur als grundsätzlich legitimiert, durch Sozialstaatsgebot und Koalitionsfreiheit zusätzlich nahegelegt an, bleibt die Frage, ob ihre gegenwärtige Ausgestaltung aus Verfassungsgründen oder zumindest aus politischer oder rechtlicher Zweckmäßigkeit einer Reform bedarf.

3.1   Pluralismus

Als besonders kritisch bleibt dabei das Verhältnis von Korporatismus und Pluralismus anzusehen. Hier kann man fragen, ob eine je siebenköpfige Bank der Arbeitgeber- und Beschäftigtenvertreter im zentralen Verwaltungsrat überhaupt die Pluralität der Arbeitsmarktakteure widerspiegeln kann. Eine zweite Frage ist, ob die Beschränkung der berufenen Mitglieder auf die in BDA und DGB zusammengeschlossenen Verbände angemessen ist. Bei einem Berufungsverfahren wird man, jedenfalls für eine siebenköpfige Bank, der Bundesregierung ein entsprechendes Ermessen zubilligen, zumal eine relativ homogene Vertretung der einzelnen Bänke den Interessenausgleich im Ganzen befördern mag. Bei den anderen Sozialversicherungsträgern besteht allerdings die Möglichkeit, dass unterschiedliche Gewerkschaften und Arbeitnehmervereinigungen bei den Sozialversicherungswahlen zur Auswahl stehen (§ 48 Abs. 1 SGB IV); nach dem Bericht des Wahlbeauftragten wird erneut diskutiert, ob aus der Möglichkeit einer Wahl die Pflicht zur Wahl werden sollte.

Die rege Diskussion über die verpflichtenden Wahlen bei den anderen Trägern der Sozialversicherung (vgl. Hajen (2014); Rauert (2013); Braun u. a. (2008)) speist sich nicht unerheblich aus dem Kontrast zwischen einer gesetzlich als Normalfall vorgegebenen Wahl zwischen verschiedenen Listen und dem empirischen Normalfall einer vorab stattfindenden Verständigung konkurrierender Organisationen. Dazu kommt, dass jedenfalls bei der Krankenversicherung und Rentenversicherung der Bezug des gesicherten Risikos zum Arbeitsleben nicht ganz so unmittelbar ist wie bei der Arbeitsverwaltung und Unfallversicherung. Anders als in anderen Zweigen der Sozialversicherung wird der Versichertenkreis des SGB III nicht erweitert, um Risiken jenseits des Arbeitsmarktes zu sichern, sondern weil neue Gruppen in den Arbeitsmarkt und seine Sicherungsmechanismen eingebunden werden (vgl. Rust (2010)). Vor diesem Hintergrund ist die Beschränkung auf praktisch tariffähige Organisationen im SGB III nicht zu beanstanden. Nebenbei bemerkt wäre eine stärkere Prüfung der sozialen Mächtigkeit und Relevanz der kandidierenden Organisationen auch bei den Wahlen für die Vertretungsorgane der Kranken- und Rentenversicherung nicht nur möglich, sondern auch wünschenswert (ebenso:

Braun u. a. 2008, S. 105 ff.), damit die Diskussion nicht mehr über Tarn- und Scheinorganisationen, sondern über tatsächliche soziale Repräsentativität und Pluralität geführt werden könnte.

Damit ist das Problem noch nicht gelöst, wie je sieben Vertreter die differenzierten Interessen von 47 Millionen Erwerbspersonen und vier Millionen Unternehmen in Deutschland vertreten können. Betrachtet man die Aufgaben der Bundesagentur und die Verhältnisse am Arbeitsmarkt, so wird deutlich, dass insbesondere die Interessen der längerfristig Arbeitslosen und ihrer Familien, die Interessen der behinderten Menschen und die nach Geschlechtern differenzierten Interessen auf der Seite der Erwerbspersonen sowie die Interessen der größeren und der kleineren Unternehmen auf der Seite der Arbeitgeber im Interesse einer funktionsgerechten Selbstverwaltung vertreten sein sollten. Die größeren Probleme liegen hier bei den Gewerkschaften, die jedenfalls bei längerfristig Arbeitslosen und dauerhaft behinderten Menschen organisationsschwach sind. Sie haben zwar den auch organisatorisch erkennbaren Anspruch, diese Gruppen auch spezifisch vertreten zu können, müssen sich aber fragen lassen, ob dies in ihrer Selbstverwaltungsarbeit hinreichend deutlich wird und werden kann.

Ein möglicher Lösungsweg wäre, dass bei der Benennung und Berufung der Vertreter im Sinne von Binnenpluralität noch mehr Wert auf die Repräsentanz der genannten Gruppen gelegt würde. Darüber hinaus wäre aber auch eine beratende Beteiligung von Behinderten-, Sozial- und Arbeitslosenverbänden als besonders vom Wirken der Arbeitsverwaltung betroffenen Gruppen denkbar, die nach dem Vorbild der Patientenbeteiligung im Gemeinsamen Bundesausschuss (§ 140f SGB V) gleichermaßen dem Diskriminierungsschutz wie der Dienstleistungsqualität durch Einbezug einer besonderen Nutzerperspektive dienen könnte. Schließlich würde das Problem der Repräsentativität und Pluralität entspannt, wenn auch auf der Ebene der Regionaldirektionen Selbstverwaltungsorgane bestünden und wenn die örtlichen Verwaltungsausschüsse institutionell deutlicher an den örtlichen Arbeitsmarkt angebunden würden.

3.2   Beteiligung

Beteiligungsstrukturen sind nur dann sinnvoll, wenn sie auch tatsächlich beteiligt werden. Eine politische Grundfrage ist insofern, ob die Rahmenziele zur Umsetzung des Sozialgesetzbuchs III in einer Zielvereinbarung mit der Bundesregierung vereinbart werden sollten oder ob insoweit der Selbstverwaltung wieder mehr Raum gegeben werden sollte.

3.2.1   Effektivität

Auch darüber hinaus kann die Steuerung der Verwaltung mehr oder weniger selbstverwaltungsfreundlich angelegt sein. Neue Steuerungsformen wie Zielzahlen und Benchmarking wurden gezielt eingesetzt, um in der Verwaltung als störend empfundene „politische" Einflüsse aus der Gesellschaft zu vermindern und sie durch scheinbar objektive Kriterien des Verwaltungshandelns zu ersetzen. Der dafür gezahlte Preis war hoch: Quantifizierte bundeseinheitliche Ziele verselbständigen sich und stehen manchmal den regionalen, branchen- und zielgruppenspezifischen Lösungen im Wege, die in der Selbstverwaltung gefunden werden könnten (vgl. Schütz 2009).

Es ist an der Zeit, die Möglichkeiten und Grenzen der neuen Managementformen nüchtern zu evaluieren und zu fragen, welcher Raum in Zukunft für die Artikulation der Bürgerinnen und Bürgern wieder geschaffen wird. Es wäre zu prüfen, ob zur Entscheidung befugte Selbstverwaltungsorgane auf der Ebene der Regionaldirektionen sowie spezifisch zusammengesetzte Ausschüsse für verschiedene Leistungsbereiche, etwa die Rehabilitation und Teilhabe behinderter Menschen am Arbeitsleben, dazu beitragen könnten

An die Stelle der vielfach in ihren Ergebnissen für Leistungsqualität und Bürgernähe kritisierten Ausschreibung externer Dienstleistungen könnte der von der Selbstverwaltung mitkontrollierte Vertragsschluss mit Diensten und Einrichtungen gestellt werden, wie er in allen anderen Bereichen des Sozialrechts üblich ist[9]. Die Mitwirkung der Selbstverwaltung an der Auswahl der Leistungserbringer war vom Gesetzgeber als korruptiv und ineffektiv angesehen worden[10]. Den Beweis für die verbesserte Leistungsqualität sind die Befürworter der Ausschreibungen schuldig geblieben. Es scheint eher so, dass die Ausschaltung der Interessengruppen des Arbeitsmarktes aus der Organisation der Leistungserbringung zu einem an Ergebnissen desinteressierten Prozess geführt hat.

Selbstverwaltung lebt zudem von ihren Möglichkeiten, Gesetzesrecht durch Satzungsrecht zu konkretisieren. Hier ist zu fragen, inwieweit an die Stelle von Geschäftsanweisungen Satzungen treten könnten oder die Mitbestimmungsmöglichkeiten des Verwaltungsrates bei Verwaltungsvorschriften verbessert werden könnten.

---

9   Zu rechtlichen Widersprüchen zwischen dem Leistungserbringungsrecht der Rehabilitation und der Ausschreibungspraxis der Bundesagentur: Welti (2011a); anders akzentuiert: Hänlein (2011, S. 121 ff.).

10 Hänlein (2011, S 111, 113) zitiert hierzu den Evaluationsbericht von WZB und Infas von 2006. Dagegen: Adamy (2006).

3.2.2 Örtlichkeit

Zur Effektivität und Pluralität von Selbstverwaltung kann ihre örtliche Veranke-
rung wesentlich beitragen. Zu fragen wäre, ob die örtlichen Verwaltungsausschüsse
weiterhin durch den Verwaltungsrat berufen werden sollten oder ob hier den örtlichen Akteuren des Arbeitsmarkts ein unmittelbares Vorschlagsrecht eingeräumt
werden sollte.

Zu den wichtigsten Aufgaben der Agenturen für Arbeit gehört ihre Beteiligung
an den gemeinsamen Einrichtungen (§ 44b SGB II), die die Jobcenter betreiben. In
diesem Bereich wäre eine Selbstverwaltung zu etablieren, die soziale und kommunale
Verwaltung angemessen verzahnt, etwa indem dem Verwaltungsausschuss – gege-
benenfalls mit einem veränderten Stimmgewicht zu Gunsten der kommunalen Seite
– diese Funktion anstelle der Trägerversammlung (§ 44c SGB II) übertragen würde.
Dabei könnte die kommunale Seite ggf. durch von ihr zu berufende Vertretungen
der Sozialverbände und der freien Wohlfahrtspflege aufgefüllt werden; das entste-
hende Gremium wäre dann dem Jugendhilfeausschuss (§ 71 SGB VIII) als einem
spezifischen kommunalen Gremium mit sozialrechtlicher Funktion vergleichbar.

3.2.3 Individualität und Responsivität

Schließlich ist zu überlegen, inwieweit die Selbstverwaltung der Bundesagentur
stärker in den Dienst individueller Partizipation und Rechtsverwirklichung im
Sinne eines Rechts auf gute Arbeitsverwaltung gestellt werden könnte (vgl. Welti
2014 und 2011b). Hierzu wäre zu überlegen, ein mit der Selbstverwaltung ver-
knüpftes Beschwerdemanagement einzuführen. Zudem könnten ehrenamtlich
besetzte Widerspruchsausschüsse (vgl. § 36a Abs. 1 Nr. 1 SGB IV; dazu Ladehoff
(2008)) im SGB III und SGB II ein Weg sein, die singuläre Klageflut vor allem im
Grundsicherungsbereich durch eine gründlichere Prüfung von Streitigkeiten bereits
innerhalb der Arbeitsverwaltung einzudämmen (Dazu: Bieback (2011); Höland/
Welti/Schmidt (2008)).

4   Schluss

Selbstverwaltung – im richtigen Maß – ist kein Demokratieproblem. Ein größeres
Demokratieproblem wäre es, wenn der Verzicht auf Selbstverwaltung Wege zu einer
guten Arbeitsverwaltung verbaut. So wie Arbeit für die Entfaltung des Einzelnen
erforderlich ist, ist es ein wohl geordneter Arbeitsmarkt für die Entfaltung der

Gesellschaft. Die Gesellschaft sollte deshalb in die Ordnung des Arbeitsmarktes einbezogen werden.

Literatur

Adamy, W. 2006, Gibt es noch eine Selbstverwaltung in der Arbeitslosenversicherung? *Vierteljahresschrift für Sozialrecht (VSSR)*, Jahrgang 2006: 175-189.

Bayerisches Landessozialgericht 2010. Urteil vom 25.03.2010 – L 10 AL 296/07.

Becker, U. 2003, Funktionen der sozialen Selbstverwaltung. *Mitteilungen der bayerischen Landesversicherungsanstalten*, Jahrgang 2003: 571-577.

Bieback, K.-J. 2000. Neue Strukturen der Koalitionsfreiheit? *Arbeit und Recht (ArbuR)* Jahrgang 2000: 201-204.

Bieback, K.-J. 2011. Verbraucherschutz und SGB II sowie SGB III. In *Verbraucherschutz im Sozialrecht*, hrsg. G. Igl, 127-146. Berlin, Münster: LIT Verlag.

Blanke, T. 1998. Antidemokratische Effekte der verfassungsgerichtlichen Demokratietheorie. *Kritische Justiz* Jahrgang 1998: 452-471.

Braun, B. / Klenk, T. / Kluth, W. / Nullmeier, F. / Welti, F. 2008. *Modernisierung der Sozialversicherungswahlen*, Baden-Baden: Nomos.

Bull, H. P. 1976. Zur Lage der Selbstverwaltung in der Sozialversicherung. *Die Krankenversicherung (KrV)* Jahrgang 1976: 175-179.

Bundessozialgericht 2012. Urteil vom 29.02.2012 – B 12 KR 10/11 R. *Entscheidungen des Bundessozialgerichts* Bd. 110 (2013): 161-183.

Bundesverfassungsgericht 1975. Beschluss vom 09.04.1975 – 2 BvR 879/73. *Entscheidungen des Bundesverfassungsgerichts* Bd. 39 (1975): 302-316.

Bundesverfassungsgericht 1999. Beschluss vom 27.04.1999 – 1 BvR 2203/93, 1 BvR 897/95. *Entscheidungen des Bundesverfassungsgerichts* Bd. 100 (1999): 271-288.

Bundesverfassungsgericht 2002. Beschluss vom 05.12.2002 – 2 BvL 5/98, 2 BvL 6/98. *Entscheidungen des Bundesverfassungsgerichts* Bd. 107 (2004): 59-103.

Bundesverfassungsgericht 2010. Nichtannahmebeschluss vom 02.08.2010 – 1 BvR 2393/08, 1 BvR 2580/08, 1 BvR 2606/08. *Kammerentscheidungen des Bundesverfassungsgerichts* Bd. 17: 448-455.

Burgi, M. 2004. BA-Verwaltungsrat und GKV-Bundesausschuss: Hund und Katz in Selbstverwaltung, *Neue Juristische Wochenschrift (NJW)* Jahrgang 2004: 1365-1367.

Deinert, O. 2011. Leistungen der Arbeitslosenversicherung im Arbeitskampf. In: *Arbeitsmarktpolitik und Sozialrecht: zu Ehren von Alexander Gagel*, hrsg. K.-J. Bieback/ C. Fuchsloh/ W. Kohte, 119-134. München: Beck.

Ebsen, I. 1990. Autonome Rechtsetzung in der Sozialversicherung und der Arbeitsförderung als Verfassungsproblem. *Vierteljahresschrift für Sozialrecht (VSSR)* Jahrgang 1990: 57-73.

Hänlein, A. 2011. Vergabe in der Arbeitsförderung. *Schriftenreihe des Deutschen Sozialrechtsverbandes e.V. SDSRV* Band 60 (2011): 111-136.

Hajen, L. 2014. Selbstverwaltung der Sozialversicherung: „Good Governance" oder dringender Reformbedarf? *Die Sozialgerichtsbarkeit* Jahrgang 2014: 229-236.

Heller, H. 1934. *Staatslehre*. Leiden: Sijthoff.

Hoel, S. 2007. Reichweite und Wehrfähigkeit des Selbstverwaltungsrechts der Bundesagentur für Arbeit: Anmerkungen zum Urteil des SG Nürnberg vom 09.05.2007 – S 19 AS 1101/06. *juris Praxisreport Sozialrecht (jurisPR-SozR)* Jahrgang 2007: Nr. 22, Anmerkung 1.

Höland, A. / Welti, F. / Schmidt, S. 2008. Fortlaufend anwachsende Klageflut in der Sozialgerichtsbarkeit – Befunde, Erklärungen, Handlungsmöglichkeiten. *Die Sozialgerichtsbarkeit (SGb)* Jahrgang 2008: 689-697.

Klenk, T. 2006. Selbstverwaltung – ein Kernelement demokratischer Sozialstaatlichkeit? – Szenarien zur Zukunft der sozialen Selbstverwaltung. *Zeitschrift für Sozialreform* Jahrgang 2007: 273 ff.

Klenk, T. 2008. *Modernisierung der funktionalen Selbstverwaltung: Universitäten, Krankenkassen und andere öffentliche Körperschaften*, Frankfurt am Main: Campus-Verlag.

Klenk, T. 2009. Vom Arbeitsförderungsgesetz zum Sozialgesetzbuch II und III. In *Arbeitsmarktpolitik in der sozialen Marktwirtschaft*, hrsg. S. Bothfeld, W. Sesselmeier, C. Bogedan, 205-219. Wiesbaden: Verl. für Sozialwiss.

Knuth, M. 2009. Grundsicherung „für Arbeitsuchende": ein hybrides Regime sozialer Sicherung auf der Suche nach seiner Governance. In *Arbeitsmarktpolitik in der sozialen Marktwirtschaft*, hrsg. S. Bothfeld, W. Sesselmeier, C. Bogedan, 61-75. Wiesbaden: Verl. für Sozialwiss.

Kocher, E. / Groskreutz, H. / Nassibi, G. / Paschke, C. / Schulz, S. / Welti, F. / Wenckebach, J / Zimmer, B. 2013. *Das Recht auf eine selbstbestimmte Erwerbsbiografie*, Baden-Baden: Nomos.

Ladehoff, P. 2008. Bedeutung der Widerspruchsausschüsse für die Selbstverwaltung. *Soziale Sicherheit* Jahrgang 2008: 255-258.

Musil, A. 2004. Das Bundesverfassungsgericht und die demokratische Legitimation der funktionalen Selbstverwaltung. *Die Öffentliche Verwaltung (DÖV)* Jahrgang 2004: 116-120.

Peters-Lange, S. 2011. Zumutbarkeit von Arbeit – ein fortschreitender Unterbietungswettbewerb im Sozialrecht. In *Arbeitsmarktpolitik und Sozialrecht: zu Ehren von Alexander Gagel*, hrsg. K.-J. Bieback/ C. Fuchsloch/ W. Kohte, 49-65. München: Beck.

Rauert, K. 2013. Wahlen ohne Demokratie? – Legitimation der Verwaltungsräte nach Friedenswahlen. *Zeitschrift für Sozialreform* Jahrgang 2013: 227-253.

Reiter, H. 1993. Die Selbstverwaltung als Organisationsprinzip der Sozialversicherung. *Deutsche Rentenversicherung (DRV)* Jahrgang 1993: 657-557.

Rust, U. 2010. Neue Mitgliedschaft in der Arbeitslosenversicherung. In *Neue Mitgliedschaft in der Sozialversicherung: Auf dem Weg in die Volksversicherung?* hrsg. K.-J. Bieback, 100-119. Berlin, Münster: LIT Verlag.

Schmid, G. 2011. *Übergänge am Arbeitsmarkt*. Berlin: Ed. Sigma.

Schnapp, F. E. 2006. Gibt es noch eine Selbstverwaltung in der Sozialversicherung, *Vierteljahresschrift für Sozialrecht (VSSR)* Jahrgang 2006, S. 191-203.

Schroeder, W. 2006 Selbstverwaltungskorporatismus und neuer Sozialstaat. *Zeitschrift für Sozialreform* Jahrgang 2006: 253 ff.

Schroeder, W./Schulz, A. D. 2009. Arbeitsmarktpolitik und Sozialpartner. In *Arbeitsmarktpolitik in der sozialen Marktwirtschaft*, hrsg. S. Bothfeld, W. Sesselmeier, C. Bogedan, 220-238. Wiesbaden: Verl. für Sozialwiss.

Schütz, H. 2009. Neue und alte Regelsteuerung in der deutschen Arbeitsverwaltung. In *Arbeitsmarktpolitik in der sozialen Marktwirtschaft*, hrsg. S. Bothfeld, W. Sesselmeier, C. Bogedan, 163-177. Wiesbaden: Verl. für Sozialwiss.

Solow, R. 1990. *The Labor Market as a Social Institution (The Royer Lectures)*. Blackwell Publishers.

Sozialgericht Nürnberg 2007. Urteil vom 09.05.2007 – S 19 AS 1101/06. *Soziale Sicherheit plus (SoSiPlus)* Jahrgang 2007. Nr. 5, S. 8 (Kurzwiedergabe).

v. Mohl, R. 1859. *Encyklopädie der Staatswissenschaften*, Tübingen: Laupp.

v. Stein, L. 2010. *Handbuch der Verwaltungslehre und des Verwaltungsrechts: mit Vergleichung der Literatur und Gesetzgebung von Frankreich, England und Deutschland*, Tübingen: Mohr Siebeck (Neuausgabe, herausgegeben Utz Schliesky).

Welti, F. 2011a. Vergabe im Bereich der Rehabilitation. *Schriftenreihe des Deutschen Sozialrechtsverbandes e.V. SDSRV* Band 60 (2011): 93-110.

Welti, F. 2011b. Der Sozialbürger als Verbraucher? – Rechtliche Dimensionen der Nutzerstellung im Sozialrecht. *Verbraucher und Recht* Jahrgang 2011: 363-370.

Welti, F. 2014. Lorenz von Stein und das Recht auf eine gute Sozialverwaltung. *Verwaltungsarchiv (VerwArch)* Jahrgang 2014: 50-72.

Wenner, U. 2012. Kontroverse nach aktuellem BSG-Urteil - Leistungsansprüche für wirtschaftlich schlecht gestellte Menschen mit Neurodermitis ungeklärt. *Soziale Sicherheit* Jahrgang 2012: 114-117.

Diversität der Lebensläufe
Soziale Selbstverwaltung als Korrektiv

Tanja Klenk

1 Einleitung

Prekäre, perforierte, diskontinuierliche und dauerhaft fragile Erwerbsverläufe – die Abweichung vom Normalitätsmuster des institutionalisierten Lebenslaufs (Kohli 1985) ist längst der neue Standard in der Erwerbswelt. Statt Normalerwerbsbiographie und Normalerwerbsverhältnis prägen heute Heterogenität und Diversität die Arbeitswelt. Dies gilt sowohl für die Erwerbsformen, die nicht zuletzt durch die Arbeitsmarktreformen der vergangenen Jahre einen Pluralisierungsschub erhalten haben, der atypische Beschäftigungsverhältnisse zur neuen Normalität machte (Keller und Seifert 2007). Die Feststellung einer gewachsenen Heterogenität und Diversität gilt aber auch für die Seite des Arbeitskräfteangebots. Hier haben die Individualisierung von Lebensläufen, vor allem aber auch eine steigende weibliche Erwerbsbeteiligung, Migration und demographischer Wandel zu einer zunehmenden sozialen und kulturellen Vielfalt geführt.

Die zunehmende Diversität der Lebens- und Erwerbsverläufe hat Konsequenzen für die Selbstverwaltung in der Arbeitsmarktpolitik, berührt sie doch die Frage nach dem ‚Selbst‘ der Selbstverwaltung. Wie wird die Diversität der Lebensläufe in der Selbstverwaltung abgebildet und welche Positionen vertritt diese? Während es über den Wandel der Arbeitswelt und seine Folgen für die sozialen Sicherungssysteme eine breite gesellschaftliche und wissenschaftliche Debatte gibt, bleibt die Rolle der Selbstverwaltung – wie auch die der Arbeitsverwaltung insgesamt – bei der Gestaltung des Wandels der Arbeitswelt weitgehend unberücksichtigt. Dabei ist die Arbeitsverwaltung mit ihren Selbstverwaltungsgremien diejenige Institution, die arbeitsmarktpolitische Entscheidungen in politische Instrumente und Programme übersetzt und in direkter Interaktion mit den Bürgerinnen und Bürgern als Adressaten dieser Politik steht. Die Wahrnehmung und Wirkung von Arbeitsmarktpolitik hängt nicht zuletzt auch vom Handeln der (Selbst-)Verwaltung ab.

Die Frage nach den Konsequenzen des Endes des Normalarbeitsverhältnisses für die Arbeitsmarkt(Selbst)Verwaltung ist umso bedeutsamer, als dass die öffentliche Verwaltung gegenwärtig selbst einen Transformationsprozess durchläuft, bei dem alte Handlungsmuster zunehmend von neuen Leitbildern überlagert werden. (Good) Governance entwickelt sich mehr und mehr zum neuen dominanten Leitbild des Verwaltungshandelns. Neben den klassischen Werten des Verwaltungshandelns wie Rechtsstaatlichkeit oder Rechenschaftspflicht gewinnen damit auch Ideen der Partizipation und Responsivität, d.h. die Berücksichtigung der Bedürfnisse der Adressaten bei Verwaltungshandlungen und -entscheidungen, an Bedeutung (Holtkamp 2009; Jann und Wegrich 2010).

Der folgende Beitrag diskutiert den Zusammenhang von Diversität und Responsivität in der Arbeitsverwaltung in analytischer und empirischer Hinsicht und fragt nach der Rolle der Selbstverwaltung bei der Berücksichtigung der Bedürfnisse der Adressaten. Der Beitrag ist wie folgt aufgebaut. Kapitel 2 stellt zunächst das Konzept der Responsivität vor und hebt dabei insbesondere auch die Spannungen hervor, die die Forderung nach mehr Responsivität des Verwaltungshandelns erzeugt. Mehr Responsivität ist in Einklang zu bringen mit anderen zentralen Leitideen der öffentlichen Verwaltung, wie z.B. dem Gebot der Unparteilichkeit oder der Prozeduralität von Verwaltungsverfahren. Drei Herausforderungen stellen sich: Wie viel Responsivität? Gegenüber welchen Interessen? Und wie finden die Interessen Eingang in das Verwaltungshandeln? Im Vergleich zu Verwaltungsträgern, die nach dem klassischen Weberschen Bürokratiemodell aufgebaut sind, hat die Arbeitsverwaltung mit ihren Selbstverwaltungsstrukturen einen ‚institutionellen Vorsprung‘ in Sachen Responsivität. Die Selbstverwaltung räumt den von Verwaltungsentscheidungen Betroffenen Mitspracherechte ein, was Responsivität erleichtert, aber noch nicht garantiert, wie Kapitel 3 argumentiert. Kapitel 4 rekapituliert den Wandel von Erwerbsverhältnissen und Erwerbsbiographien, der vor allem durch die sukzessive Erosion von Normalitätsmustern des institutionalisierten Lebenslaufs gekennzeichnet ist, und benennt die zentralen Dimensionen von Diversität. Kapitel 5 fragt nach dem gegenwärtigen Stand der Responsivität in der Arbeitsverwaltung und fokussiert dabei insbesondere auf die Selbstverwaltung. An zwei ausgewählten Fallbeispielen, Geschlechtergerechtigkeit und die Frage der Interessen von Langzeitarbeitslosen und Personen mit multiplen Vermittlungshemmnissen, wird geprüft inwieweit (Selbst)Verwaltungshandeln responsiv ist und auf besondere Bedürfnisse aufgrund besonderer Lebenslagen eingeht – oder umgekehrt durch das eigene Handeln zur Verfestigung und Stabilisierung von ungleichen Bedingungen am Arbeitsmarkt beiträgt. Kapitel 6 resümiert und benennt Handlungsbedarfe auf dem Weg zu einer responsiven Arbeitsverwaltung.

2   Responsivität

Responsivität – ein Kunstwort, entstanden durch die Eindeutschung des englischen Begriffes *responsiveness* – steht für Ansprechbarkeit, Empfänglichkeit, Entgegenkommen, Reaktionsbereitschaft (Uppendahl 1981). Im Kontext dieses Beitrags meint Responsivität die Bereitschaft der (Selbst)Verwaltung, Wünsche und Interessen der Bürger beim Verwaltungsvollzug zu berücksichtigen.

Mag der Wunsch nach einer responsiven Verwaltung aus Sicht der Bürgerinnen und Bürger eine Selbstverständlichkeit darstellen, so ist die Forderung nach Responsivität aus der Perspektive der öffentlichen Verwaltung zunächst einmal eines: problematisch. Responsivität als Indikator zur Bewertung der Qualität von Verwaltungshandeln ist aus Sicht der öffentlichen Verwaltung aus zwei Gründen heikel. Zum einen ist im klassischen Modell der repräsentativen Demokratie Responsivität nicht Aufgabe der öffentlichen Verwaltung, sondern vielmehr der Politik. So argumentiert beispielsweise Dahl (1971, S. 1), dass „[...] a key characteristic of a democracy is the continuing responsiveness of the *government* to the preferences of its citizens" (Hervorhebung TK). Während die gewählten Politikerinnen und Politiker ihre Legitimation direkt daraus ziehen, die Interessen ihrer Wählerinnen im Parlament zu repräsentieren, ist die Verwaltung im tradierten Demokratieverständnis nur ein Instrument der Politik, das die zu Gesetzen und Programmen geronnenen Interessen implementiert und vollzieht. Gemäß dem Konzept der legislatorischen Programmsteuerung erteilt die aus dem demokratisch gewählten Parlament hervorgehende Regierung der Verwaltung Weisungen, um die Parlamentsgesetze umzusetzen (Grauhan 1969). Durch eine hierarchische Organisationsstruktur, in der Über- und Unterordnungsverhältnisse durch klare Kompetenzen und Dienstwege definiert sind, wird kontrolliert, dass die Umsetzung in der vom Gesetzgeber intendierten Weise erfolgt.

Die Forderung nach Responsivität steht zum zweiten quer zum klassischen Verständnis von Professionalität des administrativen Handelns, am prägnantesten beschrieben von Max Webers Idealtypus der Bürokratie (Weber [1920/21] 2002, S. 126). Im Zentrum des klassischen Verständnisses von administrativer Professionalität steht das Wissen um Zuständigkeit(sgrenzen), das Gebot der Unparteilichkeit, Pflichtgefühl und Pflichttreue und ein spezifischer (Beamten-)Ethos: „Sine ira et studio, ohne Zorn und Eingenommenheit soll er seines Amtes walten. Er soll also gerade das nicht tun, was der Politiker, der Führer, sowohl wie seine Gefolgschaft, immer und notwendig tun muss: kämpfen. Denn Parteinahme, Kampf, Leidenschaft – ira et studium – sind das Element des Politikers" (Weber [1919] 2010, S. 27). Webers Bürokratie-Modell ist somit die Antithese zur responsiven Verwaltung: Es geht um die Schaffung von Distanz und die Herstellung von Unpersönlichkeit, nicht um Ansprechbarkeit oder um Empfänglichkeit für externe Einflüsse. Während Responsivität ein reaktives Handeln beschreibt, das auf Einfühlungsvermögen und Anteilnahme basiert, steht das klassische Verständnis von administrativer Professionalität für ein proaktives und zugleich verlässliches, nachvollziehbares, prozedurales Handeln (Stivers 1994). Die Handlungs- und Ermessensspielräume, die es auch im Konzept legislatorischer Programmsteuerung gibt (und geben muss), gestaltet das administrative Personal im Sinne des Gesetzgebers aus.

Webers Wertschätzung für den distanzierten Bürokraten ist vor dem historischen Hintergrund seines Werkes zu interpretieren, stellt doch der Aufbau eines modernen bürokratischen Verwaltungsapparats, der bewusst auf Gleichbehandlung der Adressaten abzielt, einen deutlichen Fortschritt gegenüber den Verwaltungspraktiken einer ständisch geordneten Gesellschaft dar. Dass die reale öffentliche Verwaltung sehr viel weniger dem Weberschen Idealtypus entspricht, als es die Idee der legislatorischen Programmsteuerung verlangt, fand überraschend spät Eingang in die verwaltungswissenschaftliche Debatte. Erst mit der Herausbildung der Implementationsforschung wurde die Überzeugung dominant, dass die Verwaltung keineswegs nur ein passives Vollzugsorgan ist (Mayntz 1980). Der bürokratische Verwaltungsapparat entwickelt vielmehr Eigenlogiken, wodurch es sowohl gegenüber der Politik wie auch gegenüber der Gesellschaft zu Abkoppelungstendenzen kommt. Die Vorstellung von administrativer Professionalität dient dabei eben nicht nur der bestmöglichsten Umsetzung der Parlamentsgesetze, sondern vor allem dem Ausbau und der Verteidigung bürokratischer Handlungsspielräume, bei denen demokratische Wahlen und politische Prozesse allenfalls ‚epiphenomenal noise‘ sind (Fox und Cochran 1990). Die Implementationsforschung arbeitete zudem „den Entscheidungsbeitrag der Bürokratie" heraus (Scharpf 1973, S.16) und zeigte, dass die politikvorbereitende Rolle der Verwaltung ihr Wissensvorsprünge verschafft, die es der Politik erschweren, die Verwaltung zu kontrollieren und zur Verantwortung zu ziehen. Darüber hinaus verfügt die Verwaltung durchaus über eigene Beziehungen zum Verwaltungsklientel, reagiert aber auf Einflüsse von außen gemäß ihren eigenen Interessen.

Mit ihrer Suche nach den Ursachen für die Kluft zwischen Programmzielen und Programmergebnissen setzte die Implementationsforschung eine kritische Debatte über die Grenzen der legislatorischen Programmsteuerung in Gang. Aber erst im Zuge der Verwaltungsreformen seit den 1990er Jahren wurde Responsivität, verstanden als aktives Aufgreifen von Bedürfnissen und Interessen der Verwaltungsadressaten, nicht mehr als Abweichung vom Ideal interpretiert, sondern entwickelte sich zu einer zentralen normativen Anforderung an das Verwaltungshandeln (Jann 1998). Ein Mehr an Responsivität wurde dabei aus unterschiedlichen Motiven gefordert. Reformansätze wie das neue Steuerungsmodell, die vor allem auf betriebswirtschaftlichen und wettbewerblichen Ideen basierten, betrachteten die Einführung von Kundenbefragungen und Beschwerdemanagement als Instrument zur Steigerung der Effizienz des Verwaltungshandelns. Responsivität wird hier als eine bürokratische Kompetenz verstanden, die Output-Legitimation verschafft. Gemessen wird die Responsivität der öffentlichen Verwaltung demgemäß anhand der Zufriedenheit von Bürgerinnen und Bürgern mit dem Verwaltungshandeln mittels Einstellungs- und Akzeptanzbefragungen.

Mit dem Aufkommen des Governance-Ansatzes ab den 2000er Jahren, der das Neue Steuerungsmodell als Reformleitbild ablöste, wurde Responsivität in den größeren Zusammenhang einer demokratischen Verwaltung im demokratischen Staat gestellt. Im Kontext des Governance-Ansatzes ist Responsivität vor allem auch ein Instrument zur Demokratisierung der Verwaltung und folglich gilt die Vermehrung der *aktiven* Partizipationsmöglichkeiten der Bürgerinnen und Bürger am Verwaltungshandeln als zentral.

Der sehr weitgehende Ansatz der *respresentative bureaucracy* wiederum fordert nicht nur mehr Partizipation oder Kundenorientierung, sondern eine Abbildung der Vielfalt der sozialen und kulturellen Diversität einer Gesellschaft *innerhalb* der Verwaltung. Das zentrale Argument ist, dass sich die Ansprechbarkeit und Empfänglichkeit der öffentlichen Verwaltung für die Bedürfnisse und Interessen unterschiedlicher sozialer Gruppen am besten steigern lässt, wenn deren Interessen auch innerhalb der Verwaltung repräsentiert sind. Zudem verbessern sich der Zielerreichungsgrad des Verwaltungshandelns und seine Leistungsqualität, wenn unterschiedliche Wissensbestände, Fähigkeiten, Wertvorstellungen, soziale und kulturelle Hintergründe einer Gesellschaft zusammengeführt werden und durch das Verwaltungspersonal abgebildet werden (Mosher 1968, S. 16). Durch die Kongruenz von Verwaltung und Gesellschaft in Bezug auf sozio-demographische, kulturelle und sozio ökonomische Merkmale soll eine Abkoppelung der Verwaltung von der Gesellschaft, der sie dient, vermieden werden. Insofern versteht sich der Ansatz der *respresentative bureaucracy* auch als ein Instrument zur (gesellschaftlichen) Kontrolle der Verwaltung. Dabei gilt: „The greater the degree of discretion imputed to a bureaucracy, the more vigorous its functions, the stronger the need for the type of accountability and sense of responsibility implied by the call for representativeness" (Krislov 1974, S. 21). Der Ansatz der *representative democracy* wurde bereits in der Zeit nach dem zweiten Weltkrieg entwickelt (Kingsley 1944) und zwar zunächst in den angelsächsischen Staaten, deren politisches System stärker von pluralistischen Gesellschaftsvorstellungen geprägt ist. Heute ist der *representative democracy*-Ansatz in verschiedene Richtungen ausdifferenziert, die zum Teil stärker demokratietheoretisch argumentieren, zum Teil stärker output-orientiert sind. Insbesondere bei Letzterem lassen sich auch Überschneidungen mit der betriebswirtschaftlich ausgerichteten Literatur zu *diversity management* finden (Schröter und Maravi 2012). Verwaltungspolitisch mündet der *representative bureaucracy*-Ansatz in die Forderung, Minderheiten (z. B. aufgrund von Gender oder ethnischer Zugehörigkeit) in der Verwaltung insgesamt – und vor allem aber auch auf allen Hierarchiestufen – stärker zu repräsentieren.

Auch wenn Responsivität im Zug der Verwaltungsreform zu einem positiven Bestandteil des Verwaltungshandelns geworden ist, so bleiben doch die Probleme in der Umsetzung bestehen. Wem gegenüber soll die Verwaltung responsiv sein und in welchem Maße? Verwaltungsentscheidungen werden nicht automatisch „besser" und „demokratischer", je intensiver die öffentliche Verwaltung gesellschaftliche Interessen berücksichtigt. Zu viel Responsivität kann genauso schädlich sein wie ein zu Wenig an Responsivität (Czerwick et al. 2009, S. 254). Ein typisches Problem des kooperativen Verwaltungshandelns ist es, dass die Verwaltung im Zuge der Verhandlungen ihren Kompetenzraum überschreitet und gesetzgeberische Entscheidungen im Sinne der Adressaten anpasst – und dabei doch nicht dem Gemeinwohl näher kommt, weil nur die Interessen einer spezifischen Zielgruppe Berücksichtigung gefunden haben. Zwar kann responsives Verwaltungshandeln dazu beitragen, die Akzeptanz staatlicher Entscheidungen zu steigern und die Qualität administrativen Handelns zu verbessern, da durch die Beteiligung der Betroffenen problemnahe und sachadäquate Lösungen entwickelt werden können; dabei ist jedoch zu berücksichtigen, dass die Zugangschancen von Verbänden und gesellschaftlichen Gruppen zur öffentlichen Verwaltung höchst ungleich verteilt sind. So gehören beispielsweise die Personengruppen, die in besonderer Weise von Arbeitsmarktrisiken betroffen sind, wie z. B. Frauen, Migranten, Jugendliche unter 25 Jahren oder Geringqualifizierte, zugleich auch zu den so genannten ‚schwachen Interessen', die nur über begrenzte Möglichkeiten verfügen, politische und administrative Entscheidungen zu beeinflussen. Eine responsive Verwaltung birgt immer das Risiko in sich, dass gesellschaftliche Akteure in kooperative Prozesse nur selektiv und ungleich, je nach Organisiertheit ihrer Interessen und ihrer gesellschaftlichen Macht, eingebunden werden (Czerwick et al. 2009, S. 255).

3   Selbstverwaltung und responsives Verwaltungshandeln

Betrachtet man die Arbeitsverwaltung in Deutschland aus der Perspektive von Responsivität, so sind zunächst einmal die Besonderheiten dieses Verwaltungstypus zu berücksichtigen. Die Verwaltung der Arbeitsmarktpolitik ist nach dem Selbstverwaltungsprinzip organisiert und unterscheidet sich in wesentlichen Punkten vom klassischen Weberschen Bürokratiemodell. Selbstverwaltung bedeutet die eigenverantwortliche Wahrnehmung gesellschaftlicher Aufgabenbereiche durch Akteure, die von diesem Aufgabenfeld besonders betroffen sind (Jestaedt 2004, S. 649). Öffentliche Aufgaben werden aus der unmittelbaren Staatsverwaltung ausgegliedert und zur Erledigung an eigenständige, öffentlich-rechtliche Rechtssubjekte übertragen. Die verselbstständigten Träger haben das Recht der eigenverantwortlichen Aufgabenwahrnehmung und der eigenen Rechtssetzung. Sie haben damit – innerhalb eines gesetzlich definierten Rahmens – die Möglichkeit der *politischen* Wahrnehmung ihrer Aufgabe (Braun et al. 2008, S. 8), was sie von Trägern der unmittelbaren Staatsverwaltung unterscheidet. Es geht nicht nur um Implementation, sondern auch um die Gestaltung von Arbeitsmarktpolitik.

Selbstverwaltung verleiht Interessengruppen, die von der spezifischen Aufgabe betroffen sind, institutionalisierte Mitwirkungsrechte und durchbricht damit die Distanz zwischen Verwaltung und Adressat, die typisch für das Webersche Bürokratiemodell ist. Im Fall der Arbeitsverwaltung (anders in den übrigen Bereichen des Sozialversicherungssystems, Klenk et al. 2012) ist die Selbstverwaltung tripartistisch organisiert. Die Selbstverwaltungsgremien der Bundesagentur für Arbeit sowie der Arbeitsagenturen sind drittelparitätisch mit Vertretern der Arbeitnehmer, der Arbeitgeber und der öffentlichen Körperschaften besetzt[1] und werden durch ein Berufungssystem bestellt. Vorschlagsberechtigt für die Vertreter der Arbeitnehmer und der Arbeitgeber sind die tarifschließenden Arbeitgeberverbände und Gewerkschaften, die eine ‚wesentliche‘ Bedeutung haben. Die Vertreter der öffentlichen Körperschaften werden von der Bundesregierung, dem Bundesrat und den Spitzenvereinigungen der kommunalen Körperschaften vorgeschlagen (§ 379 SGB III). Aufgabe der Selbstverwaltungsgremien ist insbesondere die Überwachung und Beratung der hauptamtlichen Verwaltung (§§ 373 u. 374 SGB III).

Das Selbstverwaltungsprinzip gilt allerdings nur für den Rechtskreis des SGB III. Bei der Umsetzung der im SGB II regulierten steuerfinanzierten Grundsicherung (‚Arbeitslosengeld II‘) verhält sich die Situation anders. Die SGB II-Verwaltungs-

---

1 Der Verwaltungsrat setzt sich zusammen aus jeweils sieben Vertretern der Arbeitnehmer, der Arbeitgeber und der öffentlichen Körperschaften (hiervon drei Vertreter des Bundes, drei Vertreter der Länder und ein Vertreter der Kommunen). Die Zahl der Mitglieder der Verwaltungsausschüsse, der Selbstverwaltungsgremien auf örtlicher Ebene, setzt der Verwaltungsrat fest. Nach § 374 SGB III darf die Mitgliederzahl höchstens 15 betragen. Seit 2004 sind jeweils vier Vertreter der drei an der Selbstverwaltung beteiligten Akteursgruppen in den Gremien auf der örtlichen Ebene vertreten, d. h. die Verwaltungsausschüsse setzen sich derzeit aus zwölf Mitgliedern zusammen.

träger – seit der Organisationsreform[2], die im Januar 2011 in Kraft trat, „Jobcenter'
genannt – handeln ohne Selbstverwaltung. § 47 SGB II weist dem Bundesarbeitsministerium die Rechts- und die Fachaufsicht für die Träger des SGB II zu, was
Autonomiespielräume, wie sie den Trägern des SGB III zustehen, ausschließt. Seit
der Organisationsreform 2011 sind Jobcenter zur Einrichtung örtlicher Beiräte
verpflichtet (§ 18d SGB II). Beiräte beraten die Jobcenter bei der Auswahl und
Gestaltung der Eingliederungsinstrumente und -maßnahmen. Bei der Besetzung
der Beiräte kann die Trägerversammlung des SGB II-Trägers die Besonderheiten
des örtlichen Arbeitsmarkts berücksichtigen. Typischerweise sind Vertreter der
freien Wohlfahrtspflege, der Arbeitgeber und Arbeitnehmer sowie der Kammern
und berufsständischen Organisationen Mitglied in den Jobcenter-Beiräten. § 18d
SGB II schließt allerdings aus, dass Vertreter von Organisationen, die Eingliederungsleistungen gemäß SGB II anbieten, Mitglied des Beirats sind.

Betrachtet man die Träger der Arbeitsverwaltung aus der Perspektive von
Responsivität, so kann man zunächst festhalten, dass in den unterschiedlichen
Rechtskreisen unterschiedliche institutionelle Voraussetzungen für responsives
Verwaltungshandeln gegeben sind. Im Rechtskreis des SGB II gibt es keine institutionalisierten Möglichkeiten der Beteiligung der Adressaten an den Verwaltungsentscheidungen, weder in Form von Selbstverwaltung noch in Form alternativer
Partizipationsmöglichkeiten. Die Beiräte sind zwar als Institution zur Beratung der
hauptamtlichen Verwaltung gedacht, dabei geht es allerdings nicht (oder allenfalls
sekundär) um die Repräsentation der Interessen der Leistungsempfänger.

Bei den Trägern des SGB III gibt es durch die Beteiligung der Adressaten an den
Verwaltungsentscheidungen im Rahmen von Selbstverwaltung gute institutionelle
Voraussetzungen für Responsivität – allerdings muss dieses Potential auch gehoben
werden. Aktuell leidet die Selbstverwaltung daran, dass sie vielen Versicherten nicht
bekannt ist. Repräsentative Bevölkerungsumfragen zur Selbstverwaltung in der

---

2   Das Gesetz zur Weiterentwicklung der Organisation der Grundsicherung für Arbeits-
    suchende vom 3. August 2010 („Organisationsreform"), das im Januar 2011 in Kraft
    trat, regelt die vom Bundverfassungsgericht in einem Urteil vom 20.12.2007 kritisierte
    – ursprüngliche mit den Hartz-Gesetzen verabschiedete – organisatorische Lösung
    zur Implementation des SGB II. Per Grundgesetzänderung (Artikel 91e GG) ist die
    Zusammenarbeit der Bundesagentur für Arbeit mit den kommunalen Trägern bei der
    Umsetzung der Grundsicherung für Arbeitssuchende neu organisiert worden. Die
    Leistungen des SGB II werden in geteilter Aufgabenwahrnehmung von der BA und den
    Kommunen verwaltet, die hierfür sogenannte gemeinsame Einrichtungen (gE) schaffen.
    Einer begrenzten Anzahl von Kommunen (seit dem 01.01.2012 insgesamt 108) wurde
    erlaubt, die Aufgabe der Grundsicherung in eigener Verantwortung als zugelassener
    kommunaler Träger (zkT) zu verwalten. Für beide Organisationsvarianten wird jedoch
    der Begriff „Jobcenter' verwendet.

Sozialversicherung zeigen, dass knapp 2/3 der Bevölkerung (64 %) Partizipation in der Sozialversicherungsverwaltung für wichtig erachten. Allerdings wissen viele gar nicht, dass es mit der Selbstverwaltung in der Sozialversicherung eine Instanz gibt, die ihre Interessen gegenüber Politik und hauptamtlicher Verwaltung vertritt. 44 % der Bevölkerung können mit den Begriffen Selbstverwaltung und Sozialwahl nichts anfangen (Braun et al. 2008). Leider fehlen entsprechende Untersuchungen speziell für die Arbeitsverwaltung. Da aber in der Selbstverwaltung der Arbeitsmarktpolitik alle institutionellen Mechanismen fehlen, die in anderen Sozialversicherungszweigen für regelmäßige Interaktion zwischen Selbstverwaltung und den Adressaten sorgen, wie z. B. Wahlen, Versichertenälteste oder Widerspruchsausschüsse, ist anzunehmen, dass der Bekanntheitsgrad der Selbstverwaltung in der Arbeitsverwaltung eher noch geringer ist.

Zudem gelten auch für die Selbstverwaltung die oben benannten Herausforderungen einer responsiven Verwaltung. So ist zunächst einmal zu klären, was überhaupt ‚die‘ Interessen ‚der‘ Betroffenen sind? Wer definiert sie und in welchem Maße werden welche Interessen und Bedürfnisse berücksichtigt? In einer zunehmend von Diversität geprägten Arbeitswelt, in der Heterogenität und Brüchigkeit zu den neuen Merkmalen der ‚Standard-Erwerbsbiographie‘ geworden sind, ist dies, wie das folgende Kapitel zeigt, keine rhetorische Frage.

4 Diversität im Arbeitsmarkt

Das Normalarbeitsverhältnis war für die Arbeitslosenversicherung – für das System der sozialen Absicherung insgesamt – lange Zeit eine zentrale normative Orientierungsgröße. Die Vorstellung einer kontinuierlichen, auf Dauer angelegten Vollzeitbeschäftigung, die arbeits- und sozial- und tarifrechtlich abgesichert ist, die in finanzieller Hinsicht erlaubt, eine Familie zu ernähren, hatte für die sozialen Sicherungssysteme strukturbildende Kraft: Sowohl politische Akteure, wie auch Gewerkschaften und Unternehmer orientierten sich an diesem Erwerbsmodell und legten es bei der Regelung ihrer Beziehungen zugrunde (Osterland 1990).

Allerdings waren das Normalarbeitsverhältnis und die Normalarbeitsbiographie zu dem Zeitpunkt als sie in die sozialpolitische Debatte Einzug erhalten haben, Mitte der 1980er Jahre, schon wieder passé (Mückenberger 1985; Osterland 1990). Sozialer und wirtschaftlicher Wandel sowie arbeitsmarktpolitische Reformen als Antwort auf den wirtschaftlichen Wandel haben zu einer Pluralisierung der Erwerbsformen wie auch zu einer gestiegenen sozialen und kulturellen Diversität der Erwerbspersonen geführt.

Die De-Standardisierung des Normalerwerbsverhältnisses wurde zunächst einmal durch die Pluralisierung von Familienformen und eine steigende Erwerbsbeteiligung von Frauen vorangetrieben. Der Vorstellung vom Normalarbeitsverhältnis wohnte – wenn auch unausgesprochen – eine klare Vorstellung der Geschlechterverhältnisse inne: normal war das Normalarbeitsverhältnis vor allem für männliche Erwerbsbio-graphien. Mit steigender weiblicher Erwerbsbeteiligung stieg der Anteil an Teilzeit- und gering entlohnter Beschäftigung. Parallel dazu erfolgte jedoch auch eine Erosion des typisch männlichen Erwerbsverlaufs, bedingt durch die Tertiarisierung der Wirtschaftsstruktur und vor allem durch die wiederkehrenden Wirtschaftskrisen, die strukturell bedingte Langzeitarbeitslosigkeit zum Alltagsphänomen machten. Davon betroffen waren zunächst insbesondere ältere Erwerbstätige, Jugendliche, die keinen Einstieg in das Erwerbsleben fanden, geringqualifizierte Erwerbstätige und solche mit Migrationshintergrund. Einen letzten De-Standardisierungsschub hat die Normalerwerbsbiographie schließlich durch arbeitsmarktpolitische Reformen erhalten, bei denen die Ausbreitung atypischer Beschäftigungsformen mit dem Ziel der Schaffung zusätzlicher Arbeitsplätze vorangetrieben wurde (Keller und Seifert 2007) und mit denen die Erosion des Normalarbeitsverhältnisses endgültig von den Rändern der Gesellschaft in die Mitte vorgedrungen ist.

Sozialpolitischer Handlungsbedarf erwächst, wenn erwünschte gesellschaft-liche Diversität zur unerwünschten sozialen Ungleichheit wird. In der Tat gibt es bestimmte Personengruppen, die deutlich schlechtere Arbeitsmarktchancen haben als andere, d. h. die häufiger und länger arbeitslos sind und die seltener eine sozialversicherungspflichtige Beschäftigung ausüben, auch wenn Arbeitslosigkeit heute ein Phänomen ist, das alle Gesellschaftsschichten betrifft. Zu den ‚Problem-gruppen' des Arbeitsmarktes gehören – trotz Fachkräftemangel immer noch – ältere Arbeitnehmer, aber auch Jugendliche und junge Erwachsene, Personen mit Migra-tionshintergrund sowie Personen mit gesundheitlichen Beeinträchtigungen oder Behinderungen. Auch das Geschlecht bestimmt weiterhin die Erwerbschancen und typischen Erwerbsverläufe: Frauen und Personen mit Betreuungsverantwortung (bei denen es sich in aller Regel ebenfalls um Frauen handelt) haben signifikant schlechtere Chancen dauerhaft ein sozialversicherungspflichtiges Beschäftigungs-verhältnis zu haben, insbesondere wenn sie die Verantwortung für Kinder oder zu pflegende Personen ganz alleine tragen. Schlussendlich gibt es natürlich auch noch die Personengruppe, bei der einige oder viele dieser Faktoren zusammenfallen und multiple Vermittlungshemmnisse entstehen.

Inwieweit ist die Arbeitsverwaltung für die soziale und kulturelle Diversität von Erwerbssuchenden sensibilisiert und kann die Differenzen im Sinne einer Korrektur von ungleichen Ausgangsbedingungen am Arbeitsmarkt aufgreifen? Oder ist es etwa umgekehrt der Fall, dass durch unbewusste Stereotypen, die das

Verwaltungshandeln leiten, Differenzen, und damit auch ungleiche Arbeitsmarkt-chancen, perpetuiert werden? Speziell für die Selbstverwaltung stellt sich die Frage, wie das ‚Selbst' der Selbstverwaltung definiert wird: Sieht sich die Selbstverwaltung auch als Interessenvertretung der Problemgruppen am Arbeitsmarkt? Und wenn ja: Wie finden die Interessen dieser Problemgruppen Eingang in das Selbstver-waltungshandeln? Oder versteht sich die Selbstverwaltung etwa vorrangig als Vertreterin der erwerbstätigen Beitragszahler, die aus beschäftigungspolitischen Gründen in erster Linie ein Interesse an niedrigen Beitragssätzen haben und für die der Zugang zu arbeitsmarktpolitischen Leistungen und deren Qualität nur von sekundärem Interesse ist?

Vor allem seit dem Paradigmenwechsel in der Arbeitsmarktpolitik hin zu Aktivierung hat die Berücksichtigung sozialer und kultureller Hintergründe von Erwerbssuchenden für die Arbeitsmarktpolitik nicht nur aus Gründen der Gleich-heit, sondern auch aus Effizienz- und Effektivitätsgründen an Relevanz gewonnen. Konzepte des Forderns und Förderns verlangen eine Zielgruppenspezifizierung und genau auf die Bedürfnisse der Adressaten zugeschnittene Programme (Riedmüller und Vinz 2009, S. 74). Eine solche Zielgruppenspezifizierung bedeutet dabei nicht nur, sich der Unterschiede zwischen verschiedenen Problemgruppen gewahr zu werden. Darüber hinaus ist auch die Diversität innerhalb der Gruppen zu berück-sichtigen. Jugendliche oder auch Alleinerziehende bilden eine sehr heterogene soziale Gruppe, deren Mitglieder sich hinsichtlich ihrer Qualifikation, ihrer Familien- und finanziellen Situation sehr stark unterscheiden können. Arbeitsmarktpolitische Instrumente für spezifische Problemgruppen müssen, wenn ihr Einsatz effizient und effektiv sein soll, einer solchen Binnendifferenzierung Rechnung tragen und beispielsweise das unterschiedliche Qualifikationsniveau von Alleinerziehenden berücksichtigen.

5 Heterogenität von Lebensläufen als Herausforderung für eine responsive Selbstverwaltung? Zwei Fallbeispiele

Im Folgenden wird anhand explorativer Fallstudien die Responsivität der Selbstver-waltung in der Arbeitsverwaltung untersucht. Zwei unterschiedliche Dimensionen von Diversität im Arbeitsmarkt wurden ausgewählt: zum einen die Frage unter-schiedlicher Interessen und Bedürfnisse aufgrund von Geschlecht, zum anderen die Frage nach der Responsivität für die Bedürfnisse von Langzeitarbeitslosen bzw. von Personen mit multiplen Vermittlungshemmnissen. Beide Kriterien strukturieren

Erwerbsverläufe dauerhaft und nicht nur in Übergangsphasen; insbesondere im Falle von Geschlecht ist die Ursache für Ungleichheit zudem in aller Regel nicht veränderlich. Beide Fälle verlangen also das besondere Augenmerk einer responsiven Arbeitsverwaltung, die auf die Integration aller Arbeitssuchenden bedacht ist. Die Berücksichtigung dieser beiden Dimensionen von Diversität ist zudem Gegenstand der Zielvereinbarungen, die die Bundesagentur für Arbeit gemäß § 1 Abs. 3 SGB III mit dem Bundesarbeitsministerium verhandelt hat. Die Vereinbarung enthält vier Rahmenziele (Bundesagentur für Arbeit 2014):

• Arbeitsmarktausgleich verbessern,
• Langzeitarbeitslosigkeit vermeiden,
• Strukturwandel begleiten und
• Frauenerwerbstätigkeit steigern.

Entsprechend der obigen Ausführungen werden zwei Kriterien zur Einschätzung der Responsivität der (Selbst-)Verwaltung der Arbeitsmarktpolitik herangezogen: Zum einen wird der Grad der Repräsentation unterschiedlicher Interessen innerhalb der (Selbst)Verwaltung untersucht (Input-Dimension). Zum anderen wird geprüft, inwieweit das Verwaltungshandeln auf die unterschiedlichen Bedürfnisse von Adressaten abgestimmt ist und zu einer Korrektur unterschiedlicher Arbeitsmarktchancen aufgrund unterschiedlicher Ausgangssituationen beiträgt (Output-Dimension).

5.1   Fallbeispiel I: Responsivität für Fragen der Geschlechtergerechtigkeit

Repräsentative (Selbst)Verwaltung?

Blickt man zunächst auf die Repräsentation der Interessen beider Geschlechter im Rechtskreis des SGB III, so ist festzuhalten, dass gemäß § 385 SGB III sowohl bei den Agenturen für Arbeit, bei den Regionaldirektionen wie auch bei der Zentrale in Nürnberg hauptamtliche Beauftragte für Chancengleichheit am Arbeitsmarkt zu bestellen sind, die über ein Informations-, Beratungs- und Vorschlagsrecht in Fragen, die Auswirkungen auf die Chancengleichheit von Frauen und Männern am Arbeitsmarkt haben, verfügen. Die Beauftragten für Chancengleichheit am Arbeitsmarkt haben interne und externe Multiplikatoren-Funktionen: Sie sollen sowohl die Fach- und Führungskräfte der Träger, wie auch die Leistungsempfänger und -empfängerinnen und die Organisationen, die im Auftrag der Arbeitsagenturen agieren, in Fragen der Chancengleichheit der Geschlechter beraten.

Speziell für die Selbstverwaltung formuliert § 377 Abs. 2 SGB III, der die Berufung und Abberufung der Mitglieder des Verwaltungsrats der Bundesagentur für Arbeit und der Verwaltungsausschüsse regelt, das Ziel der gleichen Teilhabe der Geschlechter in den Selbstverwaltungsgremien. § 379 SGB III bestimmt unter Verweis auf das Bundesgremienbesetzungsgesetz, dass die vorschlagsberechtigten Stellen für jeden auf sie entfallenden Sitz jeweils eine Frau und einen Mann vorzuschlagen haben.

Ein Blick auf die tatsächliche Geschlechterverteilung im Verwaltungsrat der Bundesagentur für Arbeit zeigt allerdings, dass das in § 377 Abs. 2 SGB III formulierte Ziel keineswegs erreicht wird. Bei jeder der drei Bänke ist eine Unterrepräsentanz von Frauen festzustellen, wenngleich das Geschlechterungleichgewicht bei den drei Bänken jeweils unterschiedlich ausgeprägt ist (siehe Tabelle).

Tabelle 1   Besetzung des BA-Verwaltungsrates aus Geschlechterperspektive

	Gruppe der Arbeitnehmer (SV)	Gruppe der Arbeitgeber (SV)	Gruppe der öffentlichen Körperschaften (SV)
Männer	5 (3)	6 (2)	4 (3)
Frauen	2 (2)	1 (3)	3 (2)

Quelle: Auszählung gemäß der Liste der Mitglieder des Verwaltungsrates der BA (13. Amtsdauer – 1. Juli 2010 bis 30. Juni 2016)

Anmerkung: Die Zahlen in Klammern geben das Geschlechterverhältnis in den Reihen der stellvertretenden Mitglieder an.

Eine Überrepräsentanz männlicher Selbstverwaltungsmitglieder ist nicht nur in der Selbstverwaltung der Bundesagentur für Arbeit zu konstatieren, wie ein Seitenblick auf die Selbstverwaltung in den anderen Bereichen der Sozialversicherung deutlich macht. So zeigt der Schlussbericht des Bundesbeauftragten für die Sozialwahlen, dass auf der Grundlage der Ergebnisse der letzten Sozialwahlen im Jahr 2011 nur 18 % der Mandate von Frauen wahrgenommen werden. Augenfällig sind dabei die Unterschiede zwischen den Arbeitgebermandaten, wo 87,2 % der Mandate von Männern wahrgenommen werden, und den Versichertenmandaten, bei denen immerhin gut 1/5 der Selbstverwaltungsmitglieder weiblich sind (Bundeswahlbeauftragter für die Sozialversicherungswahlen 2012, S. 50).[3]

---

3   Vor diesem Hintergrund wurde das Ziel der gleichen Teilhabe der Geschlechter in der Selbstverwaltung auch im Koalitionsvertrag der aktuellen CDU/SPD-Regierung verankert. Unter der Überschrift ‚Selbstverwaltung stärken' wird auch auf den geschlechter-

Für den Rechtskreis des SGB II gilt seit dem 1.1.2011 analog zum SGB III, dass die Träger eine hauptamtliche Beauftragte für Chancengleichheit am Arbeitsmarkt zu bestellen haben (§ 18e SGB II). Keine verbindlichen Regelungen zur Geschlechterrepräsentation gibt es für die Beiräte nach § 18d SGB II. Bislang gibt es keine systematischen empirischen Erhebungen über die Besetzung der Beiräte nach § 18d SGB II. Legt man jedoch die Ergebnisse des Bundesgremienberichts, der bei Besetzung von Beiräten in der öffentlichen Verwaltung fast durchgängig ein Ungleichgewicht der Geschlechter konstatiert, als Orientierungsmaßstab zu Grunde, so ist stark davon auszugehen, dass dies auch bei den Beiräten der SGB II-Träger der Fall ist (Deutscher Bundestag 2010).

Ergebnisse des Verwaltungshandelns: Zugang zu arbeitsmarktpolitischen Förderleistungen aus Geschlechterperspektive

Auch was die Ergebnisse des Verwaltungshandelns – hier: die Vermittlung in Arbeit und den Zugang zu arbeitsmarktpolitischen Förderleistungen – betrifft, sind Defizite in Bezug auf die Responsivität für Fragen der Chancengleichheit der Geschlechter zu konstatieren. Die Ergebnisse der Arbeitsmarktforschung zum SGB III zeigen, dass Frauen relativ seltener mit arbeitsmarktnahen, beschäftigungsbegleitenden Maßnahmen gefördert werden als Männer (z. B. Eingliederungsgutscheine oder Eingliederungszuschüsse), obwohl diese bei der Arbeitsmarktintegration gerade von Frauen besonders erfolgreich sind (Bothfeld und Betzelt 2011). Nicht anders verhält es sich im SGB II, auch hier gibt es bei den Vermittlungsleistungen und im Zugang zu Förderleistungen große geschlechtsspezifische Unterschiede. Diejenigen Gruppen, die aus dem „Fordern und Fördern" ausgeklammert werden, sind typischerweise weiblich, gering qualifiziert bzw. arbeitsmarktfern und haben typischerweise zeitliche Einschränkungen aufgrund von Kinderbetreuungsaufgaben (Jährling 2009, S. 134). Auch bei den besonders erfolgreichen, arbeitsmarktnahen Maßnahmen, wie z. B. dem Eingliederungszuschuss oder den betrieblichen Trainingsmaßnahmen, werden Frauen geringer beteiligt; sie werden stattdessen häufiger direkt in einen gering qualifizierten Minijob vermittelt (Projektteam IAQ, FIA, GendA 2009, S. 158, 205, 214). Qualitative Studien bestätigen, dass sich im breiten Ermessensspielraum der Fachkräfte sehr leicht geschlechtsspezifische Stereotype durchsetzen können (Bartelheimer und Henke 2009). Diese Befunde sind Ergebnis der SGB II-Begleitforschung, mit der die Einführung des neuen Rechtskreises

---

politischen Handlungsbedarf verwiesen, auch wenn nur eine ‚Optimierung' und keine tatsächliche Gleichstellung angestrebt wird (Koalitionsvertrag zwischen CDU, CSU und SPD 2013, S. 53). Allerdings wurden im bisherigen Verlauf der Legislaturperiode noch keine Maßnahmen verabschiedet um dieses Ziel zu realisieren.

wissenschaftlich evaluiert wurde. Aktuelle Studien, wie z. B. von Achatz et al. (2013) zeigen, dass die genannten Probleme auch 10 Jahre nach der Einführung des SGB II weiter bestehen.

5.2 Fallbeispiel II: Responsivität für die Interessen von Langzeitarbeitslosen und Arbeitslosen mit multiplen Vermittlungshemmnissen

Als Langzeitarbeitslose gelten die Arbeitslosen, deren Dauer der Arbeitslosigkeit mehr als 12 Monate beträgt. Die Problemgruppe der Langzeitarbeitslosen ist längst keine Randgruppe mehr, sondern stellt einen beachtlichen Anteil an der Gruppe der Leistungsbezieher. Im Jahr 2013 waren in Deutschland durchschnittlich etwa 1 Mio. Menschen länger als ein Jahr arbeitslos, was einem Anteil von 35,6 % an allen Arbeitslosen entspricht (Bundesagentur für Arbeit 2014, S. 7). Bei dieser Quote ist zu berücksichtigen, dass die Langzeitarbeitslosigkeit bereits als unterbrochen gilt, wenn an einer sechswöchigen Maßnahme zur Aktivierung und beruflichen Eingliederung teilgenommen wird. Erfolgt nach dem Ende der Maßnahme wieder eine Phase der Arbeitslosigkeit, so wird dies statistisch als eine ‚neue beginnende' Arbeitslosigkeit gewertet. D. h. faktisch dürfte die Zahl an Personen, die über längere Zeit nicht mehr sozialversicherungspflichtig beschäftigt waren, noch höher sein.

Langzeitarbeitslosigkeit stellt ein besonderes arbeitsmarkt- und sozialpolitisches Problem dar. Die Chancen auf eine Wiedereingliederung in den Arbeitsmarkt werden mit zunehmender Dauer der Arbeitslosigkeit schlechter. Langzeitarbeitslosigkeit wird selbst zu einem Ausgrenzungsmerkmal in der betrieblichen Einstellungspraxis. Leistungsfähigkeit, Lern- und Mobilitätsbereitschaft und Stabilität des Arbeitsverhaltens werden umso mehr angezweifelt, je länger der Kontakt zur Arbeitswelt zurückliegt (Bäcker et al. 2010, S. 493).

Fragt man, wie die Interessen dieser besonderen Problemgruppe des Arbeitsmarktes in den Strukturen der Selbstverwaltung repräsentiert sind, so zeigt sich, dass ein Mitglied der gewerkschaftlichen Bank des Verwaltungsrats bei der entsendenden Organisation eine Doppelfunktion auf Vorstandsebene inne hat und hier sowohl für die sozialpolitischen Fragen der Erwerbstätigen wie auch für gewerkschaftliche Erwerbsloseninitiativen, Teilhabepolitik und Schwerbehindertenvertretung, Migrantinnen und Migranten zuständig ist. Dies ist aber eine Besonderheit der Besetzung der Selbstverwaltungsgremien in der aktuellen Legislaturperiode, die nicht institutionell abgesichert ist und die sich bei personellen Neuerungen im Verwaltungsrat wieder verändern kann. Jenseits dieser personellen Zufälligkeit scheint die systematische Repräsentation der Interessen von Langzeitarbeitslosen durch die Selbstverwaltung eher problematisch.

In der Selbstverwaltung treten die Interessen von Personen, die langfristig arbeitsmarktpolitische Leistungen in Anspruch nehmen, in Konflikt mit den Interessen der Beitragszahler, die aus beschäftigungspolitischen Gründen an niedrigen Sozialversicherungsbeiträgen interessiert sind. Zwar sind alle Beitragszahler auch potentielle Leistungsbezieher – das Risiko Arbeitslosigkeit kann individuell weniger denn je ausgeschlossen werden. Faktisch ist es allerdings so, dass die Chancen von Langzeitarbeitslosen, wieder in sozialversicherungspflichtige Beschäftigung zu treten und damit zum Beitragszahler zu werden, außerordentlich gering sind. Langzeitarbeitslose bleiben vielfach dauerhaft im Leistungsbezug – und stellen aufgrund dessen eine besondere Gruppe dar, die sich von arbeitsmarktnahen Erwerbslosen mit hohen Re-Integrationschancen in ihren Interessen unterscheiden.

Der Konflikt zwischen Beitragszahlern und Leistungsnutzern ist nicht nur typisch für Selbstverwaltung in der Arbeitsverwaltung, sondern ist auch in anderen Zweigen der sozialen Selbstverwaltung zu beobachten. Auch in der Krankenversicherung sind die Versicherten keine homogene Gruppe mit gleichgerichteten Interessen. Es gibt sowohl den schwerwiegenden oder chronisch kranken Patienten, der an einem hohen Leistungsniveau und einem breiten Leistungsspektrum interessiert ist, als auch das gesunde Mitglied, dessen Interesse sich in erster Linie auf einen niedrigen Beitragssatz richtet. Alt oder jung, Mann oder Frau, mit Familie oder alleinstehend sind weitere Differenzierungsmerkmale, die den Bedarf an Gesundheitsdienstleistungen beeinflussen. Auch hier stellt sich die Frage, wessen Situation und wessen Interessen die Versichertenvertreter in den Selbstverwaltungsgremien zur Grundlage ihrer Entscheidungsfindung machen sollen. Verstehen sie sich als Repräsentanten der ,schlechten Risiken', die, gerade weil ihnen die Exit-Option des Kassenwechsels nicht unbegrenzt offen steht, auf effektive Interessenvertretung angewiesen sind? Oder orientieren sie sich an den Interessen der ,guten Risiken'? (Braun und Klenk 2006). Im Bereich der Gesundheitspolitik wurde der Konflikt zwischen Nutzer und Beitragszahler dadurch entschärft, dass die Patienten auf der übergeordneten Selbstverwaltungsebene des Gemeinsamen Bundesausschusses (G-BA) ein Vertretungsrecht erhielten (wenngleich ohne Stimmrecht) (Hänlein und Schroeder 2010; Köster 2005).

Die Interessen der Patienten werden dabei von Vertretern der Patienten-Selbsthilfebewegung wahrgenommen, die nicht dem Rollenkonflikt von Beitragszahlern und Nutzern unterstehen. In der Arbeitsverwaltung gibt es eine solche ausdifferenzierte Interessenvertretung nicht. Die Interessen von Langzeitarbeitslosen werden – ebenso wie die von anderen Gruppen von Leistungsbeziehern – *ausschließlich* von gewerkschaftlichen Akteuren wahrgenommen. Organisationspolitisch sind

Gewerkschaften damit zugleich die advokatorischen Interessenvertreter starker Interessen – die der abhängig Beschäftigten – sowie schwacher Interessen ((Langzeit-) Arbeitslose). Bei arbeitsmarktpolitischen Fragen sind die Interessen der abhängig Beschäftigten und Beitragszahler mit den Interessen der Personen, die vorwiegend Leistungen nutzen, miteinander zu vereinbaren. Eine solche doppelte Interessenvertretung kann die Ausgewogenheit von Entscheidungen befördern – sie macht die Organisation zugleich aber auch anfällig für innerorganisatorische Konflikte. In der Tat zeigt die jüngere Organisationsgeschichte von Gewerkschaften, dass die Rolle von Gewerkschaften bei der Interessenvertretung von Langzeitarbeitslosen zumindest ambivalent ist. Noch bis Ende der 1980er Jahre verstanden Gewerkschaften sich vorrangig als eine *Arbeitnehmer*bewegung und suchten vor allem die Abgrenzung gegenüber den Arbeitsloseninitiativen, die vor dem Hintergrund persistenter Massenarbeitslosigkeit sich im Verlauf der 1980er Jahre zunehmend bildeten. Auch wenn 1986 der ‚Koordinationsausschuss gewerkschaftlicher Arbeitslosengruppen', aus dem die Koordinierungsstelle gewerkschaftlicher Arbeitslosengruppen (KOS) hervorging, gegründet wurde, so fielen doch die Betreuung von Arbeitsloseninitiativen und deren politische Interessenvertretung aus Perspektive der Gewerkschaften vor allem in den Zuständigkeitsbereich der Kirchen und der Wohlfahrtsverbände. Dies änderte sich erst nach der deutschen Wiedervereinigung und den Erfahrungen der massiven Arbeitsmarktkrise in den neuen Bundesländern, angesichts derer der flächendeckende Aufbau von Arbeitsloseninitiativen auch von aktiven Gewerkschaftern mit unterstützt wurde (von Winter 2007, S. 344–345). Das Verhältnis zwischen Gewerkschaften und der politisierten Arbeitslosenbewegung blieb jedoch spannungsvoll, wie es große gesellschaftliche Proteste gegen die Einführung der Hartz-Reformen deutlich machten, bei denen gewerkschaftliche Akteure zwischen der Unterstützung von Arbeitsloseninitiativen und deren Reformkritik und der Unterstützung des Reformkurses der Regierung oszillierten (Lahusen und Baumgarten 2006; Rein 2008).

Die Frage nach der Interessenvertretung von Langzeitarbeitslosen durch die Selbstverwaltung in der Arbeitsverwaltung wird zum dritten durch das Vorhandensein zweier Rechtskreise erschwert. Mit einer Arbeitslosigkeitsdauer von mehr als 12 Monaten befindet sich diese Personengruppe mehrheitlich im Rechtskreis des SGB II – und damit in dem Teil der Arbeitsverwaltung, in dem es keine Selbstverwaltungsrechte gibt. Zwar sind Gewerkschaften und auch Wohlfahrtsverbände – d. h. Akteure, die sich unter anderem auch im Bereich der Arbeitsloseninitiativen engagieren – in den Beiräten der SGB II-Träger vertreten, doch diese Beiräte sind, wie oben beschrieben, nicht als Interessenvertretungsorgane der Leistungsempfänger, sondern als Beratungsinstanzen der hauptamtlichen Verwaltung gedacht. Darüber hinaus verfügen die Beiräte über keine nennenswerten Kompetenzen.

Angesichts der geringen Handlungsmöglichkeiten der Beiräte im Steuerungssystem der SGB II-Träger gibt es innerhalb der Gewerkschaften eine kritische Debatte darüber, ob sich aus einer organisationspolitischen Perspektive das Engagement in den Beiräten überhaupt lohnt.

Ergebnisse des Verwaltungshandelns: Zugang zu arbeitsmarktpolitischen Förderleistungen

Die Existenz zweier Rechtskreise erweist sich auch als problematisch, wenn es um den Zugang von Personen, denen potentiell Langzeitarbeitslosigkeit droht, zu Leistungen der aktiven Arbeitsmarktpolitik geht. So kommt der Bundesrechnungshof in einer Evaluation des Zielsteuerungssystems der Bundesagentur für Arbeit zum Schluss, dass das Zielsteuerungssystem zu einer strukturellen Vernachlässigung von Arbeitslosen mit Vermittlungshemmnissen führt: „Weil im Zielsystem der Bundesagentur die Integration jedes Arbeitsuchenden gleichermaßen zählt, unabhängig davon, ob seine Integrationschancen gut oder schlecht sind, konzentrierten die Agenturen ihre Vermittlungsbemühungen stark auf Personen mit guten Integrationschancen" (Bundesrechnungshof 2012, S. 4, 5). Mit zunehmender Dauer der Arbeitslosigkeit sinkt zudem die Intensität der Vermittlungsbemühungen (Bundesrechnungshof 2012, S. 52). Insgesamt ist eine Konzentration der Vermittlungsbemühungen der Agenturen auf Personen mit guten Integrationschancen festzustellen. Zusammengefasst bedeutet dies, dass die Re-Integrationschancen von Personen mit Vermittlungshemmnissen durch das Verwaltungshandeln nicht verbessert werden, sondern dass sich die ungleichen Ausgangsbedingungen durch das Verwaltungshandeln im Gegenteil verfestigen. Auch die Selbstverwaltung als mögliches Korrektiv konnte die Dynamiken des Zielsteuerungssystems der Bundesagentur für Arbeit und seine Effekte auf die verschiedenen Arbeitslosengruppen bislang nicht grundsätzlich korrigieren.

6   Resümee und Schlussfolgerungen

Betrachtet man die Selbstverwaltung in der Arbeitsverwaltung aus dem spezifischen Blickwinkel der Responsivität, so zeigt sich Handlungsbedarf. Der Beitrag hat an zwei ausgewählten Beispielen – Geschlechterinteressen und (potentiell) von Langzeitarbeitslosigkeit bedrohten Personen – gezeigt, dass die spezifischen Interessen der Problemgruppen am Arbeitsmarkt nur begrenzt von der Selbstverwaltung in der Arbeitsverwaltung berücksichtigt werden. Handlungsbedarf besteht sowohl in Bezug auf die Repräsentation der Interessen der Problemgruppen in den Selbstverwaltungsgremien („Input") als auch hinsichtlich der Ergebnisse der spezifischen Leistungen der Arbeitsverwaltung für diese Problemgruppen („Output"). Nachteile auf dem Arbeitsmarkt, die sich aus einer spezifischen Lebenssituation ergeben, werden durch die Selbstverwaltung nicht korrigiert, sondern in der Tendenz sogar eher verfestigt.

Freilich sind bei einer solchen Bewertung der Responsivität der Selbstverwaltung der Arbeitsmarktpolitik die Grenzen des Selbstverwaltungshandelns zu berücksichtigen. So werden die übergeordneten Ziele der Arbeitsmarktpolitik, die sich im Zielsystem der Bundesagentur für Arbeit widerspiegeln, von der Politik getroffen und eben nicht von der Selbstverwaltung oder der Geschäftsführung der Bundesagentur für Arbeit, auch wenn die Arbeitsmarktverwaltung bei der Umsetzung politischer Programme über deutlich größere Gestaltungsspielräume verfügt als andere Bereiche der öffentlichen Verwaltung. Zudem sind auch die strukturellen Ungleichgewichte zwischen Selbstverwaltung und hauptamtlicher Arbeitsverwaltung zu berücksichtigen, die durch die Selbstverwaltungsreformen im Jahr 2002 noch verschärft wurden (Klenk et al. 2012, S. 102). Die Selbstverwaltung überwacht die hauptamtliche Verwaltung, als Kontrollorgan ist sie eben aber nur indirekt an der Gestaltung der alltäglichen Abläufe des Verwaltungshandelns beteiligt.

Doch auch wenn man diese Einschränkungen in Rechnung stellt, sind eine Reihe von Maßnahmen denkbar, um die Responsivität der Selbstverwaltung in der Arbeitsmarktpolitik zu verbessern. Dabei kommen sowohl strukturelle wie auch inkrementelle Maßnahmen unterhalb von Gesetzesreformen in Betracht. So besteht beispielsweise für die gleiche Teilhabe der Geschlechter an der Selbstverwaltung in der Arbeitsmarktpolitik kein gesetzlicher Handlungsbedarf, vielmehr ist eine stärkere Kontrolle der Umsetzung der bestehenden gesetzlichen Vorschriften notwendig. Grundsätzlich setzt Responsivität eine stärkere Rückbindung der Selbstverwaltung an die Personen, deren Interessen sie gegenüber der Politik und der Arbeitsverwaltung vertritt, voraus. Aus der Perspektive des *representative bureaucracy*-Ansatzes ist eine möglichst weitgehende Kongruenz zwischen Verwaltung und Adressaten gerade bei Verwaltungsformen notwendig, die – wie die Selbstverwaltung – über große Autonomiespielräume verfügen und ihre Legitimation eben nicht durch die ununterbrochene Legitimationskette vom Volk zur Verwaltung erhalten, wie sie im klassischen Demokratie-Modell gedacht ist (Krislov 1974, S. 21). Von daher sollten gezielt institutionelle Schnittstellen zwischen der Selbstverwaltung und den Adressaten des Verwaltungshandelns geschaffen werden. Eine Möglichkeit hierfür ist die Einführung der Institution der Versichertenältesten, die auf individueller Ebene den Kontakt zu den Versicherten suchen und dort Beratung anbieten. Während die Institution von Versichertenältesten in den anderen Zweigen der Sozialversicherung (wieder) weit verbreitet ist, fehlen diese in der Selbstverwaltung der Arbeitsverwaltung bislang gänzlich. Die Notwendigkeit einer stärkeren gesellschaftlichen Rückbindung bezieht sich aber vor allem auf die Beziehungen der Selbstverwaltung zu den Problemgruppen des Arbeitsmarkts. Wenn die Bedürfnisse von Personen mit Vermittlungshemmnissen nicht gesondert in der Selbstverwaltung repräsentiert sind, so müssen zumindest institutionalisierte Austauschmechanismen zwischen der Selbstverwaltung und den Verbänden von Arbeitsloseninitiativen, z. b. durch regelmäßige Informations- und Konsultationsrunden, geschaffen werden. Dabei sollten nicht nur gewerkschaftliche Arbeitsloseninitiativen Berücksichtigung finden, sondern auch Verbände mit anderer weltanschaulicher Orientierung.

Strukturelle Reformen erscheinen erforderlich, wenn es darum geht, die Voraussetzungen für Responsivität im Bereich des SGB II zu verbessern. Aus der Perspektive einer responsiven und partizipativen Verwaltung schneiden die SGB II-Träger schlecht ab: Es gibt hier – jenseits formalisierter Beschwerdeverfahren mit den Sozialgerichten als letzte Eskalationsstufe – keinen Ort, an dem die Adressaten ihre Interessen und Bedürfnisse gegenüber der Verwaltung artikulieren können. Dass es jedoch Bedarf für ein Gremium mit einer institutionalisierten Beratungs- und Beschwerdefunktion gibt, wird durch die hohe Klagequote gegenüber den Hartz-Bescheiden eindrücklich belegt. Zwar werden vom Zentrum für Kunden- und Mitarbeiterbefragungen (ZKM) der Bundesagentur für Arbeit regelmäßig Befragungen durchgeführt, bei denen es auch um die Bewertung der Arbeit der Jobcenter geht, die Umfragen sind aber nicht darauf ausgerichtet, das Beschwerde- und Widerspruchsmanagement zu verbessern. Zudem bleibt bei diesem Instrument die Beteiligung der Adressaten den Zufällen der automatisierten Auswahl der Stichprobe überlassen. Es erlaubt keine prospektive und kontinuierliche Beteiligung der Adressaten.

Um die partizipativen Elemente im SGB II-Bereich zu stärken, wäre es beispielsweise denkbar die Rolle der Beiräte nach § 18d SGB II neu zu definieren, indem diese auch zur Repräsentation der Interessen der Leistungsempfänger gedacht und mit den entsprechenden Kompetenzen ausgestattet werden. Noch viel weitreichender wäre der Vorschlag, das Selbstverwaltungsprinzip auf den SGB II-Bereich auszudehnen und die Verwaltungsausschüsse der Agenturen für Arbeit an der Steuerung der Jobcenter zu beteiligen. Für eine solche organisatorische Klammer zwischen dem SGB III und dem SGB II-Bereich spräche, dass so auch die Probleme beim Übergang zwischen den beiden Rechtskreisen besser vermieden werden könnten.

In der internationalen Diskussion gilt Selbstverwaltung immer noch als das zentrale Organisationsmerkmal der deutschen Arbeitsverwaltung. Längst werden aber die Ansprüche der Mehrzahl der Empfänger von arbeitsmarktpolitischen Leistungen von Trägern *ohne* Selbstverwaltung verwaltet. Eine Stärkung der partizipativen Elemente im SGB II könnte nicht nur die Effizienz des Verwaltungshandelns verbessern, insbesondere was das Beschwerde- und Widerspruchsmanagement betrifft, sondern könnte auch ein wichtiger Baustein für eine verbesserte gesellschaftliche Akzeptanz dieses Bereichs der Arbeitsverwaltung darstellen.

Literatur

Achatz, J., A. Hirseland, T. Lietzmann und C. Zabel. 2013. Alleinerziehende Mütter im Bereich des SGB II: Eine Synopse empirischer Befunde aus der IAB-Forschung. *IAB-Forschungsbericht* 8/2013.

Bäcker, G., G. Naegele, R. Bispinck, K. Hofemann und J. Neubauer. 2010. *Sozialpolitik und soziale Lage in Deutschland*, Bd 1: Grundlagen, Arbeit, Einkommen und Finanzierung. Wiesbaden: VS Verlag für Sozialwissenschaften.

Bartelheimer, P. und J. Henke. 2009. „Eher ein Randbereich"? Beobachtungen zu Genderfragen der Fallbearbeitung bei drei SGB-II-Trägern. In *Wer wird „aktiviert" – und warum (nicht)? Erste Erkenntnisse zur Realisierung der gleichstellungspolitischen Ziele des SGB II*, hrsg. S. Betzelt, J. Lange und U. Rust, 167–195. Rehburg-Loccum: Evang. Akad. Loccum, Protokollstelle.

Bothfeld, S. und S. Betzelt. 2011. Der Geschlechterbias in der deutschen Arbeitsmarktpolitik: Eine Institutionenanalyse des SGB II und SGB III und der geschlechterspezifischen Implikationen. In *Neue Wege: gleiche Chancen: Expertisen zum ersten Gleichstellungsbericht der Bundesregierung* hrsg U. Klammer und M. Motz, 196–251. Wiesbaden: VS, Verlag für Sozialwissenschaften.

Braun, B. und T. Klenk. 2006. Soziale Selbstverwaltung: Traditionsreicher Steuerungsmechanismus – mit welcher Zukunft? *Soziale Sicherheit* 55: 54–58.

Braun, B., T. Klenk, W. Kluth, F. Nullmeier und F. Welti. 2008. *Geschichte und Modernisierung der Sozialversicherungswahlen*. Baden-Baden: Nomos.

Bundesagentur für Arbeit. 2014. *Arbeitsmarkt in Deutschland Zeitreihen bis 2013 – Analytikreport der Statistik.*

Bundesrechnungshof. 2012. *Mitteilung an die Bundesagentur für Arbeit über die Prüfung der Steuerung der Zielerreichung in den strategischen Geschäftsfeldern I und Va* (No. Gz.: VI3 – 2011 – 0116). Bonn.

Bundeswahlbeauftragter für die Sozialversicherungswahlen. 2012. *Schlussbericht über die Sozialwahlen 2011.* Berlin.

Czerwick, E., W.H. Lorig und E. Treutner. 2009. Demokratische Verwaltung im demokratischen Staat. In *Die öffentliche Verwaltung in der Demokratie der Bundesrepublik Deutschland*, hrsg E. Czerwick, W.H. Lorig und E. Treutner, 249–269. Wiesbaden: VS Verlag für Sozialwissenschaften.

Dahl, R.A. 1971. *Polyarchy, participation and opposition.* New Haven: Yale University Press.

Deutscher Bundestag. 2010. *Fünfter Gremienbericht der Bundesregierung zum Bundesgremienbesetzungsgesetz* vom 16.12.2010, Drucksache 17/4308.

Fox, C.J. und C.E. Cochran. 1990. Toward a Platonic Guardian Class? In *Images and identities in public administration*, hrsg H.D. Kass und B.L. Catron, 87–112. Newbury Park, Calif: Sage Publications.

Grauhan, R.-R. 1969. *Modelle politischer Verwaltungsführung*. Konstanz: Universität Konstanz: Konstanzer Universitätsreden.

Hänlein, A. und W. Schroeder. 2010. Patienteninteressen im deutschen Gesundheitswesen. S. in: *Public Governance und schwache Interessen*, hrsg. U. Clement, J. Nowak, C. Scherer und S. Ruß, 47–61. Wiesbaden: VS.

Holtkamp, L. 2009. Verwaltung und Partizipation: Von der Hierarchie zur partizipativen Governance? In *Die öffentliche Verwaltung in der Demokratie der Bundesrepublik Deutschland*, hrsg E. Czerwick, W.H. Lorig und E. Treutner, 65–86. Wiesbaden: VS Verlag für Sozialwissenschaften.

Jährling, K. 2009. Aktivierung oder Exklusion? Genderrelevante Befunde zu Zugangschancen und Erwerbspflichten im SGB II. In: *Wer wird „aktiviert" – und warum (nicht)? Erste Erkenntnisse zur Realisierung der gleichstellungspolitischen Ziele des SGB II*, hrsg S. Betzelt, J. Lange und U. Rust, 111–141. Rehburg-Loccum: Evang. Akad. Loccum, Protokollstelle.

Jann, W. 1998. Politik und Verwaltung im funktionalen Staat. *In Politik und Verwaltung auf dem Weg in die transindustrielle Gesellschaft: Festschrift zum 65. Geburtstag von Carl Böhret*, hrsg W. Jann, K. König, C. Landfried und P. Wordelmann, 253–282. Baden-Baden: Nomos.

Jann, W. und K. Wegrich. 2010. Governance und Verwaltungspolitik. In *Governance: Regieren in komplexen Regelsystemen: Eine Einführung*, hrsg A. Benz und N. Dose, 175–200. Wiesbaden: VS Verlag für Sozialwissenschaften.

Jestaedt, M. 2004. Demokratische Legitimation – quo vadis? *Juristische Schulung* 44 (8): 649–653.

Keller, B. und H. Seifert (Hrsg). 2007. *Atypische Beschäftigung – Flexibilisierung und soziale Risiken*. Berlin: Edition Sigma.

Kingsley, J.D. 1944. *Representative bureaucracy: An interpretation of the British civil service*. Yellow Springs: The Antioch Press.

Klenk, T., P. Weyrauch, A. Haarmann und F. Nullmeier. 2012. *Abkehr vom Korporatismus? Der Wandel der Sozialversicherungen im europäischen Vergleich*. Frankfurt am Main [u. a.]: Campus.

Kohli, M. 1985. Die Institutionalisierung des Lebenslaufs: Historische Befunde und theoretische Argumente. *Kölner Zeitschrift für Soziologie und Sozialpsychologie* 37: 1–29.

Köster, G. 2005. Patientenbeteiligung im Gemeinsamen Bundesausschuss. In: *Patientenbeteiligung im Gesundheitswesen*, hrsg I. Heberlein, 78–90. Hamburg: Argument-Verlag.

Krislov, S. 1974. *Representative bureaucracy*. Prentice-Hall.

Lahusen, C. und B. Baumgarten. 2006. Die Fragilität kollektiven Handelns: Arbeitslosenproteste in Deutschland und Frankreich. *Zeitschrift für Soziologie* 35: 102–119.

Mayntz, R. 1980. Die Entwicklung des analytischen Paradigmas der Implementationsforschung. In *Implementation politischer Programme I. Empirische Forschungsberichte*, hrsg R. Mayntz, 1–17. Königstein/Ts.: Hain.

Mosher, F.C. 1968. *Democracy and the public service*. New York: Oxford University Press.

Mückenberger, U. 1985. Die Krise des Normalarbeitsverhältnisses. *Zeitschrift für Sozialreform* 31: 415–475.

Osterland, M. 1990. „Normalbiographie" und „Normalarbeitsverhältnis". In Lebenslagen – Lebensläufe – Lebensstile, hrsg P. Berger und S. Hradil, *Soziale Welt Sonderband 7*, 351–362.

Projektteam IAQ, FIA, GendA. 2009. *Bewertung der SGB II-Umsetzung aus gleichstel-lungspolitischer Sicht: Evaluation der Wirkungen der Grundsicherung nach § 55 SGB II: Abschlussbericht*. Berlin: Bundesministerium für Arbeit und Soziales.

Rein, H. 2008. Proteste von Arbeitslosen. In *Die sozialen Bewegungen in Deutschland seit 1945: ein Handbuch*, hrsg R. Roth und D. Rucht, 593–611. Frankfurt, New York: Campus.

Riedmüller, B. und D. Vinz. 2009. Diversity als Herausforderung für die Sozialpolitik. In *Gender und Diversity: Albtraum oder Traumpaar?: interdisziplinärer Dialog zur „Moder-nisierung" von Geschlechter- und Gleichstellungspolitik*, hrsg S. Andresen, M. Koreuber und D. Lüdke, 65–78. Wiesbaden: VS, Verlag für Sozialwissenschaften.

Scharpf, F.W. 1973. Verwaltungswissenschaft als Teil der Politikwissenschaft. In *Planung als politischer Prozess*, hrsg F.W. Scharpf, 9–40. Frankfurt am Main: Suhrkamp.

Schröter, E. und P. von Maravi. 2012. Verspricht größere Nähe auch bessere Leistung? Über die Leistungserwartungen an eine repräsentative Bürokratie. In *Positive Distanz?: Mul-tidisziplinäre Annäherungen an den wahren Abstand und das Abstandwahren in Theorie und Praxis*, hrsg S.A. Jansen, N. Stehr und E. Schröter, 269–299. Wiesbaden: Springer VS.

Stivers, C. 1994. The Listening Bureaucrat: Responsiveness in Public Administration. *Public Administration Review* 54: 364.

Uppendahl, H. 1981. Repräsentation und Responsivität: Bausteine einer Theorie responsiver Demokratie. *Zeitschrift für Parlamentsfragen* 12: 123–134.

Von Winter, T. 2007. Sozialverbände. In *Interessenverbände in Deutschland*, hrsg T. von Winter und U. Willems, 341–366. Wiesbaden: VS Verlag für Sozialwissenschaften.

Weber, M. 2002. *Wirtschaft und Gesellschaft: Grundriss der verstehenden Soziologie*, besorgt von Johannes Winckelmann, Tübingen: Mohr, 1972. Tübingen: Mohr-Siebeck.

Weber, M. 2010. *Politik als Beruf*. Berlin: Duncker und Humblot.

Kunden? Bürger?
Kundenorientierung und Selbstverwaltung in der Arbeitsmarktpolitik

Florian Blank

1 Einleitung[1]

Die politische wie wissenschaftliche Debatte um vergangene Arbeitsmarktreformen beschäftigt sich häufig mit den als „Hartz-Gesetzen" bekannt gewordenen Gesetzen für moderne Dienstleistungen am Arbeitsmarkt (2002/2003). Dabei stehen insbesondere die Leistungen der Grundsicherung für Arbeitssuchende im Vordergrund, ihre Höhe und Bezugsbedingungen, sowie die Frage, ob der in den vergangenen Jahren feststellbare Aufschwung am Arbeitsmarkt auch diesen Reformen zuzuschreiben ist. Reformen in der Arbeitsmarkt- und Sozialpolitik können jedoch Institutionen und Leistungen in unterschiedlicher Weise verändern. Neben dem Aus- und Abbau von Leistungen, der Ausweitung oder Einschränkung des Kreises (potenzieller) Leistungsbezieherinnen[2], einer Verschärfung oder Milderung der Bedingungen des Leistungsbezugs, dem Einbezug oder Ausschluss von sozialen Risiken in die Absicherung und der Neugründung oder Abschaffung ganzer Programme und Institutionen können sie noch einen weiteren Punkt beeinflussen: Sie können das Verhältnis von Einrichtungen der sozialen Sicherung und Nutzern und somit die Interaktionen zwischen diesen beiden Seiten neu bestimmen. Weitgehend passive Leistungsempfänger können ebenso das „Gegenüber" von Staat, Verwaltung und Leistungserbringern darstellen wie aktiv an der Dienstleistungsproduktion beteiligte Ko-Produzentinnen, aktive Bürger, die vermittelt über Parteien oder Verbände Einfluss auf Arbeitsmarkt- und Sozialpolitik im Allgemeinen und einzelne Institutionen im Speziellen nehmen, und schließlich Kundinnen, die ähnlich wie auf

---

1 Der Autor dankt Karin Schulze Buschoff für die kritische Durchsicht und Kommentierung des Textes.
2 Im Weiteren werden sowohl weibliche als auch männliche Formen verwendet. Stets sind beide Geschlechter gemeint.

Märkten öffentliche Dienstleistungen auswählen. Diese verschiedenen Ausprägungen der Beziehung zwischen Verwaltung und Nutzern, die Rollen der Nutzer können politisch unterschiedlich bestimmt, eingefordert oder gefördert werden und teils auch von den Nutzern selber verschieden ausgefüllt werden.

Der Beitrag stellt diesen letzten Aspekt von arbeitsmarkt- und sozialpolitischen Reformen in den Vordergrund und geht der Frage nach der politisch gewünschten und tatsächlichen Rolle der Adressatinnen der deutschen Arbeitsmarktpolitik der letzten Jahrzehnte nach. Dabei ist von besonderem Interesse, inwieweit Reformen möglicherweise zu Konflikten zwischen verschiedenen Verständnissen der Nutzer innerhalb der Arbeitsmarktpolitik geführt haben und ob die derzeit dominierende Beschreibung des Verhältnisses zwischen den „modernen Arbeitsmarktdienstleistern" – wie es die „Hartz-Kommission" formuliert hat – Bundesagentur für Arbeit (BA), lokalen Arbeitsagenturen bzw. Jobcentern und Arbeitsuchenden als „Kundinnen und Kunden" angemessen ist.[3] Es ist zu vermuten, dass eine „Kundenorientierung" dem Charakter der BA als selbstverwalteter Anstalt öffentlichen Rechts zuwiderläuft. Es ist jedoch anhand der konkreten Regeln und dem Verwaltungshandeln zu prüfen, welche Rolle Nutzer einnehmen sollen und auch tatsächlich einnehmen und auf welche Weise sie mit der Arbeitsverwaltung interagieren.

Im Folgenden soll zunächst eine allgemeine Einordnung der Nutzerinnen in der Arbeitsmarktpolitik gegeben werden, wobei auf Vorarbeiten zur Nutzerperspektive in der Sozialpolitik zurückgegriffen wird (2.). Daran anschließend werden Entwicklungen in der Arbeitsmarktpolitik behandelt, durch die das Verhältnis von Arbeitsverwaltung und Nutzerinnen beeinflusst wurde (3.) Besonderes Augenmerk liegt dabei auf der Frage nach der Angemessenheit des Kundenbegriffs, der in der deutschen Arbeitsmarktpolitik derzeit eine zentrale Rolle spielt. Ein Fazit (4.) fasst zentrale Ergebnisse der Diskussion zusammen und wirft die Frage nach dem Stellenwert der Selbstverwaltung in der Arbeitsverwaltung auf.

2   Nutzerinnen und Nutzer in der Arbeitsmarktpolitik

Wie eingangs bemerkt, kann das Verhältnis zwischen öffentlichen Institutionen der sozialen Sicherung, gemeinnützigen und privaten Leistungserbringern einerseits und den Nutzerinnen und Nutzern andererseits unterschiedlich ausgestaltet werden.[4] Es

---

3   Mit dieser Frage wird zugleich die nach dem „Selbst der Selbstverwaltung", wie es Tanja Klenk (in diesem Band) formuliert, behandelt.

4   Zur Nutzerperspektive s. mit weiteren Hinweisen Blank et al. (2012), Blank (2013).

können verschiedene Rollen unterschieden werden, die Nutzerinnen und Nutzer in der Interaktion mit Staat, Verwaltung und Leistungserbringern einnehmen können. Köppe et al. (o. J.) haben vier Nutzerrollen unterschieden. Diese vier Rollen werden auch die folgende Diskussion der deutschen Arbeitsmarktpolitik strukturieren:

• Bürgerinnen und Bürger („citizens") nehmen Einfluss auf Arbeitsmarkt- und Sozialpolitik durch ihr Mitwirken in Parteien und Verbänden und ihre Teilnahme an Wahlen. Sie nehmen also ihre politischen Bürgerrechte wahr, um Politik und Verwaltung (und nicht-staatliche Leistungserbringer) in ihrem Sinne zu beeinflussen und so die allgemeinen Bedingungen des Leistungsbezugs zu gestalten. Diese Mitgestaltung ist nicht allein mit den Mechanismen der repräsentativen Demokratie gleichzusetzen, sondern kann auch die Mitgestaltung im Rahmen von Verbandsmitgliedschaft umfassen. Eine Möglichkeit, diese Rolle zu realisieren, ist damit die Selbstverwaltung im deutschen Sozialversicherungssystem.
• Leistungsbezieherinnen und Leistungsbezieher („claimants") sind weitgehend passive Empfänger von Sozialleistungen, insbesondere von finanziellen Transfers. Eine Interaktion mit den Sozialleistungsträgern oder -erbringern findet kaum statt, insbesondere kaum eine von den Nutzerinnen und Nutzern selbst ausgehende. Ein Beispiel hierfür sind die Bezieher von Altersrenten: Die Interaktion mit der Rentenversicherung beschränkt sich in der Regel auf ein Minimum (Antragstellung bei Erreichen der Altersgrenze und jährlicher Erhalt einer Renteninformation).
• Ko-Produzentinnen und Ko-Produzenten („co-producers") engagieren sich direkt bei der Produktion von Leistungen, insbesondere von sozialen Dienstleistungen. Beispiele hierfür finden sich u. a. im Gesundheitsbereich, wo Patientinnen an der Wiederherstellung ihrer Gesundheit mitwirken (bspw. durch regelmäßige Einnahme von Medikamenten nach Beratung durch den Arzt) und in der Beziehung mit dem Arzt als Expertinnen ihrer selbst wirken.
• Kundinnen und Kunden („consumers"[5]) schließlich wählen zwischen verschiedenen Leistungen und Anbietern aus und stellen sich ihr Versicherungs- oder Dienstleistungsportfolio zusammen. Dazu muss die Angebotsseite Marktstrukturen, also verschiedene Anbieter und/oder Produkte, aufweisen. Ein Beispiel für diese Rolle ist das deutsche System der Gesetzlichen Krankenversicherung

---

5   Die korrekte Übersetzung von „consumers" wäre zwar Konsument. Allerdings heben die Autoren dieser Typologie auf die Interaktionen zwischen Leistungsträgern und -erbringern einerseits und Nutzerinnen und Nutzern andererseits ab; es geht ihnen weniger um den Akt des Konsumierens verstanden als das Verbrauchen von Gütern.

(GKV): Pflichtversicherte müssen sich zwischen verschiedenen konkurrierenden Kassen und deren Angeboten entscheiden.

Diese unterschiedlichen Rollen werden durch die Institutionen der sozialen Sicherung in erheblichem Umfang vorgegeben, aber nicht völlig determiniert. Sie werden von den Nutzerinnen und Nutzern interpretiert und ausgefüllt, teils aber auch unterlaufen.[6] Sicherungssysteme können sich etwa danach unterscheiden, wie stark sie eine indirekte oder direkte Beteiligung von Bürgerinnen und Bürgern ermöglichen (etwa unmittelbare Staatsverwaltung im Unterschied zur mittelbaren Staatsverwaltung, etwa in der selbstverwalteten Sozialversicherung). In der Regel kann davon ausgegangen werden, dass ein Sicherungssystem keine einfache Rolle vorgibt, sondern Mischverhältnisse zwischen den verschiedenen Rollen, die sich noch dazu im Zeitverlauf ändern: eine Pflichtversicherte in der Sozialversicherung kann als Bürgerin auf die Versicherung Einfluss nehmen und genießt Versicherungsschutz;[7] im Versicherungsfall wird sie damit zur Leistungsempfängerin, wobei bei der Leistungserbringung eventuell auch eine Ko-Produktion erforderlich sein kann.

Die Überlegungen von Köppe et al. (o. J.) weiterführend, lässt sich argumentieren, dass die diesen vier Rollen zugrunde liegende Interaktion zwischen Nutzern einerseits und Leistungsträgern und Leistungserbringern andererseits zu verschiedenen Zeitpunkten der „Wohlfahrtsproduktion" (Kaufmann 2003) stattfindet. Im Falle von Ko-Produktion und Leistungsbezug geht es um Rollen, die im Leistungsfall eingenommen werden. Bürger sowie Kunden nehmen dagegen auf die Rahmenbedingungen von Leistungen bzw. die individuell genutzten Leistungen schon vor deren Erhalt Einfluss: Im ersten Fall, indem durch politisches Handeln die Schaffung oder Änderung kollektiver Regeln angestrebt wird. Im zweiten Fall, indem mit dem Ziel der Verbesserung der individuellen Situation zwischen verschiedenen Anbietern und Angeboten das beste Produkt ausgewählt wird. Dabei ist durch diese individuellen Wahlakte der Kundinnen auch eine Beeinflussung des Angebots möglich. Die Begriffe von Hirschman (1970) aufgreifend, zeichnen sich Bürgerinnen durch die Möglichkeit zur Artikulation, von „voice" aus, Kundinnen dagegen durch die

---

6   Köppe (2012) weist für das deutsche Schulsystem darauf hin, dass Eltern sich teilweise wie Kunden verhalten (Auswahl des besten Bildungsangebots für ihre Kinder), obwohl das System diese Rolle eigentlich nicht vorsieht. Ein weiteres Beispiel wäre die Nicht-Beteiligung an Sozialwahlen, also das Nicht-Ausfüllen der Bürgerrolle.

7   Die Unterscheidung zwischen Beitragszahlern und Leistungsempfängern in der Sozialversicherung führt m. E. häufig in die Irre, da der Zahlung von Beiträgen der Versicherungsschutz (ggf. nach einer Vorversicherungszeit) gegenübersteht und dieses Versprechen auf Absicherung durch Sach- oder Geldleistungen im Versicherungsfall selber schon eine Gegenleistung darstellt.

Möglichkeit der „Abstimmung mit den Füßen", zum „exit". Die Rollen „Bürger"
und „Kunde" stehen in einem Spannungsverhältnis: Sofern mit dem Kundenbegriff
nicht nur eine Optimierung der individuellen Situation verbunden wird, sondern
auch eine Beeinflussung des Angebots infolge des privaten Wahlakts, steht dieser
Einflussmodus in Konkurrenz zur politischen Interessenartikulation, Auseinandersetzung, Interessenbündelung und kollektiver Einflussnahme. Und auch wenn allein
der individuelle Nutzen und nicht die Folgewirkung der Angebotsbeeinflussung
im Vordergrund der Überlegungen steht, ist ein Konflikt insofern denkbar, als
dass der ungewisse Erfolg eines Engagements als Bürgerin mit dem vermeintlich
berechenbareren Ergebnis der Entscheidung der (vermeintlich rationalen) Kundin
konfligiert.[8] Diese Annahme eines Konflikts zwischen individueller und kollektiver
Beeinflussung des Angebots lässt sich allerdings insofern mildern, als dass nicht
zuletzt Erkenntnisse über die Fähigkeiten und das Wissen von Kunden auf die
Notwendigkeit von kollektiver Rahmung individuellen Wahlhandelns auf Märkten,
etwa durch Verbraucherpolitik, verweisen.

Wie lässt sich die genannte Typologie nun auf die Arbeitsmarktpolitik übertragen?

* Jenseits der allgemeinen Einflussnahme über Wahlen und Mitarbeit in Parteien
  in demokratischen Wohlfahrtsstaaten ist die Rolle des Bürgers dann gegeben,
  wenn eine Arbeitslosenversicherung als selbstverwaltetes System von den Arbeitsmarktparteien mitgestaltet wird.[9]
* Leistungsempfängerinnen erhalten Geldleistungen und arbeitsmarktpolitische
  Dienstleistungen im Falle von (drohender) Arbeitslosigkeit, teils auch während
  der Erwerbstätigkeit (etwa Qualifizierungsmaßnahmen).
* In der Arbeitsmarktpolitik ist der Leistungsbezug häufig sehr eng an die Rolle
  der Ko-Produzentin gekoppelt: Diese Koppelung wird gerade im Kontext der
  aktivierenden Arbeitsmarktpolitik betont, wenn Nutzerinnen zur Ko-Produktion
  verpflichtet werden (Eigenbemühungen).[10]

---

8 Die Reformen im Bereich der Gesetzlichen Krankenkassen können diese Überlegungen
   illustrieren: Wenn Kunden bei Unzufriedenheit die Kasse einfach wechseln können,
   schwindet die Attraktivität der Einflussnahme über die Selbstverwaltung. Zugleich wird
   durch einen Kassenwechsel ein Druck auf die Kasse zur Anpassung des Angebots (sei
   es der Leistungen, sei es des Preises) ausgeübt, der möglicherweise stärker ist als jeder
   Impuls aus der Selbstverwaltung in ihrer derzeitigen Form.
9 Vgl. Klenk (2012b, S. 280ff.) zu verschiedenen Organisationsvarianten der Arbeitsverwaltung.
10 Die Koppelung von Rechten und Pflichten ist in diesem Politikfeld nichts grundsätzlich
   Neues: „[U]nemployment benefits have never been granted unconditionally, but have
   always involved requirements on the part of claimants regarding the availability for and

- Schließlich wurden in manchen Bereichen der Arbeitsmarktpolitik „Wohlfahrtsmärkte" (Nullmeier 2002) installiert, auf denen Kundinnen und Kunden zwischen konkurrierenden Dienstleistungsanbietern wählen können und sich für unterschiedliche Vermittlungsdienstleistungen oder Bildungsangebote entscheiden können

Im folgenden Abschnitt werden diese Rollen und ihr Wandel durch Reformen der deutschen Arbeitsmarktpolitik behandelt.

3   Reformen der Arbeitsmarktpolitik: Ein Wandel der Nutzerrollen?

Ähnlich wie andere Politikfelder auch, ist die Arbeitsmarktpolitik in den vergangenen Jahrzehnten Gegenstand einer ganzen Reihe von Reformen gewesen.[11] Dabei ist insbesondere der Übergang von der aktiven zur aktivierenden Arbeitsmarktpolitik hervorzuheben, der sich in einer Reihe von Reformschritten und Einzelregelungen niedergeschlagen hat. Diese Reformen änderten sowohl die Struktur der Institutionen der Arbeitsmarktpolitik, wie auch die Leistungen und die Bedingungen ihres Erhalts. Im Weiteren wird der Frage nach dem Wandel der Rollen in der Arbeitsmarktpolitik nachgegangen. Der Schwerpunkt wird dabei auf dem Wandeln der Rollen „Bürgerin/Bürger" und „Kundin/Kunde" gelegt, um damit auch der oben aufgeworfenen Frage nach Konflikten zwischen diesen Rollen nachzugehen. Ein Wandel dieser Rollen mag nicht zuletzt durch eine grundlegende Neuorganisation der Arbeitsverwaltung bedingt sein, die Hielscher und Ochs (2009, S. 18f.) als „betriebswirtschaftliche Wirkungsreform" charakterisieren. „In diesem Kontext müssen die Ausprägung des Dienstleistungsverhältnisses und die Realität des Dienstleistungsprozesses nun in einem völlig neu gesetzten Rahmen erschlossen werden, dessen Referenzmodell in der betriebswirtschaftlichen und managerialen Unternehmenswelt zu verorten ist und seine Sprache und Konzepte von daher bezieht [...]" (Hielscher und Ochs 2009, S. 18f.). Der Umbau der vormaligen Bundesanstalt für Arbeit zum „modernen Dienstleister" beinhaltete sowohl

---

willingness to work, as well as demonstrable steps to seek employment" (Clasen 2000, S. 89f.). Clasen und Clegg (2007) sprechen mit Blick auf diese Verhaltensanforderungen von der „conditionality" der Leistungen.

11 Für einzelne Reformschritte s. Steffen (2014), für unterschiedliche Aspekte der Reformen der letzten Jahrzehnte Bothfeld et al. (2012).

einen Umbau der internen Leitungsstrukturen und der Selbstverwaltung sowie auch eine Neubestimmung der Arbeitssuchenden bzw. des Umgangs mit ihnen.

3.1   Leistungsbezug und Ko-Produktion

Die wiederholten Änderungen im Leistungsrecht – insbesondere im Rahmen der „Hartz-Gesetze" – haben die Rolle des Leistungsempfängers berührt. Grundsätzlich besteht weiterhin der Anspruch auf Absicherung und Unterstützung im Falle von Arbeitslosigkeit und teils auch auf Dienstleistungen und sogar Transfers („Aufstocken") während der andauernden Erwerbsarbeit. Die Leistungen der aktiven Arbeitsmarktpolitik sind häufig als Ermessensleistungen gefasst. Die einzelnen Reformen betrafen sowohl die Bezugsdauer der Versicherungsleistung Arbeitslosengeld (Alg I), die Ablösung der Arbeitslosenhilfe durch das Alg II, in dessen Regelkreis jetzt auch viele der früheren Bezieher von Sozialhilfe fallen, und die Regeln zu Eigenbemühungen.[12] Insbesondere der Aspekt der verschärften Aufforderung zu Eigenbemühungen lässt es sinnvoll erscheinen, die Rollen des Leistungsempfängers und des Ko-Produzenten gemeinsam zu behandeln.

Die heute zentralen Entgeltersatzleistungen Alg I und Alg II werden auf unterschiedlichen Grundlagen gewährt (Versicherungsleistung nach Beitragszahlung einerseits, bedarfsorientierte Leistung für arbeitsuchende Einwohner[13] andererseits). Insbesondere die Berücksichtigung der Einkommens- und Vermögenssituation im Haushaltskontext kennzeichnet das Alg II als Fürsorgeleistung und führt damit zu einem deutlich anderen Verständnis der Rolle der Leistungsbezieherin als im Alg I. Die alte Arbeitslosenhilfe hatte dagegen in Teilen den Charakter einer Versicherungsleistung mit deutlich milderen Elementen einer Bedürftigkeitsprüfung, was mit einem anderen Selbstverständnis der Leistungsbezieher korrespondierte (vgl. Schmidt 2007, S. 301f.). Die Verkürzung der Bezugsdauer des Alg I ist hier deswegen zu erwähnen, weil der Übergang in das Alg II und damit eine Verschlechterung des Status der Leistungsempfängerinnen dadurch beschleunigt wurde.

Die verschärften Verhaltensanforderungen lassen sich als eine stärkere Betonung der Ko-Produzenten-Rolle interpretieren. Oschmiansky et al. (2007, S. 294) sprechen hier von einem Übergang von der aktiven zur „autoritär-aktivierenden" Arbeitsmarktpolitik, bei der, wenn geforderte Gegenleistungen der Arbeitssuchenden nicht erbracht werden oder nachgewiesen werden können, Geldleistungen gekürzt werden

---

12 Zu diesen Änderungen vgl. Mohr (2012).

13 Wobei EU-Ausländer in den ersten drei Monaten ihres Aufenthaltes keinen Anspruch auf Alg II haben.

können: „So steht beispielsweise für Arbeitslosengeld-II-Bezieher, die sich nicht
‚einbringen‘ wollen oder können, ein umfangreiches Sanktionsinstrumentarium zur
Verfügung, das bis zur Streichung sämtlicher Leistungen, einschließlich der Kosten
der Unterkunft, führen kann.“ Die „Mitarbeit“ der Arbeitssuchenden ist zwar kein
Novum in der Arbeitsmarktpolitik, wurde im Zuge der Aktivierungspolitik, des
„Förderns und Forderns“ aber neu betont bzw. eingefordert. Dabei bestehen allerdings weiterhin Unterschiede zwischen den Regelkreisen des SGB II und SGB III.

3.2   Der Umbau der Selbstverwaltung –
was bleibt von Bürgerinnen und Bürgern?

Die Organe der Selbstverwaltung waren schon in den 1990er Jahren Gegenstand von
politischen Entscheidungen, die ihren Handlungsspielraum einschränkten (Klenk
2012b, S. 284f.). Die 2002 als Reaktion auf den Vermittlungsskandal vorgenomme-
nen Änderungen in den Führungsstrukturen der Arbeitsverwaltung zeigen nach
Klenk (2012a, S. 101) das Ziel, „den Einfluss der Verbände zu beschneiden“.[14] Sie
beobachtet einen Umbau der Leitungsstrukturen, der durch Ideen des New Public
Management (NPM) inspiriert ist, in mehreren Zweigen der Sozialversicherung – mit
Folgen für den Stellenwert der Selbstverwaltung (2012a, S. 105f.). „Insbesondere die
Reorganisation der Bundesagentur für Arbeit erfolgt entlang von NPM-Kriterien.
Durch diese Reformen wurden die Einflusschancen der ehrenamtlichen Arbeitneh-
mer- und Arbeitgebervertreter zugunsten der professionalisierten hauptamtlichen
Selbstverwaltung geschwächt“ (2012a, S. 106).

  Im Einzelnen wurde noch vor den Gesetzen für moderne Dienstleistungen am
Arbeitsmarkt durch das Gesetz zur Vereinfachung der Wahl der Arbeitnehmervertreter in den Aufsichtsrat das bisherige Leitungssystem der Bundesanstalt für Arbeit
aus Präsident, Vorstand und Verwaltungsrat durch ein System aus hauptamtlichem
Vorstand und Verwaltungsrat (als alleinigem Organ der Selbstverwaltung) ersetzt.
Der Verwaltungsrat wurde von 51 auf 21 Sitze verkleinert, von der Art der Bestellung der Mitglieder und dem tripartistischen Arrangement wurde jedoch nicht
abgewichen.[15] Dem Verwaltungsrat kommt es zu, den Vorstand zu beraten und zu

---

14   Klenk (2012a, S. 101) macht dieses Ziel schon in der Besetzung der „Hartz-Kommission“
     aus.
15   Die 21 Sitze werden von jeweils sieben Vertretern der öffentlichen Körperschaften,
     der Arbeitnehmer und der Arbeitgeber besetzt. Die Anzahl der Sitze „[...] entspricht
     der Höchstzahl der Aufsichtsratsmitglieder in größeren Aktiengesellschaften“ (BT-
     Drucksache 14/8546, S. 7).

kontrollieren. Im Zuge des Umbaus wurden Informationsrechte dieses Gremiums ausgebaut, Exekutivrechte dagegen beschnitten. „Der Vorstand ist daher mehr von der Bundesregierung als vom Verwaltungsrat abhängig, was den Verwaltungsrat in seiner Funktion als Kontrollgremium schwächt" (Klenk 2012a, S. 103). Ausweislich der Gesetzesbegründung sollten „[d]ie Leitungsstrukturen der Bundesanstalt für Arbeit [...] vergleichbar den Regelungen für privatwirtschaftliche Unternehmen verändert werden" (BT-Drucksache 14/8546, S. 5). Maßstab der Reformen war die Führungsstruktur von Aktiengesellschaften:

> „Zukünftig wird daher der Verwaltungsrat vergleichbar dem Aufsichtsrat einer Aktiengesellschaft den Vorstand und die Verwaltung in ihrer Geschäftsführung umfassend kontrollieren. Damit werden effektive Strukturen privatrechtlich organisierter Unternehmen auf die Bundesanstalt für Arbeit übertragen; die Verantwortung der Sozialpartner in der Selbstverwaltung bleibt bestehen" (BT-Drucksache 14/8546, S. 7).

Die Kompetenzen des Verwaltungsrats bleiben allerdings hinter denen der Aufsichtsräte privater Unternehmen zurück (Klenk 2012b, S. 279). Mit dem Vierten Gesetz für moderne Dienstleistungen am Arbeitsmarkt wurden zudem die Verwaltungsausschüsse in den Regionaldirektionen der BA abgeschafft, sie bestehen weiter in den lokalen Geschäftsstellen der Agentur für Arbeit.

Diese (eingeschränkten) Mechanismen der Selbstverwaltung gelten in erster Linie für den Regelbereich des SGB III, also die Arbeitslosenversicherung. „Neu ist, dass die Verwaltung arbeitsmarktpolitischer Leistungen eines Großteils der *erwerbsfähigen* Maßnahmeempfängerinnen nun *ohne* institutionell garantierte Beteiligung der Tarifverbände stattfindet" (Klenk 2012b, S. 276, Hervorhebung im Original). Im Bereich des SGB II, der Grundsicherung für Erwerbslose, ist keine echte Selbstverwaltung vorgesehen, wobei bei vielen Trägern des SGB II Beiräte unter Einbezug der Arbeitsmarktparteien, aber auch von Wohlfahrtsverbänden eingerichtet wurden. Der Verwaltungsrat der Bundesagentur für Arbeit wird allerdings über wichtige das SGB II betreffende Entscheidungen informiert.

Die Nicht-Existenz einer Selbstverwaltung für den Bereich der Arbeitssuchenden im Regelkreis des SGB II wiegt deswegen umso schwerer, als dass eine Verschiebung im Verhältnis von Leistungsempfängerinnen von Alg I zu Bezieherinnen von Alg II festzustellen ist: Der Anteil der Arbeitslosen im Rechtskreis des SGB III an allen Arbeitslosen ist von 43,0 % im Jahr 2005 auf 33,0 % im Jahr 2013 gesunken (2011: 30 %), bei absolut abnehmenden Zahlen von Leistungsbezieherinnen in beiden Rechtskreisen (Sozialpolitik-aktuell.de 2015b). Ebenso ist der Anteil der arbeitslosen Empfänger von Alg I an allen Arbeitslosen von 37,9 % im Jahr 2003 auf 27,2 % im Jahr 2013 gesunken, der Anteil der Bezieher von Alg II im gleichen Zeitraum von 40,9 % auf 64,4 % gestiegen, wobei die Extremwerte in den Jahren 2007 und 2008 zu verzeichnen waren (Sozialpolitik-aktuell.de 2015a; Angaben für 2003 und 2004: Arbeitslosenhilfe).[16] Damit fallen relativ deutlich weniger Arbeitslose unter den selbstverwalteten Teil der Arbeitsverwaltung als kurz nach den „Hartz-Reformen".

Damit ist im Ergebnis festzuhalten, dass die Rolle der Bürgerin, die Möglichkeit der Einflussnahme von Bürgerinnen auf die Arbeitsverwaltung vermittelt über sie repräsentierende Verbände, weniger Bedeutung hat als noch vor einigen Jahren. Die Selbstverwaltung ist sowohl was die Reichweite ihres Handelns angeht, als auch hinsichtlich ihrer Kompetenzen geschwächt worden. Im Folgenden ist zu prüfen, ob diese Einschränkung von „voice" durch den Ausbau der Kundenrolle kompensiert wurde, ob nun also andere Einflussmöglichkeiten auf das Angebot vorhanden sind.

3.3   Kundenorientierung in der Arbeitsverwaltung

Mit dem Umbau der Arbeitsverwaltung zum „modernen Dienstleister" ist der Kundenbegriff zur Bezeichnung von Arbeitslosen bzw. Arbeitssuchenden in diesem Politikbereich prominent geworden. Der Begriff wurde bereits vor den „Hartz-Reformen" verwendet, Hielscher und Ochs (2012, S. 252) zufolge geht die Nutzung dieses Begriffs in der Arbeitsverwaltung bis in die 1990er Jahre zurück und sollte

> „[…] die stärkere Orientierung der Arbeitsämter auf Bürgernähe im Konzept ‚Arbeitsamt 2000' zum Ausdruck zu bringen. Diese Bemühungen korrespondierten mit Versuchen, den Begriff der Kundenorientierung auf eine Stärkung der Responsivität von Verwaltungsorganisationen anzuwenden und diesen somit als Demokratiechance zu begreifen" (Hielscher und Ochs 2012, S. 252f.).

Terminologie und Anspruch sind auch im Kontext der „Hartz-Reformen" zentral geblieben, in der das „Kundenzentrum der Zukunft" als „Herzstück" der Reform galt (Hielscher und Ochs 2009, S. 20). Ein Blick in den Geschäftsbericht der Bundesagentur für Arbeit (Bundesagentur für Arbeit 2014) legt nahe, dass der Sprachgebrauch seither beibehalten wurde und gegenüber anderen Begriffen wie „Bürger" dominiert. In der neu organisierten Arbeitsverwaltung werden die Arbeitssuchenden – wie auch Arbeitgeber – in Kundensegmente aufgegliedert (Hielscher 2006, S. 121). Bei Arbeitssuchenden wird zwischen den vier Segmenten „Marktkunde", „Beratungskunde-Aktivieren", „Beratungskunde-Fördern" und „Betreuungskunde" unterschieden. Auf diese sind unterschiedliche Beratungs- und Förderungsangebote abgestimmt. Die Zuordnung zu den verschiedenen Segmenten

---

16 Zum Bedeutungsverlust der Arbeitslosenversicherung vgl. auch Rosenthal (2012).

erfolgt durch standardisiertes Profiling (vgl. Schütz 2012, S. 239). Allerdings stehen hier nicht ausschließlich die Bedürfnisse der Kundinnen im Vordergrund:

> „Ziel der Handlungsprogramme ist es, die Beratungsqualität durch höhere Strukturiertheit der Gespräche zu steigern und Fehlallokationen der Mittel und Instrumente durch die Vermittler zu verringern. Im Rahmen der BA-Geschäftspolitik bedeutet dies auch, dass die Personengruppen mit den größten Vermittlungshemmnissen und Problemen am Arbeitsmarkt nur noch in Ausnahmefällen arbeitsmarktpolitisch gefördert werden" (Schütz 2012, S. 239).

Dies ist aus Sicht der BA insofern nachvollziehbar, als dass sie an arbeitsmarktpolitischen Erfolgen gemessen wird (Hielscher und Ochs 2012, S. 251). Bei der in der BA verfolgten Steuerung über vornehmlich quantitative arbeitsmarktpolitische Kennzahlen und das Arbeiten nach einer Versicherungslogik, die vor allem auf eine Reduktion der Versicherungsfälle abzielt, gerät allerdings die sozialpolitisch möglicherweise wünschenswerte Betreuung von Problemgruppen unter Druck, insbesondere die Gruppe der Betreuungskunden wird Hielscher (2006, S. 123) zufolge von Leistungen der aktiven Arbeitsmarktpolitik ausgeschlossen (vgl. Schütz 2012, S. 242). Die Nutzung des Kundenbegriffs ist damit in der Realität des Verwaltungshandelns nicht notwendig gleichzusetzen mit einer Ausgestaltung des Dienstleistungsangebots, die dessen Entsprechung zu individuellen Bedürfnissen sicher stellt (vgl. Hielscher 2006, S. 123; Kolbe 2012, S. 199). Die Kundenzufriedenheit ist in der öffentlichen Arbeitsverwaltung von untergeordneter Bedeutung (Schütz 2012, S. 242). Allerdings ist auch festzuhalten, dass Hielscher (2006, S. 123) mit Blick auf „bestimmte Service-Aspekte" dem neuen Geschäftssystem der BA deutliche Verbesserungen sowie eine effizientere Anliegenbearbeitung bescheinigt (s. auch Schütz 2012, S. 241f.).

Jenseits der Verwendung der Begrifflichkeit ist zu prüfen, inwieweit eine Kundenrolle von den Nutzern eingenommen werden soll und kann, inwieweit sie also Einfluss auf die Dienstleistungen nehmen können. In der in diesem Beitrag verwendeten Typologie wurde zur Bestimmung der Kundenrolle insbesondere auf die Möglichkeit des Wählens zwischen verschieden Anbietern und Angeboten als zentralem Interaktionsmodus mit Leistungsträgern und -erbringern verwiesen (s. o., Abschnitt 2). Diesem Zugang folgend erscheint der Kundenbegriff tatsächlich in zwei Bereichen der Arbeitsverwaltung angemessen zu sein, die aber eher Randbereiche darstellen. Arbeitssuchende können Aktivierungs- und Beschäftigungsgutscheine erhalten wie auch Bildungsgutscheine. Diese können dann bei privaten Trägern der Arbeitsvermittlung oder Bildungseinrichtungen eingelöst werden, wobei die Arbeitssuchenden als Kunden agieren, indem sie zwischen verschiedenen Anbietern auswählen können. Allerdings zeigen sich hier wiederum die Probleme, die mit einer tatsächlichen Kundenorientierung einhergehen können: Forschung zur Nutzung der Vermittlungs- und Weiterbildungsgutscheine zeigt die Möglichkeit auf, dass bestimmte Personengruppen mit der Nutzung überfordert sein können (Bernhard et al. 2008; Kruppe 2008).

Die Kundenrolle kann über das Gesagte hinaus nicht nur mit der Möglichkeit des Wählens zwischen bestehenden Angeboten verbunden werden, sondern lässt sich durch die Möglichkeit des Verhandelns in Bezug auf die im Einzelfall gewährten Leistungen ergänzen. Das Aushandeln von Leistungen und Pflichten zwischen Arbeitssuchenden und Arbeitsverwaltung und das Festhalten des Aushandlungsergebnisses in einer Vereinbarung – der Eingliederungsvereinbarung – kann potenziell zu einer verbesserten Ko-Produktion führen.[17] Die Realität der Verwaltungspraxis bringt den Aspekt der individuellen Anpassung von Leistungen und Pflichten durch eine Verhandlung allerdings nur bedingt zum Ausdruck, oft handelt es sich – so Bieback (2011, S. 136) – bei dem Abschluss der Vereinbarung um eine Routinehandlung. Für die Eingliederungsvereinbarung als „konsensuales Element der Bedarfsfeststellung und Entscheidung über die Rechte und Pflichten im Prozess der Eingliederung und damit auch der Konkretisierung der Leistungsrechte" (Bieback 2011, S. 134), als „Vertrag" zwischen Verwaltung und Arbeitssuchenden muss zudem festgehalten werden, dass die Verhandlung über die Inhalte dieser Vereinbarung nicht auf Augenhöhe stattfindet, insofern Arbeitssuchende auf Leistungen der Arbeitsverwaltung angewiesen sind und eine solche Vereinbarung im Bereich des SGB III durch einen Verwaltungsakt ersetzt werden kann, im Bereich des SGB II sogar der Nicht-Abschluss mit Sanktionen belegt werden muss (Bieback 2011, S. 135). Für ein gelingendes Verhältnis zwischen Arbeitsverwaltung und Nutzerinnen und Nutzern sind damit die Fähigkeiten der Beschäftigten der Arbeitsverwaltung zentral, eine Kundensituation zu simulieren und dadurch in einem zweiten Schritt Ko-Produktion zu ermöglichen. Grundlage bleibt aber eine asymmetrische Handlungssituation, die nicht nur durch die Sanktionsmacht der Verwaltung bestimmt ist:

> „[...] die Situation, dass der ‚Kunde' als aktiv agierendes, seine Interessen und Erwartungen nachdrücklich vertretendes Subjekt auftritt, [kann] ebenso wenig als Normalfall unterstellt werden wie Regelkenntnis und Verfahrenskompetenz. Ko-Produktion als Kooperation zumal in einem Kontext, der durch ein Minimum von Vertrauen

---

17 Bieback (2011, S. 135) verweist auf die „[...] sozialwissenschaftliche Erkenntnis, dass jede soziale personale Dienstleistung, die individuelles Verhalten beeinflussen und Orientierungen verändern will, nur insoweit effektiv ist, wie es ihr gelingt, ein ‚Arbeitsbündnis' zwischen Bürger und Verwaltung herzustellen, wofür die Eingliederungsvereinbarung die angemessene Rechtsform ist".

geprägt sein soll, fordert daher die Vermittlerin und den Vermittler nicht nur als Experten, sondern vor allem als Berater, der in der Lage ist, den Ko-Produzenten ins Spiel zu bringen, um überhaupt erst eine Kooperation zu ermöglichen" (Hielscher und Ochs 2009, S. 36).[18]

Für die Kernbereiche der Arbeitsmarktpolitik scheint letztlich zentral, dass die Kundinnen in der BA nicht die Möglichkeit zum „exit", zur Wahl eines anderen Anbieters haben (vgl. auch Hielscher und Ochs 2012, S. 253). Die „exit"-Möglichkeit im Sinne eines Fernbleibens von der Arbeitsverwaltung ist nur in Ausnahmefällen möglich, da das Einkommen aus Alg I und Alg II für die individuelle Reproduktion der Arbeitslosen notwendig ist. Nicht zuletzt diese Angewiesenheit auf Leistungen konstituiert damit ein Zwangsverhältnis, bei dem das „richtige" Verhalten der Arbeitslosen durch die Arbeitsverwaltung erzwungen werden kann. Das „richtige" Verhalten besteht letztlich im Ausfüllen der Rolle eines Ko-Produzenten, der an seiner Integration in den Arbeitsmarkt bzw. den Voraussetzungen für eine Integration mitarbeiten soll.

Das verweist auf grundlegende Unterschiede zwischen der öffentlichen und privaten Bereitstellung von Dienstleistungen und Gütern. So hat Moore (2002, S. 298ff.) zwischen Konnotationen des Kundenbegriffs („customer") im privaten und öffentlichen Bereich unterschieden und ist skeptisch gegenüber der Übertragung dieses Begriffs. In beiden Bereichen sind Kundinnen und Kunden zwar die Empfänger von Gütern und Dienstleistungen, das Ende der Wertschöpfungskette. Während im privaten Sektor die Kundinnen und Kunden für die Leistungen zahlen, fallen im öffentlichen Sektor Leistungsempfänger und Zahler auseinander.[19] Schließlich stellt im privaten Sektor nach Moores Auffassung die Kundenzufriedenheit das eigentliche Ziel der Unternehmen dar[20], während durch die Bereitstellung von Gütern und Dienstleistungen im öffentlichen Sektor sowohl individuelle als auch gesellschaftliche Ziele realisiert werden.

„In the context of job-training and welfare programs, it is also true that society has ambitions for these clients that differ to some degree from merely satisfying their desires. We want the poorly skilled to learn trades and get jobs, not just to enjoy

---

18 Zur Rolle der Beschäftigten s. auch Hielscher und Ochs (2012), Kolbe (2012).

19 Auch Hielscher und Ochs (2009, S. 253) weisen darauf hin, dass nicht der marktfähige Preis, den ein Kunde zu zahlen hat das Handeln öffentlicher Einrichtungen bestimmt; dieses unterliegt stattdessen „den Prämissen von Sozialstaatlichkeit, Rechtstaatlichkeit und Wahrung des Allgemeinwohls" (vgl. auch Welti 2011, S. 23f.).

20 „[C]ustomer's satisfaction [...] provides ultimate justification for the firm's existence"; Moore (2002, S. 298).

themselves; and we want welfare recipients to find ways to reduce their dependency on the state" (Moore 2002, S. 300).

Dabei kann allerdings Kundenzufriedenheit als ein Mittel zur Erreichung gesellschaftlicher Ziele dienen. Die Art und Weise, wie diese gesellschaftlichen Ziele zu definieren sind, wie die jeweilige Verwaltung auf die Erreichung der Ziele verpflichtet werden kann und wie schließlich die Zielerreichung überprüft wird, bleibt letztlich Gegenstand der politischen Auseinandersetzung.

Am Kundenbegriff und dem Versuch seiner Übertragung in den Bereich der Arbeitsverwaltung ist schließlich zu kritisieren, dass auch im Privatsektor die individuellen Bedürfnisse des Kunden nicht unbedingt an erster Stelle stehen müssen, sondern evtl. nur im Sinne von Marktforschung bei der Produktentwicklung für bestimmte Zielgruppen erfragt werden, oder negativ bei Beendigung der Produktion eines Produkts, weil die Kunden ihre „exit"-Möglichkeit wahrgenommen haben, zur Kenntnis genommen werden (womit Moores genannte Einschätzung der Kundenzufriedenheit als „ultimate justification for the firm's existence" von Unternehmen zumindest qualifiziert werden muss):

> „die Provenienz des Kundenbegriffs [ist] bestimmt durch die Tatsache, dass das Maß der dem Kunden zukommenden Zuwendung und Bedarfsorientierung in der Regel nur soweit gehen wird, wie es den (wirtschaftlichen) Zielen zuträglich ist. [...] Darüber hinaus muss der Kunde sich in das Konzept des Dienstleistungsanbieters einfügen: die Organisation reagiert nicht einfach auf jedweden Wunsch des Kunden, sondern entwirft ein Bild des ‚funktionalen' Kunden und seiner Bedarfe, um danach die Dienstleistungsprozesse zu strukturieren" (Hielscher und Ochs 2012, S. 253).

Das bedeutet letztlich, dass der Kunde nur Mittel zum Zweck ist und sich letztlich am vorhandenen Angebot orientieren muss oder eben – im Privatsektor – nach einem passenderen Angebot suchen muss. Das wiederum führt zu der Einsicht, dass die mit dem Kundenbegriff evtl. gemeinte Responsivität oder gar Demokratisierung der Verwaltung (s. o.) im Privatsektor, dem diese Terminologie entlehnt ist, nicht notwendigerweise eine zentrale Rolle spielt.

Festzuhalten ist damit, dass die Kundenrolle, sofern sie mit Wahlmöglichkeiten verbunden wird, ausgebaut wurde, insgesamt aber eine untergeordnete Rolle in der Arbeitsmarktpolitik spielt – trotz der Verbreitung des Kundenbegriffs. Bei einer Ergänzung des Einflussmodus Auswahl durch den der Verhandlung ist festzustellen, dass Verhandlungsmöglichkeiten zwar ausgebaut oder eher: formalisiert wurden, es allerdings angesichts der asymmetrischen Verhandlungssituation fragwürdig ist, wie weit hier Arbeitssuchende tatsächlich als Kunden bezeichnet werden sollten, da das für den Kunden letztmögliche „Verhandlungsargument", die Drohung mit dem Abbruch der Verhandlungen, nicht gegeben ist. Angesichts dessen ist zu fragen, ob und inwieweit der Kundenbegriff in der öffentlichen Verwaltung überhaupt angemessen ist, sofern nicht – wie in der GKV – öffentliche Einrichtungen miteinander konkurrieren und damit (beschränkte) Wahlmöglichkeiten bieten.

4   Fazit

Wie stellt sich die Entwicklung des Verhältnisses von Nutzerinnen und Nutzern und Arbeitsverwaltung in der Gesamtschau dar? Nach wie vor werden Versicherungsschutz, Finanztransfers und Dienstleistungen gewährt (und in Anspruch genommen). Forciert wurde die Rolle der Ko-Produzentin, auch unter Verschärfung der Sanktionen bei einer Weigerung, diese Rolle einzunehmen. Die Rolle der Bürgerin wurde geschwächt, Reichweite und Einflussmöglichkeiten der Selbstverwaltung sind beschnitten worden. Die Rolle des Kunden wurde und wird zwar sprachlich immer wieder hervorgehoben, mit Blick auf die der Rolle zugrunde liegenden Interaktionen (Wahl- oder Verhandlungsmöglichkeiten) ist eine substanzielle Erweiterung jedoch eher in Randbereichen der Arbeitsmarktpolitik festzustellen. Damit wird zwar grundsätzlich eine höhere Eigenaktivität der Arbeitsuchenden verlangt, die Möglichkeiten aktiv selbst oder über Vertreter politisch Einfluss zu nehmen oder aber durch individuelles Handeln das Angebot – also die Arbeitsverwaltung und ihre Dienstleistungen – zu beeinflussen, sind teils eher zurückgenommen worden, teils nur geringfügig ausgebaut worden. „Voice" wurde also nicht durch „exit" ersetzt, die eingangs formulierten Überlegungen zu einem Widerspruch zwischen den beiden Rollen sind damit empirisch relativiert worden. Die Aktivierung der Arbeitsuchenden beschränkt sich damit auf ihren Beitrag zur Arbeitsmarktpartizipation, die Arbeitsverwaltung selber findet als Gegenstand des Handelns aktiver Bürgerinnen oder Kundinnen kaum Berücksichtigung.

Jenseits der tatsächlich vorgegeben und gelebten Rollen ist allerdings die These zu formulieren, dass die sprachliche Behandlung der Nutzerinnen als Kundinnen wie auch andere aus der Privatwirtschaft entlehnte Begriffe und Konzepte dazu beitragen können, den öffentlich-rechtlichen Charakter der Arbeitsverwaltung zu verschleiern und die Selbstverwaltung unsichtbar zu machen. Damit wird aber auch das Wissen um die Vorzüge und Möglichkeiten eines selbstverwalteten Sicherungssystems beeinträchtigt. Schließlich impliziert der Kundenbegriff einen Einflussmodus, der bei Problemen weniger auf die Hilfe innerhalb der Organisation setzt, sondern, wenn Abwanderung keine Option ist, Hilfe von Außen vorsieht (Verbraucherschützer, Verbraucherrecht, Sozialverbände, Gerichte). Der Kundenbegriff beeinträchtigt damit auch die Wahrnehmung der Sozialleistungsträger als „unvoreingenommene Entscheider, als Mittler zwischen Bürger und Gesetz" (Welti 2011, S. 26), wobei auch die Übertragung von privatwirtschaftlicher Handlungslogik und Kundenmanagement in öffentliche Einrichtungen diesen Charakter verdeckt. Der Ausbau der Ko-Produktion, der Eigenbemühungen in der aktivierenden Arbeitsmarktpolitik, die Existenz von Ermessensleistungen, wie auch die Ausrichtung der Handlungslogik der Arbeitsverwaltung an (nicht ausschließlich) sozialpolitisch orientierten Kriterien – die oben beschriebene Stärkung der Versicherungslogik – lassen allerdings Möglichkeiten der Einflussnahme umso dringender erscheinen. Ein Ausbau der Kundenrolle scheint angesichts des Monopols der Arbeitsverwaltung allerdings schwierig. Er würde auch Fragen nach den Fähigkeiten und individuellen Handlungsmöglichkeiten der Kunden sowie nach Möglichkeiten ihrer Unterstützung aufwerfen. Wenn also der Einfluss auf das Angebot der BA und das Verwaltungshandeln gestärkt werden soll, rückt die Selbstverwaltung (wieder) ins Zentrum. Das betrifft sowohl die Handlungsmöglichkeiten der bestehenden Gremien, wie den Ausbau von Gremien auf den unterschiedlichen Ebenen der Arbeitsverwaltung und schließlich die Ergänzung durch – aus anderen Zweigen der Sozialversicherung bekannte – Beratungsmöglichkeiten und Einflusswege (Versichertenälteste, Widerspruchgremien).

Literatur

Bernhard, Sarah, Katrin Hohmeyer, Eva Jozwiak, Susanne Koch, Thomas Kruppe, Gesine Stephan und Joachim Wolff. 2008. *Aktive Arbeitsmarktpolitik in Deutschland und ihre Wirkungen*. IAB-Forschungsbericht 2/2008, Nürnberg: IAB.

Bieback, Karl-Jürgen. 2011. Verbraucherschutz und SGB II sowie SGB III. In *Verbraucherschutz im Sozialrecht: Sozialleistungsberechtigte als Verbraucher, Nutzer und Mitgestalter sozialer Leistungen: Auf dem Weg zu einem eigenständigen Verbraucherschutz im Sozialrecht*, Hrsg Gerhard Igl, 127–47. Berlin, Münster: Lit.

Blank, Florian. 2013. Partizipation in der Sozialpolitik, Zur Rolle von Nutzerinnen und Nutzern. *Soziale Sicherheit* 62 (2): 60–65.

Blank, Florian, Benjamin Ewert und Stephan Köppe, Hrsg 2012. Leistungsempfänger, Bürger oder Konsumenten? Nutzer in der Sozialpolitik. *Schwerpunktheft der WSI-Mitteilungen* 65 (3).

Bothfeld, Silke, Werner Sesselmeier und Claudia Bogedan, Hrsg 2012. *Arbeitsmarktpolitik in der sozialen Marktwirtschaft: Vom Arbeitsförderungsgesetz zu Sozialgesetzbuch II und III*. Wiesbaden: Springer VS.

Bundesagentur für Arbeit. 2014. *Geschäftsbericht 2013*. Nürnberg: Bundesagentur für Arbeit.

Clasen, Jochen. 2000. Motives, means and opportunities: Reforming unemployment compensation in the 1990s. *West European Politics* 23 (2): 89-112.

Clasen, Jochen, und Daniel Clegg. 2007. Levels and levers of conditionality: measuring change within welfare states. In *Investigating welfare state change. The „dependent variable problem" in comparative analysis*, Hrsg Jochen Clasen und Nico A. Siegel, 166-197. Cheltenham/Northampton MA: Edward Elgar.

Hielscher, Volker. 2006. Reorganisation der Bundesagentur für Arbeit: ‚Moderner Dienstleister' für wen? *WSI Mitteilungen* 59 (3): 119–24.

Hielscher, Volker, und Peter Ochs. 2009. *Arbeitslose als Kunden? Beratungsgespräche in der Arbeitsvermittlung zwischen Druck und Dialog.* Berlin: Edition Sigma.

Hielscher, Volker, und Peter Ochs. 2012. Das prekäre Dienstleistungsversprechen der öffentlichen Arbeitsverwaltung. In *Arbeitsmarktpolitik in der sozialen Marktwirtschaft: Vom Arbeitsförderungsgesetz zu Sozialgesetzbuch II und III*, Hrsg Silke Bothfeld, Werner Sesselmeier und Claudia Bogedan, 248–60. Wiesbaden: Springer VS.

Hirschman, Albert O. 1970. *Exit, voice, and loyalty: Responses to decline in firms, organizations, and states.* Cambridge, Mass: Harvard University Press.

Kaufmann, Franz-Xaver. 2003. *Varianten des Wohlfahrtsstaats: Der deutsche Sozialstaat im internationalen Vergleich.* Frankfurt am Main: Suhrkamp.

Klenk, Tanja. 2012a. Deutschland: Korporatistische Selbstverwaltung zwischen Staat und Markt. In *Abkehr vom Korporatismus? Der Wandel der Sozialversicherungen im europäischen Vergleich*, Hrsg Tanja Klenk, Philine Weyrauch, Alexander Haarmann und Frank Nullmeier, 53–119. Frankfurt am Main: Campus.

Klenk, Tanja. 2012b. Vom Arbeitsförderungsgesetz zum Sozialgesetzbuch II und III: Wandel der korporatistischen Arbeitsverwaltung? In *Arbeitsmarktpolitik in der sozialen Marktwirtschaft: Vom Arbeitsförderungsgesetz zu Sozialgesetzbuch II und III*, Hrsg Silke Bothfeld, Werner Sesselmeier und Claudia Bogedan, 276–91. Wiesbaden: Springer VS.

Kolbe, Christian. 2012. Irritationen im Zwangskontext – Interaktionen im SGB II. *WSI Mitteilungen* 65 (3): 198–205.

Köppe, Stephan. 2012. Wahlfreiheit und Nutzerrollen im deutschen Bildungssystem. *WSI Mitteilungen* 65 (3): 206–15.

Köppe, Stephan, Benjamin Ewert und Florian Blank. O.J. *Welfare User Roles in a Conservative Welfare State. Are Germans Citizens, Consumers or Co-producers?* Manuskript im Begutachtungsverfahren.

Kruppe, Thomas. 2008. *Selektivität bei der Einlösung von Bildungsgutscheinen.* IAB-Discussion Paper 17. Nürnberg: IAB.

Mohr, Katrin. 2012. Von „Welfare to Workfare"? Der radikale Wandel der deutschen Arbeitsmarktpolitik. In *Arbeitsmarktpolitik in der sozialen Marktwirtschaft: Vom Arbeitsförderungsgesetz zu Sozialgesetzbuch II und III*, Hrsg Silke Bothfeld, Werner Sesselmeier und Claudia Bogedan, 57–70. Wiesbaden: Springer VS.

Moore, Mark H. 2002. Privatizing Public Management. In: *Market-based Governance: Supply Side, Demand Side, Upside, and Downside*, Hrsg John D. Donahue und Joseph S. Nye, 296-322. Washington D.C.: Brookings Institution Press

Nullmeier, Frank. 2002. Auf dem Weg zu Wohlfahrtsmärkten? In *Deutschland in den neunziger Jahren*, Hrsg Werner Süß, 269-281. Opladen: Leske + Budrich.

Oschmiansky, Frank, Andreas Mauer und Karin Schulze Buschoff. 2007. Arbeitsmarktreformen in Deutschland – Zwischen Pfadabhängigkeit und Paradigmenwechsel. *WSI Mitteilungen* 60 (6): 291–97.

Rosenthal, Peer. 2012. Der Wandel der Arbeitslosenversicherung: Selektivität, Einkommenssicherung und Reziprozitätsnormen von 1969 bis heute. In *Arbeitsmarktpolitik in der sozialen Marktwirtschaft: Vom Arbeitsförderungsgesetz zu Sozialgesetzbuch II und III*, Hrsg Silke Bothfeld, Werner Sesselmeier und Claudia Bogedan, 143–60. Wiesbaden: Springer VS.

Schmidt, Manfred G. 2007. Die Sozialpolitik der zweiten rot-grünen Koalition (2002 - 2005). In *Ende des rot-grünen Projektes: Eine Bilanz der Regierung Schröder 2002 - 2005*, Hrsg. Christoph Egle und Reimut Zohlnhöfer, 295–313. Wiesbaden: VS Verlag für Sozialwissenschaften.

Schütz, Holger. 2012. Neue und alte Regelsteuerung in der deutschen Arbeitsverwaltung. In *Arbeitsmarktpolitik in der sozialen Marktwirtschaft: Vom Arbeitsförderungsgesetz zu Sozialgesetzbuch II und III*, Hrsg Silke Bothfeld, Werner Sesselmeier und Claudia Bogedan, 233–48. Wiesbaden: Springer VS.

Sozialpolitik-aktuell.de. 2015a. Arbeitslose Empfänger von Arbeitslosengeld II und Arbeitslosengeld I in % aller Arbeitslosen 1999 – 2013. http://www.sozialpolitik-aktuell.de/tl_files/sozialpolitik-aktuell/_Politikfelder/Arbeitsmarkt/Datensammlung/PDF-Dateien/abbIV50b.pdf . Zugegriffen: 20. Januar 2015.

Sozialpolitik-aktuell.de. 2015b. Arbeitslose in den Rechtskreisen SGB II und SGB III 2005 – 2014. http://www.sozialpolitik-aktuell.de/tl_files/sozialpolitik-aktuell/_Politikfelder/Arbeitsmarkt/Datensammlung/PDF-Dateien/abbIV39.pdf . Zugegriffen: 20. Januar 2015.

Steffen, Johannes. 2014. Sozialpolitische Chronik. http://www.portal-sozialpolitik.de/uploads/sopo/pdf/Sozialpolitische-Chronik.pdf . Zugegriffen: 20. Januar 2015.

Welti, Felix. 2011. Rechtliche Dimensionen der Nutzerstellung im Sozialrecht. In *Verbraucherschutz im Sozialrecht: Sozialleistungsberechtigte als Verbraucher, Nutzer und Mitgestalter sozialer Leistungen: Auf dem Weg zu einem eigenständigen Verbraucherschutz im Sozialrecht*, Hrsg Gerhard Igl, 23–41. Berlin, Münster: Lit.

Die Kontrollfunktion der sozialen Selbstverwaltung
Zusammenwirken mit dem Bundesrechnungshof

Martina Johannsen

1 Bundesagentur für Arbeit: Rechtsform und Aufsicht

Nach § 367 des Dritten Buches Sozialgesetzbuch (SGB III) ist die Bundesagentur für Arbeit (Bundesagentur) eine rechtsfähige bundesunmittelbare Körperschaft des öffentlichen Rechts mit Selbstverwaltung.

Als selbstverwaltete Körperschaft führt sie ihre Aufgaben im Rahmen des SGB III eigenverantwortlich durch (vgl. § 368 SGB III). Die Rechtsaufsicht über die Bundesagentur führt das Bundesministerium für Arbeit und Soziales (vgl. § 393 Absatz 1 SGB III). Die Bundesagentur unterliegt bei der Aufgabenerledigung nach dem SGB III keiner Fachaufsicht. Sie führt die ihr gesetzlich übertragenen Aufgaben in Selbstverwaltung durch. Organe der Selbstverwaltung sind der Verwaltungsrat und die Verwaltungsausschüsse bei den Agenturen für Arbeit (vgl. § 371 Absatz 1 SGB III). Die Mitglieder der Selbstverwaltung unterliegen nicht den Weisungen der sie entsendenden Stellen (vgl. Artikel 2 Absatz 3 der Satzung der Bundesagentur vom 13. Juli 2012). Sie sind ehrenamtlich tätig (vgl. § 371 Absatz 6 SGB III).

Die Bundesagentur ist auch Trägerin der Leistungen nach dem Zweiten Buch Sozialgesetzbuch (SGB II, vgl. § 6 Absatz 1 SGB II). Bei der Leistungserbringung für die Grundsicherung für Arbeitsuchende nach dem SGB II unterliegt sie der Rechts- und der Fachaufsicht des Bundesministeriums für Arbeit und Soziales (vgl. § 47 Absatz 1 SGB II).

Ein übergreifendes Gremium, das für beide Rechtskreise die Bundesagentur einheitlich strategisch steuert oder kontrolliert, existiert nicht.

2   Verwaltungsrat der Bundesagentur: Zusammensetzung und Aufgaben

Zentrales Organ der Selbstverwaltung der Bundesagentur ist der Verwaltungsrat. Darüber hinaus existiert in jeder Agentur für Arbeit als lokales Selbstverwaltungs-organ ein Verwaltungsausschuss.

Der Verwaltungsrat ist das Überwachungs-, Beratungs- und Legislativorgan der Bundesagentur (vgl. Artikel 3 Absatz 1 der Satzung, Bundesagentur für Arbeit 2012). Er setzt sich zusammen aus je sieben ehrenamtlichen Vertretern der Arbeitnehmer, der Arbeitgeber und der öffentlichen Körperschaften. So gestalten und entscheiden Arbeitnehmer und Arbeitgeber als Vertreter der Beitragszahler beim Wirken der Bundesagentur verantwortlich mit. Seit Juli 2002 sind die Aufgaben des Verwal-tungsrates neu definiert und klar von den Aufgaben des Vorstandes abgegrenzt, der für das operative Geschäft verantwortlich ist (Internetauftritt der Bundesagentur für Arbeit, Aufbau und Organisation – Selbstverwaltung, Stand: 21.11.2012).

Der Verwaltungsrat überwacht die Arbeit des hauptamtlichen Vorstands und berät ihn in allen aktuellen Fragen des Arbeitsmarktes (vgl. § 371 Absatz 2 SGB III). Er beschließt die Satzung der Bundesagentur und stellt jährlich den vom Vorstand aufgestellten Haushaltsplan fest. Außerdem entscheidet er über die Grundsätze zur Verteilung der Mittel der Bundesagentur und genehmigt außer- und überplanmäßige Ausgaben (vgl. Artikel 3 Absatz 2 der Satzung, Bundesagentur für Arbeit 2012).

Der Zustimmung oder Genehmigung durch den Verwaltungsrat unterliegen z. B.

- die Festlegung der strategischen Ausrichtung und der geschäftspolitischen Ziele der Bundesagentur im Rahmen ihres gesetzlichen Auftrags,
- der Abschluss von Zielvereinbarungen für Bereiche, die nicht der Fachaufsicht des Bundes unterliegen,
- der Abschluss von Verwaltungsvereinbarungen zur Durchführung befristeter Arbeitsmarktprogramme,
- die Geschäftsordnung des Vorstands,
- die Abgrenzung der Bezirke und die Festlegung der Sitze der Regionaldirektionen,
- die Errichtung, Änderung und Auflösung besonderer Dienststellen mit grund-sätzlicher strategischer Bedeutung,
- der jährliche Geschäftsbericht des Vorstands (Artikel 4 der Satzung, Bundes-agentur für Arbeit 2012).

Seine Aufgaben erledigt der Verwaltungsrat auf Grundlage von Auskünften und Berichten des Vorstands, Berichten der Internen Revision, Prüfungsergebnissen des Bundesrechnungshofes und seiner Prüfungsämter sowie Feststellungen von Sachverständigen (vgl. Artikel 3 Absatz 4 der Satzung, Bundesagentur für Arbeit 2012). Bei der Erfüllung der gesetzlichen Aufgaben und Ziele arbeiten der Verwaltungsrat und der Vorstand der Bundesagentur vertrauensvoll zusammen (Artikel 9 Absatz 1 der Satzung, Bundesagentur für Arbeit 2012).

Der Vorstand ist verpflichtet, dem Verwaltungsrat regelmäßig – und aus wichtigem Anlass zeitnah – zu berichten (vgl. § 373 Absätze 1 und 2 SGB III). Der Verwaltungsrat kann vom Vorstand die Durchführung von Prüfungen durch die Innenrevision verlangen oder Sachverständige mit einzelnen Überwachungsaufgaben beauftragen. Berichte des Bundesrechnungshofes und die Stellungnahmen des Vorstands zu diesen sind dem Verwaltungsrat unverzüglich vorzulegen (Artikel 9 Absatz 4 der Satzung, Bundesagentur für Arbeit 2012).

3   Bundesrechnungshof: Rechtsgrundlagen, Stellung und Aufgaben

3.1   Rechtsgrundlagen und Stellung im staatlichen Gefüge

Die Stellung des Bundesrechnungshofes und seiner Mitglieder sowie seine wesentlichen Aufgaben sind in Artikel 114 Absatz 2 Grundgesetz verfassungsrechtlich verankert:

> „Der Bundesrechnungshof, dessen Mitglieder richterliche Unabhängigkeit besitzen, prüft die Rechnung sowie die Wirtschaftlichkeit und Ordnungsmäßigkeit der Haushalts- und Wirtschaftsführung. Er hat außer der Bundesregierung, unmittelbar dem Bundestage und dem Bundesrate jährlich zu berichten. Im Übrigen werden die Befugnisse des Bundesrechnungshofes durch Bundesgesetz geregelt." (vgl. Artikel 114 Absatz 2 GG)

Der Bundesrechnungshof ist eine oberste Bundesbehörde. In der Hierarchie der Bundesbehörden steht er damit auf der gleichen Stufe wie das Bundespräsidialamt, das Bundeskanzleramt und die Bundesministerien. Gleichwohl darf er nicht in die Behördenhierarchie eingegliedert oder der Aufsicht einer anderen Behörde unterworfen werden. Die Exekutive darf nicht in seine Entscheidungen eingreifen. Als unabhängiges Organ der staatlichen Finanzkontrolle ist der Bundesrechnungshof nur dem Gesetz unterworfen (vgl. § 1 Satz 1 Bundesrechnungshofgesetz, BRHG).

Der Bundesrechnungshof und seine Mitglieder unterliegen auch nicht Weisungen oder Aufträgen des Parlaments. Die Auswahl und Festlegung des Prüfungsstoffes ist damit einer erzwingbaren Einflussnahme durch den Bundestag, den Bundesrat sowie deren Ausschüsse entzogen (Engels 2010, Rn. 158). Kein anderes Staatsorgan kann den Bundesrechnungshof mit der Durchführung einer Prüfung beauftragen. Politische Entscheidungen im Rahmen des geltenden Rechts beurteilt er nicht.

Im Ergebnis kann der Bundesrechnungshof keiner der drei klassischen Staatsgewalten zugeordnet werden. Er ist vielmehr eine eigenständige Einrichtung sui generis (Engels 2010, Rn. 311f.). Die innere Organisation des Bundesrechnungshofes und wesentliche Verfahrensweisen regelt – abgeleitet aus den Vorgaben des Grundgesetzes – das Bundesrechnungshofgesetz vom 11. Juli 1985.[1]

3.2   Aufgaben des Bundesrechnungshofes

Artikel 114 Absatz 2 Satz 1 Grundgesetz enthält bereits die wesentlichen Aufgaben des Bundesrechnungshofes. Konkretisiert werden diese verfassungsmäßig verankerten Prüfungsaufgaben in der Bundeshaushaltsordnung (BHO). Nach § 88 Absatz 1 BHO prüft der Bundesrechnungshof die gesamte Haushalts- und Wirtschaftsführung des Bundes einschließlich seiner Sondervermögen und Betriebe (vgl. § 88 Absatz 1 BHO). Davon umfasst sind die Einnahmen, Ausgaben, Verpflichtungen zur Leistung von Ausgaben, das Vermögen und die Schulden. Außerdem werden geprüft Maßnahmen, die sich finanziell auswirken, Verwahrungen und Vorschüsse sowie die Verwendung von zur Selbstbewirtschaftung zugewiesenen Mitteln (vgl. § 89 Absatz 1 BHO). Der Bundesrechnungshof prüft dabei, ob das Haushaltsgesetz und der Haushaltsplan eingehalten wurden, ob die Einnahmen und Ausgaben begründet und belegt sind, ob die Mittel sparsam und wirtschaftlich verausgabt wurden (vgl. § 90 BHO).

Seine Prüfungsrechte erstrecken sich dabei auf das Bundeskanzleramt, das Bundespräsidialamt, das Bundeskanzleramt, alle Bundesministerien und ihnen nachgeordnete Behörden, auf die Verwaltungen des Bundestages, des Bundesrates und aller Bundesgerichte, soweit nicht deren richterliche Aufgaben betroffen sind, also auf die gesamte unmittelbare Bundesverwaltung (Engels 2010, Rn. 180 ff.). Daneben hat der Bundesrechnungshof auch das Recht die Bundesbetriebe und Sondervermögen zu prüfen und Prüfungen bei Stellen außerhalb der Bundesverwaltung durchzuführen, soweit diese Teile des Bundeshaushalts ausführen, Bundesmittel oder Vermögensgegenstände verwalten oder vom Bund Zuwendungen

---

1   Das BRHG ist seitdem zweimal geändert worden – durch das Berlin/Bonn-Gesetz vom 26. April 1994 und durch das Haushaltsrechts-Fortentwicklungsgesetz vom 22. Dezember 1997.

erhalten (vgl. § 91 Absatz 1 BHO). Nach § 111 BHO prüft der Bundesrechnungshof die Haushalts- und Wirtschaftsführung der bundesunmittelbaren juristischen Personen des öffentlichen Rechts. Hierzu zählen Körperschaften, Anstalten und Stiftungen des öffentlichen Rechts.

Die Maßstäbe für die Prüfung des Bundesrechnungshofes sind die Wirtschaftlichkeit und Ordnungsmäßigkeit des Verwaltungshandelns (§ 4 der Prüfungsordnung des Bundesrechnungshofes). Dabei umfasst die Prüfung der Ordnungsmäßigkeit die Beachtung von Vorschriften, die der Leistung von Einnahmen, Ausgaben sowie dem Eingehen von Verpflichtungen zugrunde liegen ebenso wie die Einhaltung der Vorschriften und Grundsätze für die Haushalts- und Wirtschaftsführung. Die Prüfung der Ordnungsmäßigkeit ist damit Rechtmäßigkeitskontrolle (Engels 2010, Rn. 247).

Bei der Prüfung der Wirtschaftlichkeit untersucht der Bundesrechnungshof, ob zwischen dem verfolgten Zweck und den eingesetzten Mitteln das günstigste Verhältnis angestrebt und erreicht wurde. Die Wirtschaftlichkeit umfasst die Wirksamkeit und die Zweckmäßigkeit des Verwaltungshandelns einschließlich der Erfolgskontrolle (Engels 2010, Rn. 248 ff.).

Der Bundesrechnungshof fasst sein Prüfungsergebnis in Prüfungsmitteilungen zusammen. Diese übersendet er den geprüften Stellen zur Stellungnahme innerhalb einer von ihm zu bestimmenden Frist. Prüfungserkenntnisse von grundsätzlicher oder erheblicher finanzieller Bedeutung teilt er dem Bundesministerium der Finanzen mit (vgl. § 96 Absätze 1 und 2 BHO).

Auf der Grundlage seiner Prüfungserfahrungen berät der Bundesrechnungshof die geprüften Stellen sowie Bundestag, Bundesrat und Bundesregierung. Umfang und Intensität der Beratungen haben kontinuierlich zugenommen. Die Beratung umfasst konkrete Vorschläge für Qualitätsverbesserungen, Einsparungen oder Mehreinnahmen. Über die wichtigsten Ergebnisse seiner Prüfungen berichtet der Bundesrechnungshof jährlich dem Bundestag, dem Bundesrat und der Bundesregierung in Form von „Bemerkungen" (Jahresberichte). Sie sind Grundlage für die Entlastung der Bundesregierung durch das Parlament (Bundesrechnungshof 2009, S. 12).

Über Angelegenheiten von besonderer Bedeutung kann der Bundesrechnungshof den Bundestag, den Bundesrat und die Bundesregierung jederzeit unterrichten (vgl. § 88 Absatz 2 BHO).

Beratungen gegenüber Exekutive und Legislative erbringt der Bundesrechnungshof nicht nur durch Empfehlungen in Prüfungsmitteilungen und Bemerkungen, sondern vor allem durch besondere – schriftliche oder mündliche – Beratungsbeiträge zu aktuellen Themen (wie z. B. Gesetzesvorhaben und finanziell bedeutsamen

Beschaffungen) oder im Rahmen der jährlichen Haushaltsaufstellung (Bundesrechnungshof 2009, S. 13 f.).

4 Prüfung bei der Bundesagentur: Zusammenwirken von Verwaltungsrat und Bundesrechnungshof

Die Prüfungsrechte des Bundesrechnungshofes bei der Bundesagentur als bundesunmittelbarer Körperschaft des öffentlichen Rechts ergeben sich vorrangig aus der Bundeshaushaltsordnung. Nach § 111 Absatz 1 BHO prüft der Bundesrechnungshof die Haushalts- und Wirtschaftsführung der bundesunmittelbaren juristischen Personen des öffentlichen Rechts. Damit unterliegt die Bundesagentur als rechtsfähige bundesunmittelbare Körperschaft des öffentlichen Rechts mit Selbstverwaltung der Prüfung durch den Bundesrechnungshof.

Der Bundesrechnungshof prüft nach den Maßstäben der Ordnungsmäßigkeit und Wirtschaftlichkeit, wie die Bundesagentur die ihr gesetzlich übertragenen Aufgaben nach dem SGB II und dem SGB III ausführt. Darüber hinaus prüft er die Bereiche Organisation, Personal und Haushalt und begleitet die Bundesagentur im Haushaltsaufstellungsverfahren. Er prüft jährlich die Haushalts- und Vermögensrechnung der Bundesagentur, auf deren Basis der Verwaltungsrat den Vorstand der Bundesagentur entlastet.

Adressat seiner Prüfungsmitteilungen ist der Vorstand der Bundesagentur als für die Außenvertretung zuständiges Organ. Soweit die Prüfungserkenntnisse Aufsichtsaspekte betreffen oder von grundsätzlicher oder erheblicher finanzieller Bedeutung sind, können Adressaten der Prüfungsmitteilung auch das Bundesministerium für Arbeit und Soziales oder das Bundesministerium der Finanzen sein.

Der Vorstand der Bundesagentur hat dem Verwaltungsrat alle Prüfungsmitteilungen des Bundesrechnungshofes sowie den zugehörigen Stellungnahme-Schriftwechsel unverzüglich vorzulegen (Artikel 9 Absatz 4 der Satzung, Bundesagentur für Arbeit 2012). Der Verwaltungsrat kann die Prüfungsmitteilungen des Bundesrechnungshofes beraten. Die Initiative hierfür kann sowohl von der Bundesagentur als auch vom Verwaltungsrat selbst ausgehen.

Eine gesetzliche Grundlage für eine Zusammenarbeit von Verwaltungsrat und Bundesrechnungshof existiert nicht. Die Selbstverwaltung ist eine aus der staatlichen Verwaltung herausgelöste eigenständige Verwaltung. Ihr obliegt keine klassische Fachaufsicht. Aus Sicht des Bundesrechnungshofes gehört sie zum internen Bereich der Bundesagentur. Gleichwohl wirken Verwaltungsrat und Bundesrechnungshof im Sinne ihrer Aufgaben und Zielstellungen konstruktiv zusammen. So unterstützt der Bundesrechnungshof mit seinen Prüfungserkenntnissen und Empfehlungen den Verwaltungsrat bei seiner Meinungsbildung und damit bei der Wahrnehmung seiner Kontroll- und Überwachungsaufgaben. Für den Bundesrechnungshof ist der Verwaltungsrat zugleich Partner und Unterstützer bei der Umsetzung seiner Empfehlungen an die Bundesagentur.

Ein generelles „Hindernis" für eine engere Zusammenarbeit zwischen dem Bundesrechnungshof und dem Verwaltungsrat stellt allerdings das Fehlen jeglicher gesetzlich begründeter institutioneller Beziehungen zwischen beiden dar. Die Selbstverwaltung erscheint so für den Bundesrechnungshof und – vice versa – der Bundesrechnungshof für die Selbstverwaltung als nicht existent. Rechtliche Beziehungen gibt es nach dieser Konstruktion nur zwischen der Bundesagentur, vertreten durch ihr gesetzliches Vertretungsorgan, und dem Bundesrechnungshof. Die Selbstverwaltung gehört zum internen Bereich der Bundesagentur, die nach außen nicht in Erscheinung tritt. Damit wird es für den Bundesrechnungshof außerordentlich schwierig, beispielsweise Informationswünschen des Verwaltungsrates nachzukommen – was gegenüber dem Parlament und seinen Ausschüssen aufgrund der ausdrücklichen Regelungen unproblematisch ist und zum Normalgeschäft gehört –, weil ihm immer entgegengehalten werden könnte, dazu sei er nicht befugt. Selbst die haushaltsrechtliche Entlastung des Vorstands durch den Verwaltungsrat , die ja im wesentlichen auf den Ergebnissen der Prüfung der Haushalts- und Vermögensrechnung der Bundesagentur durch den Bundesrechnungshof beruht, spielt sich so (im Außenrechtsverhältnis) zwischen dem Vorstand und dem Bundesrechnungshof einerseits, (im Binnenrechtsverhältnis) zwischen dem Vorstand und dem Verwaltungsrat andererseits ab.

Als Lösung bietet sich ein – im guten Sinne des Wortes – „pragmatisches" und situationsbezogenes Vorgehen an. Gespräche als solche sind nicht verboten – also kann man sie auch führen, sofern beide Seiten dies wünschen.

Literatur

Bundesagentur für Arbeit. 2012. Bekanntmachung vom 20. September 2012 der Satzung der Bundesagentur für Arbeit vom 13. Juli 2012. In *Bundesanzeiger – Amtlicher Teil*, hrsg. Bundesministerium der Justiz und für Verbraucherschutz. Berlin.
Bundesrechnungshof. 2009. *Broschüre über den Bundesrechnungshof und die Prüfungsämter des Bundes*. Bonn.
Engels, Dieter. 2010. Kommentierung zu Art. 114 GG. In *Bonner Kommentar zum Grundgesetz*, hrsg. Kahl, W. und Waldhoff, C. und Walter, C. Bd 16, Loseblatt. Heidelberg: C. F. Müller.

Autorinnen und Autoren

Dr. iur. *Karl-Jürgen Bieback* war bis März 2009 Professor für Sozialrecht an der Universität Hamburg. Früherer (Mit-)Herausgeber des Kommentars Gagel SGB II/SGB III und weiterhin Mitarbeiter. Schwerpunkte wissenschaftlicher Tätigkeit: Gesamtes Sozialrecht, Sozialpolitik, Europäisches Sozialrecht, Antidiskriminierungsrecht, Arbeitsmarktrecht. Mitglied in mehreren Gesetzgebungskommissionen, u.a. der von der Bundesregierung eingesetzten Kommission „Scheinselbständigkeit" (sog. Dieterich-Kommission). Vorsitzender der Schiedsstellen zur Pflegeversicherung in Hamburg und Mecklenburg-Vorpommern, zum Vertragsarztrecht in Schleswig-Holstein und für zahntechnische Leistungen in Mecklenburg-Vorpommern.

Dr. phil. *Florian Blank*, Politikwissenschaftler, leitet seit 2009 das Referat Sozialpolitik im Wirtschafts- und Sozialwissenschaftlichen Institut (WSI) in der Hans-Böckler-Stiftung. Zuvor Studium und Promotion in Münster und Nottingham sowie wissenschaftliche Mitarbeit am Institut für Politikwissenschaft der Westfälischen Wilhelms-Universität (WWU) Münster. Arbeitsschwerpunkte sind die Sozialversicherung, insbesondere Renten- und Krankenversicherung, private und betriebliche Alterssicherung sowie tarifliche Sozialpolitik.

Dr. rer. pol. *Martina Johannsen*, Diplom-Volkswirtin, ist seit Dezember 2012 Leiterin des Prüfungsgebietes „Bundesagentur für Arbeit I (Haushalt, Personal, Organisation) / Einzelplan 11" im Bundesrechnungshof. Für die externe Finanzkontrolle ist sie seit November 2005 in wechselnden Verwendungen tätig. Davor war sie zwei Jahre im Bereich „Produkt- und Programmanalyse" in der Zentrale der Bundesagentur für Arbeit beschäftigt. Seit langem gilt ihre besondere Aufmerksamkeit dem Arbeitsmarkt. Ihre Promotion befasste sich mit dem Thema „Theorie und Empirie von Arbeitsmärkten – Eine ökonometrische Analyse für Rheinland-Pfalz".

Dr. rer. pol. *Tanja Klenk* ist Politik- und Verwaltungswissenschaftlerin und arbeitet am Lehrstuhl für Politikwissenschaft, Verwaltung und Organisation der Universität Potsdam. Schwerpunkt ihrer Forschung und Lehre ist die Transformation des Wohlfahrtsstaats, insbesondere was Fragen der Selbstverwaltung und der Partizipation betrifft. Tanja Klenk war im Auftrag des Bundesministeriums für Arbeit und Soziales an der Erstellung des Gutachtens *Geschichte und Modernisierung der Sozialversicherungswahlen* beteiligt (2007/2008) und war Mitglied der Kommission ‚Der Wert öffentlicher Güter' der Heinrich-Böll-Stiftung, die Leitlinien für eine neue Politik der öffentlichen Güter mit dem Ziel der chancengleichen Teilhabe entwickelt hat (2012-2014).

Dr. iur. *Stephan Rixen* ist Professor für Öffentliches Recht, Sozialwirtschafts- und Gesundheitsrecht an der Universität Bayreuth. Arbeitsschwerpunkte sind neben dem Verfassungsrecht das Gesundheits- und das Sozialrecht, dort insbesondere SGB II (Grundsicherung für Arbeitsuchende), SGB V (gesetzliche Krankenversicherung) und SGB VIII (Kinder- und Jugendhilferecht). Er gehört dem Fachbeirat des Max-Planck-Instituts für Sozialrecht und Sozialpolitik, München, sowie dem Wissenschaftlichen Beirat zur Evaluierung des Bundeskinderschutzgesetzes beim Deutschen Jugendinstitut (DJI), München, an. Er ist Mitglied des Fachausschusses „Jugend und Familie" des Deutschen Vereins für öffentliche und private Fürsorge, Berlin, zuvor gehörte er dessen Fachausschuss „Sozialpolitik, soziale Sicherung, Sozialhilfe" an.

Dr. iur. *Margarete Schuler-Harms* ist Professorin für Öffentliches Recht, insb. Öffentliches Wirtschafts- und Umweltrecht an der Helmut-Schmidt-Universität/ Universität der Bundeswehr, Hamburg, und stellv. Richterin am Hamburgischen Verfassungsgericht. Sie forscht und publiziert zu unterschiedlichen Bereichen und Themen des Sozialrechts. U. a. ist sie Mitglied im Deutschen Sozialrechtsverband und im Sozialrechtsverbund Norddeutschland sowie in der Kommission „Soziale Sicherung, Familienlastenausgleich" des Deutschen Juristinnenbundes. Seit 2010 ist sie Mitglied des Wissenschaftlichen Beirats für Familienfragen beim Bundesministerium für Familie, Senioren, Frauen und Jugend, seit 2012 Mitglied des Nationalen AIDS-Beirats beim Bundesministerium für Gesundheit.

Eva M. Welskop-Deffaa, Diplom-Volkswirtin, ist seit Juni 2013 Mitglied im ver.di-Bundesvorstand, dort zuständig für Arbeitsmarkt- und Sozialpolitik, Erwerbslose, Menschen mit Migrationshintergrund und Teilhabepolitik. Zuvor war sie Leiterin der Abteilung Gleichstellung im Bundesministerium für Familie, Senioren, Frauen und Jugend (2006-2012). Sie vertritt ver.di im Verwaltungsrat der Bundesagentur

für Arbeit sowie im Vorstand der Deutschen Rentenversicherung Bund. Schwerpunkte ihrer Vortrags- und Publikationstätigkeit: Soziale Selbstverwaltung, Vielfalt/
Diversity, Arbeitswelt 4.0, Lebenslaufpolitik.

Dr. iur. *Felix Welti* ist Professor an der Universität Kassel. Er leitet dort seit 2010
das Fachgebiet Sozialrecht der Rehabilitation und Recht der behinderten Menschen
am Institut für Sozialwesen des Fachbereichs Humanwissenschaften. Er ist seit
2008 ehrenamtlicher Richter am Landesverfassungsgericht Schleswig-Holstein
und seit 2010 ehrenamtlicher Richter am Bundessozialgericht. Er ist Vertrauens-
dozent der Hans-Böckler-Stiftung und der Friedrich-Ebert-Stiftung. Derzeit ist er
beteiligt an einem Forschungsprojekt zur Arbeit der Widerspruchsausschüsse in
der Sozialversicherung.

The manufacturer's authorised representative in the EU is Springer
Nature Customer Service Centre GmbH, Europaplatz 3, 69115 Heidelberg,
Germany. If you have any concerns regarding our products, please
contact ProductSafety@springernature.com

Printed and bound by CPI Group (UK) Ltd, Croydon, CR0 4YY
27/04/2026
02097650-0009